Pamela Spitz

Wanderlust mit Mister Parkinson

Meine Reisen in die Ferne und zu mir selbst

Kiepenheuer & Witsch

Aus Verantwortung für die Umwelt hat sich der
Verlag Kiepenheuer & Witsch zu einer nachhaltigen
Buchproduktion verpflichtet. Der bewusste Um-
gang mit unseren Ressourcen, der Schutz unseres
Klimas und der Natur gehören zu unseren obersten
Unternehmenszielen.
Gemeinsam mit unseren Partnern und Lieferanten
setzen wir uns für eine klimaneutrale Buchproduk-
tion ein, die den Erwerb von Klimazertifikaten zur
Kompensation des CO_2-Ausstoßes einschließt.

Weitere Informationen finden Sie unter
www.klimaneutralerverlag.de

Verlag Kiepenheuer & Witsch, FSC® N001512

1. Auflage 2021

© 2021, Verlag Kiepenheuer & Witsch, Köln
Alle Rechte vorbehalten
Covergestaltung: Barbara Thoben, Köln
Covermotiv: © privat
Fotos Innenteil: Bildteil 1, Seite 4 unten: © Cristiano
Pepi / Seite 5 und Seite 6 unten: © Mirjam
Siefert / Bildteil 2, Seite 5 oben: © Thomas Koy /
alle anderen: © Pamela Spitz
Gesetzt aus der Apollo und Brandon Grotesque
Satz: Buch-Werkstatt GmbH, Bad Aibling
Druck und Bindung: CPI books GmbH, Leck
ISBN 978-3-462-05510-8

Für Mama

Inhalt

Die Diagnose

An das Gespräch selbst erinnere ich mich kaum noch. Mir kommt es so vor, als hätte es höchstens zehn, fünfzehn Minuten gedauert – aber das kann eigentlich nicht sein, bei all den Untersuchungen, die die Neurologin mit mir gemacht hat. Ich erinnere mich auch nicht mehr daran, *wie* sie es mir letztlich gesagt hat. Oder an meinen ersten Gedanken, nachdem sie die Diagnose ausgesprochen hatte.

Dafür erinnere ich mich ganz deutlich an alles, was danach passierte. Wie ich die Haustür des Gebäudes, in dem sich die Arztpraxis befand, hinter mir zuzog und dann einfach nur dastand auf einer Straße in Berlin-Mitte. Wie sich mein Blick auf die Sonnenblumen heftete, die in einem riesigen Eimer vor dem Blumenladen nebenan standen. Die anderen Passanten nahmen sie nur flüchtig wahr – wenn sie nicht eh gerade auf ihre Smartphones starrten. Ich hingegen war überwältigt von der sattgelben Blumenpracht. Eine junge Frau blieb stehen und zog zwei lange Stiele mit besonders großem Blütenkorb aus dem Eimer, drückte dem Verkäufer einen Schein in die Hand und lief, die Blumen vor sich her tragend, mit strahlendem Gesicht an mir vorbei. Wie einfach es doch manchmal sein kann, glücklich zu sein. Wie wichtig kleine Details sind, um sich den Tag zu verschönern. Was sollte ich nun bloß mit *meinem* Detail des Tages machen? Mit dieser Neuigkeit, die wahrscheinlich mein Leben komplett verändern würde? Wie soll ich damit umgehen? Ich wischte mir erst einmal die langen blonden Haare aus dem vom Schweiß klebrigen Gesicht.

Es war ein heißer Sommertag im Jahr 2016, die Mittagssonne brannte. Ich trug Shorts und ein T-Shirt und blieb eine Weile einfach so stehen, während sich die Menschen an mir vorbeidrückten. In diesem belebten Kiez habe ich viele Jahre gelebt. Ich kannte jede Straßenecke, jedes Graffito, jeden Gemüseverkäufer und Barkeeper, hatte mich viele Jahre über wohl hier gefühlt. Bis ich vor Kurzem beschlossen hatte wegzuziehen, weil ich mich nach einem kompletten Neuanfang gesehnt hatte. Nachdem ich mich von meinem Mann getrennt und den Arbeitgeber gewechselt hatte, wollte ich auch Abwechslung in meiner Umgebung, wollte Berlin neu für mich entdecken, ich brannte geradezu nach Aufregung.

Tja, nun würde ich tatsächlich mit einem kompletten Neuanfang konfrontiert sein. Nur ungewollt. Und auf einen Schlag. So was nennt man, glaube ich, wohl Schicksalsschlag. Es war, als hätte ich mir ganz tief in den Finger geschnitten, aber der Schmerz noch nicht richtig da wäre, weil die Schmerzrezeptoren die Information noch nicht an das Gehirn weitergeleitet hatten. Ich glaube, ich befand mich genau in diesem Zwischenzustand, während ich immer noch regungslos auf der Straße stand.

Erst ein lautes Quietschen riss mich aus diesem Zustand. Die Straßenbahn hatte eine Vollbremsung machen müssen, weil ein Fahrradfahrer beim Überqueren der Schienen ausgerutscht und gestürzt war. Schnell kamen Passanten zu Hilfe. Aber ihm war glücklicherweise nichts passiert; der Fahrradfahrer konnte seinem Schicksalsschlag gerade noch entgehen. Er stieg wieder auf, fuhr etwas wackelig davon und der Verkehr nahm seinen Lauf, als wäre nichts geschehen.

Es dauerte noch eine Weile, bis auch ich mich wieder in Bewegung setzen konnte. Schliesslich ging ich zu meinem Fahrrad, band mir das Schloss um die Taille und fuhr los. Komischerweise spürte ich jetzt, als ich mich bewegte, fast so etwas wie Erleichterung. Mir schoss durch den Kopf, dass es mir nun tatsächlich erspart bleiben würde, mich um diese dämliche Altersvorsorge zu kümmern, von der immer mehr Leute in meinem Freundes- und Bekanntenkreis sprachen und mit der ich mich als Freiberuflerin eigentlich dringend hätte beschäftigen müssen. Was für ein Glück es doch war, dass ich keine Kinder hatte, dachte ich. Und auch, wie gut es war, dass die Trennung von meinem Mann schon seit einem halben Jahr durch war. Mit dem, was mir die Neurologin gerade eröffnet hatte, wäre ich wahrscheinlich doch zurück ins wohlbehütete Ehenest gekrochen, wenn wir noch in der Trennungsphase gewesen wären. Zumal diese Zeit auf eine sehr respektvolle Weise verlaufen war, ohne Streitereien oder Schuldzuweisungen. Sie hatte einfach nur wehgetan, denn die Liebe zueinander hatte nicht nachgelassen, sie war nur einfach anders geworden, geschwisterlich, würde ich sagen.

Aber ich hatte eben schon seit einiger Zeit den großen Wunsch, wieder allein zu sein, unabhängig, auf mich selbst gestellt. Und so war ich seit etwa einem halben Jahr glücklicher, abenteuerlustiger Single, sicher, die richtige Entscheidung getroffen zu haben. Und nun? Wollte ich immer noch allein sein? Wäre es jetzt nicht doch besser, einen Partner zu haben, der einen auffangen könnte? Der es zumindest versuchen würde? Nein! Auf gar keinen Fall, beschloss ich, während ich durch Berlin radelte. Ich würde mir doch von so einer Diagnose nicht diktieren lassen, was ich vom Leben will. Und in einer festen Beziehung sein wollte ich nun einmal nicht mehr. Und es würde bestimmt auch eh jetzt alles noch komplizierter machen!

Ich versuchte, mich auf das Kopfsteinpflaster zu konzentrieren und nicht so viel zu denken. Dachte dann aber doch an den Reisepass, den ich erst kürzlich hatte erneuern lassen, und daran, dass er zehn Jahre gültig war.

Noch zehn Jahre, dachte ich, zehn gute Jahre.

Dann ist wahrscheinlich eh Schluss.

Vor der Redaktion einer deutschen Tages- und Wochenzeitung, in der ich freiberuflich als Fotoredakteurin arbeite, stellte ich mein Fahrrad ab und kramte nach meinem Handy. Zuerst rief ich in der radiologischen Abteilung der Universitätsklinik an und machte einen Termin für die Computertomografie, die die Neurologin noch zur Bestätigung ihrer Diagnose brauchte. In drei Wochen hatten sie einen Termin frei. Dann wählte ich die Nummer meiner Mutter. Sie ging sofort dran.

Ich atmete tief durch.

»Mama, bei mir wurde gerade Morbus Parkinson diagnostiziert.«

Meine Mutter war klug genug, nicht panisch zu reagieren. »Alles klar«, sagte sie nur, »ich recherchiere, was das bedeutet.«

Wir verabredeten uns für den Abend, um ausführlicher zu sprechen, und ich ging zurück in die Redaktion. Meine Mittagspause war vorbei.

Im Newsroom war es angenehm kühl. Ich lief zu meinem Platz, legte den kleinen Rucksack ab und tippte mein Passwort in die Tastatur, um den Rechner zu reaktivieren. Ich sah mich um. Die meisten Kolleginnen und Kollegen schauten konzentriert auf ihre Bildschirme oder telefonierten. Andere standen in kleinen Gruppen zusammen und tauschten sich über Themen ihres Ressorts aus. Ich arbeitete erst seit Kurzem hier, kannte aber ein paar Kolleginnen und Kollegen schon aus anderen Verlagshäusern, für die ich in den vergangenen Jahren tätig gewesen war. Ich mochte sie, hatte zu allen eine professionell freundliche Beziehung, war aber im Moment heilfroh, dass alle zu beschäftigt waren, um mich anzulächeln oder gar anzusprechen. Als ob sie mir ansehen würden, dass ich in Ruhe gelassen werden wollte.

Ich fühlte mich seltsam entrückt von der Realität um mich

herum. Alles erschien mir irgendwie unwirklich. Und unwichtig. Trotzdem wollte ich mich in die Arbeit stürzen. Die Fotos der Nachrichtenagenturen aus aller Welt, die ununterbrochen auf dem Redaktionsserver landeten und die ich normalerweise sichtete, aussortierte und den Kolleginnen und Kollegen zur Verfügung stellte, sollten mich davon abhalten, über meine Situation nachzudenken. Mechanisch scrollte ich die Bilderflut rauf und runter, versuchte, Foto-Rechercheanfragen aus der Textredaktion zu beantworten, die neuesten Nachrichten zum jüngsten terroristischen Anschlag in einer europäischen Stadt zu lesen und mir Gedanken zur Bebilderung eines komplexen Wirtschaftsthemas zu machen. Aber in Wahrheit war ich nicht zu viel zu gebrauchen …

Die Welt des Journalismus hatte mich schon von klein auf fasziniert. Früh las ich Bücher von berühmten Journalistinnen und Journalisten wie Oriana Fallaci oder Norman Mailer, irgendwann verschlang ich jedes Magazin und jede Zeitung, die mir in die Hände kamen. Vor Kurzem habe ich in meinem Tagebuch geblättert, das ich mit sechzehn Jahren geschrieben hatte, und war erstaunt, wie inbrünstig mein Wunsch damals war, Journalistin zu werden. Aber ich machte kein Abitur und mit Anfang zwanzig hatte ich das Selbstwertgefühl eines Teenagers, der unbedingt eine Zigarette rauchen wollte, um erwachsener zu wirken. Selbst zu schreiben, traute ich mir nicht zu. Um ehrlich zu sein, hatte ich mir in meiner pubertierenden Schwärmerei für den Journalismus gar keine Gedanken gemacht, dass irgendjemand all diese Zeitungs- und Magazinseiten, die ich verschlang, ja auch schreiben musste. Und dass man das lernen musste. Aber ganz von meinem Vorhaben lassen wollte ich auch nicht. Also versuchte ich es Ende der 1990er-Jahre mit einem Praktikum in der Fotoredaktion der *Zeit*. Die Aufbruchstimmung und der Enthusiasmus, der damals in der neu gegründeten Hauptstadtredaktion und im neuen Ressort »Leben« herrschten, rissen mich mit. Mit Haut und Haaren stürzte ich mich ins Redaktionsleben, begeistert und glücklich, dass ich auf diesem Weg doch noch meinen Traum verwirklichen konnte – und nach drei Monaten Praktikum bot man mir eine Festanstellung an. Ich weiß, das klingt unglaublich heutzutage, aber so etwas gab's damals noch. Und so nahm meine Karriere im Fotojournalismus ihren Lauf.

Nach relativ kurzer Zeit begann ich, auch selbst zu fotografieren, erlernte das Handwerk bei professionellen Fotografen, denen ich nach Feierabend oder am Wochenende assistierte, und verstand immer mehr, welch große Rolle gute Bilder im Journalismus spielen und wie viel Verantwortung man durch die Macht der Bilder hat. Dass man schnell sein musste in der Reportagefotografie, dass man Situationen im Vorfeld kommen sehen, die Augen überall haben und dabei versuchen musste, so unauffällig wie möglich zu bleiben, um Situationen nicht zu vereiteln. Kurzum: Es eröffnete sich mir eine neue Welt, die es zu entdecken galt und in der ich unfassbar viel lernen konnte. Es machte mir Spaß, meinen Wissensdurst zu befriedigen. Gerade auch was den technischen Teil der Fotografie anging.

Als ich dann im Herbst 2000 nach Madrid zog, mit einer neu gekauften Mittelformatkamera aus den 1960er-Jahren im Gepäck, begann ich mich auch mit der Porträtfotografie auseinanderzusetzen, und lernte sehr viel von einem ziemlich berühmten spanischen Großmeister seines Faches, dem ich zweieinhalb Jahre lang assistierte. Ich arbeitete für das Beilagen-Magazin von *El País*, für das *Rolling-Stone*-Magazin, auch für unterschiedliche Plattenfirmen wie Universal, Sony BMG oder spanische Independent Label – aber das ist eine andere Geschichte. Die Mischung war jedenfalls genau das Richtige für mich, weil sie meine Neugierde befriedigte und es nie langweilig wurde. Als Fotografin war ich oft unterwegs, lernte viele Menschen unterschiedlicher sozialer und kultureller Herkunft kennen. Als Fotoredakteurin wiederum vergab ich Aufträge an Fotografen, die es schätzten, dass ich wusste, welche Tücken und Schwierigkeiten es oftmals gab, einen Auftrag fotografisch umzusetzen.

Aber zurück nach Berlin in den Newsroom. Nach dem vergeblichen Versuch, mich auf die Arbeit zu konzentrieren, starrte ich einfach nur noch regungslos auf meinen Bildschirm, der in der Ruhephase eine Linie über die gesamte Fläche zog: von links nach rechts, von oben nach unten und wieder von vorne. Vor der Mittagspause hatte ich noch an einem Beitrag über ein modernes Braunkohlekraftwerk in der Lausitz gearbeitet, nun, nur zwei Stunden später, war an Arbeit nicht mehr zu denken. Von einer Minute auf die andere war alles infrage gestellt: mein Leben, meine Arbeit, einfach alles.

Irgendwann begann ich »Morbus Parkinson« zu googeln. Ich stieß auf YouTube-Videos von Menschen, deren ganze Körper zitterten, die weder ein Glas Wasser halten noch Schnürsenkel zubinden konnten. Daraufhin holte ich mir aus der Redaktionsküche eine Flasche Sprudelwasser und trank sie in einem Zug aus. Ich suchte weiter, wollte mehr über die Symptome erfahren, vor allem über den Verlauf dieser degenerativen neurologischen Krankheit. Was bedeutete das für meine nähere Zukunft und wie konnte ich mich darauf vorbereiten? Fragen über Fragen.

Ich wusste kaum etwas über Parkinson. Nur dass die Krankheit unheilbar war und dass ich dafür ungewöhnlich jung war mit meinen einundvierzig Jahren. Bei den meisten Patienten beginnen die Symptome der Krankheit erst, wenn sie über sechzig oder sogar siebzig Jahre alt sind.

Mein erstes Symptom war bereits vor Jahren der Verlust des Geruchssinns. Ähnlich wie bei einem Hörsturz verlor ich von einem Tag auf den anderen achtzig Prozent meiner Fähigkeit, zu riechen. Die Hals-Nasen-Ohren-Ärzte, die ich deshalb besucht hatte, konnten mir keine Antwort auf das Warum geben, entnahmen mir die Polypen und gaben mir den Ratschlag, meinen Geruchssinn mit täglichem Riechen an ätherischen Ölen zu trainieren. Letztendlich hatten sie keine Ahnung, was los war. Und ich sowieso nicht. Jetzt las ich, dass der Verlust des Geruchssinns ein erstes Anzeichen für Parkinson ist. Ich trug das also schon seit fast zehn Jahren mit mir herum – ohne einen Schimmer davon zu haben! Verdammt.

Vor ein paar Monaten dann war mir plötzlich aufgefallen, dass meine linke Hand unbeweglicher wurde. Wenn ich sie bewegte, spürte ich immer eine Art Widerstand, so als würde ich sie langsam durch Wasser ziehen. Zunächst schenkte ich der Sache nicht viel Aufmerksamkeit. Wie gesagt: Ich war gerade glücklicher Single geworden, wollte meine neu gewonnene Freiheit genießen – und dachte einfach nur, ich hätte die Hand wohl

beim Tindern überlastet. Als ich noch mit meiner Hasselblad-Mittelformatkamera fotografierte, hatte ich schließlich auch hin und wieder Sehnenscheidenentzündungen im linken Handgelenk gehabt, weil die linke Hand das gesamte Gewicht der ziemlich schweren Kamera tragen musste, während die rechte scharfstellte und den Auslöser drückte. So ähnlich, hoffte ich, war es wohl auch mit meiner Tinderhand …

Dann aber war ich eines Abends bei Freunden zum Essen eingeladen, und als ich ein Glas Wein in der linken Hand hielt, begann sie, stark zu zittern. Ich hatte keine Kontrolle mehr über sie. Meine Reaktion? Ich versteckte die Hand unter dem Tisch, weil ich befürchtete, die anderen könnten wegen des Zitterns denken, ich sei Alkoholikerin. Noch immer versuchte ich zu ignorieren, dass mit mir etwas nicht stimmte.

Als ich dann ein paar Wochen später auch beim Laufen nicht mehr geschmeidig abrollen konnte, machte ich mir endlich einen Termin beim Arzt. Es fühlte sich an, als ob mein linker Fuß platt auf den Boden fallen würde. Bei jedem Schritt musste ich mich konzentrieren, um den natürlichen, wellenartigen Bewegungsablauf, vom Sprunggelenk ausgehend, irgendwie hinzukriegen. Jetzt war's vorbei mit irgendwelchen abstrusen Erklärungsversuchen, mit den »Das wird schon wieder«-Sprüchen, mit denen ich versucht hatte, mich zu beruhigen.

Dabei hatte ich in Wahrheit schon seit Monaten dieses Gefühl, dass mir irgendetwas bevorstehen würde. Ich wusste, dass ich meinen Körper überforderte. Zu wenig Schlaf, zu viel Arbeit, viel zu viel Party. Ich lebte mein neues Single-Dasein auf Kosten meiner Gesundheit aus. Ich wollte Abenteuer, Feiern, Dating, Sex. Suchte immer wieder nach dem Unvorhersehbaren, ließ mich auf abenteuerliche Aktionen ein und genoss den Frühling und Sommer in vollen Zügen. Ich hatte das Gefühl, Verpasstes nachholen zu müssen, und ließ nichts aus, im Job, beim Sport, beim Feiern. Und auch wenn eine Herausforderung mal eindeutig zu viel für mich und meinen Körper war: Ich sagte trotzdem nicht Nein. Man könnte mein Verhalten wohl auch als klassische Midlife-Crisis bezeichnen …

Allerdings bin ich schon immer ein ziemlich ungeduldiger Mensch gewesen und hatte bereits früher oft das Gefühl, etwas zu verpassen. Ich bekam schlechte Laune, wenn meine Tage nicht genug ausgefüllt waren, sei es mit Nützlichem oder mit Vergnügen. Müßiggang, Langeweile, Routine – das war nichts für mich. Ich spreche auch oft ziemlich schnell und es hat mich lange Zeit verrückt gemacht, jemandem zuzuhören, dessen Gedanken nur langsam aus seinem Kopf fielen. Nicht sehr sympathisch, ich weiß, aber irgendetwas in mir wollte schon immer dieses »Schneller, Höher, Weiter«, war süchtig nach immer neuen Herausforderungen und Abenteuern.

However: Je länger es ging mit dieser Ausbeutung meines Körpers, desto öfter hatte ich ein mulmiges Gefühl, diesen Hauch einer Ahnung. Es war, als hätte ich unbewusst nur darauf gewartet, dass mein Körper endlich reagiert. Tja. Nun wusste ich wenigstens, wie – auch wenn die Krankheit selbst natürlich schon seit Jahren in mir schlummerte. Wieder empfand ich eine Art Erleichterung. Jetzt wusste ich immerhin, woran ich war.

Am frühen Nachmittag fand wie immer die Konferenz statt, in der es um die Bebilderung der Seite eins für den nächsten Tag ging. Ich zwang mich, an ihr teilzunehmen, und versuchte, mir gegenüber den Kolleginnen und Kollegen nichts anmerken zu lassen. Ich blendete die Nachricht über meinen Gesundheitszustand aus und wandte mich den alltäglichen Nachrichten über Politik und Wirtschaft zu. Zurück an meinem Schreibtisch, wollte ich mich endlich an die Arbeit machen, aber meine Gedanken schweiften doch wieder ab. Ich googelte weiter und stieß auf ein interessant klingendes Buch eines Kollegen, der für ein deutsches Nachrichtenmagazin tätig war und der über seine Erfahrung mit Parkinson geschrieben hatte. Er hatte die Diagnose ebenfalls in meinem Alter erhalten. Ich bestellte das Buch und schrieb ihm eine Mail mit der Bitte, ihn treffen zu dürfen.

Dann wollte ich nicht mehr. Ich zwang mich, doch noch die wichtigsten redaktionellen Arbeiten abzuschließen, packte meine Sachen, schlich mich aus dem Newsroom – froh, nicht mehr unter Leuten sein zu müssen – und radelte nach Hause.

Die kleine Wohnung, in der ich damals lebte, bewohnte ich nur zur Untermiete. Nach der Trennung von meinem Mann hatte ich begonnen, immer mehr meiner bescheidenen Besitztümer loszuwerden. Möbel, Bücher, Klamotten – sogar Erinnerungsstücke aus meiner Kindheit. Mein Auto hatte ich schon vorher verkauft und mich schnell an das ganzjährige Fahrradfahren gewöhnt. Ich wollte einfach so frei und unabhängig sein, wie es nur ging. Den Besitz von zu vielen Dingen empfand ich als hinderlich und unpraktisch in meiner neuen Situation. So hatte ich meine eigene inzwischen fast leere Wohnung an einen Jugendfreund untervermietet, der sich ebenfalls getrennt hatte und vorübergehend eine Bleibe benötigte, und zog – mit nur wenigen Taschen, die mit ein paar Anziehsachen, Aktenordnern mit persönlichen Unterlagen, meinem Laptop und ein paar Büchern gefüllt waren – von Wohnung zu Wohnung. Wie gesagt: Ich hatte die Idee, möglichst viele Stadtteile Berlins neu kennenzulernen, indem ich dort für eine Zeit wohnte. Frei wie ein Vogel, der sich immer wieder neue Nester sucht.

Gerade war ich in Kreuzberg. Die Wohnung lag im obersten Stockwerk eines Altbaus und hatte noch eine Ofenheizung, was mir vertraut war aus meiner Anfangszeit im Berlin der 1990er-Jahre. Im Treppenhaus roch es nach Pisse, aber das störte mich nicht. Ich roch ja sowieso kaum noch etwas. Der Briefkasten quoll über mit Post für Leute, die längst in die ganze Welt weitergezogen waren. Für manche von ihnen scannte ich die Briefe ein und schickte sie ihnen per Mail.

Iván, ein Freund aus Valencia, teilte sich mit mir die Wohnung. An jenem warmen Augustnachmittttag 2016 war er gerade auf der verzweifelten Suche nach einer möglichst großen Reisetasche, die er für seine Reise zum Burning-Man-Festival in der Wüste Nevadas nehmen konnte. Ich gab ihm eine von meinen, und als er mich fragte, wie es mir gehe und wie mein Tag so gewesen sei, da hörte ich mich nur sagen: »Sehr gut, alles wunderbar.«

Dann zog ich mich in mein Zimmer zurück. Endlich allein. Ich hängte ein großes Tuch vor das Fenster, durch das die strahlende Nachmittagssonne schien, und schmiss den Laptop an. Ich setzte mich damit aufs Bett, schob mir drei große Kissen hinter den Rücken und sah mir einen total kitschigen amerikanischen Film an. Bei einer eigentlich harmlosen Szene, die mich emotional aber völlig aus der Bahn warf, kamen die Tränen. Plötzlich ließ ich alles raus, heulte meinen Schmerz in die Kissenstapel und schlief irgendwann vor Erschöpfung ein.

Abends fuhr ich zu meiner Mutter. Wir fielen uns in die Arme. Und ja, wir lachten auch viel an diesem Abend. Versuchten, die Krankheit wegzulachen, auszulachen. Währenddessen bereitete sie das Abendbrot zu, das aus einer fantasievollen Mischung aus Resten, die sie in ihrer Küche gefunden hatte, bestand. Salat aus Weintrauben und Kirschtomaten, Schwarzbrot belegt mit

Quark und Marmelade – und die letzten sauren Gurken aus dem Glas im Kühlschrank. Ich hatte plötzlich einen Erinnerungsflash aus meiner Kindheit in München und sah förmlich, wie meine Mutter ein großes Glas in Essig eingelegter Heringsfilets auf einen Teller packte und diese abwechselnd zu von Schokolade ummantelten Geleebananen aß, während sie sich zum hundertsten Mal den Film »Leoparden küsst man nicht« mit Katherine Hepburn und Cary Grant ansah. Es war ihr Entspannungsritual nach einem langen Arbeitstag im Büro gewesen. Bis heute kann ich fast sämtliche Dialoge dieser berühmten Schwarz-Weiß-Filme aus den 1930er- und 1940er-Jahren, die wir uns damals immer und immer wieder ansahen, mitsprechen.

Nach meinem Anruf mittags hatte sich meine Mutter sogleich an die Recherche zum Thema Parkinson gemacht und den Essenseinkauf einfach links liegen lassen. Sie sagte, dass sie das mit mir gemeinsam durchstehen werde, dass wir das mit Pragmatismus und positiver Herangehensweise schon alles hinbekommen würden. Sie steckte mich an mit ihrem Optimismus und ihrer zupackenden Art. Schließlich sterbe ich noch nicht, dachte ich, meine Mutter hat recht: Ich muss einfach nur mein Leben umstellen. Ich kann etwas tun. Sie wusste um meinen Lebensstil der letzten Monate und bat mich inständig, endlich damit aufzuhören. Und ich versprach ihr, gleich morgen anzufangen mit dem Aufhören.

Von da an recherchierte sie tagtäglich. Kaufte alle möglichen Naturheilprodukte und klärte mich über alles Mögliche auf, was die Krankheit betraf. Sie sandte mir täglich E-Mails mit Links zu Artikeln über Parkinson. Es ging um die richtige Ernährung, um Nahrungsergänzungsmittel, alternative Heilmethoden, der ein oder andere Tipp eines Scharlatans war auch dabei. Brav druckte ich alles aus, aber anstatt die Artikel zu lesen, um zu überlegen, ob ich von den Tipps etwas umsetzen konnte, legte ich sie ungelesen beiseite, auf einen Stapel, der immer höher wurde.

Die Wahrheit war: Ich wollte mein Leben nicht ändern. Ich hatte überhaupt keine Lust, aufzuhören mit Party und Sorglosigkeit. Wenn meine Mutter nachfragte, ob ich die Artikel gelesen hätte, erwiderte ich immer unwirscher: »Ja, ja, lese ich noch.«

Ich weiß nicht mehr genau, ob es schon an dem Abend bei meiner Mutter angefangen hatte, aber die nächsten Wochen waren geprägt davon, die ganze Sache möglichst zu verdrängen. Außer mit meiner Mutter sprach ich mit niemandem über die Diagnose. Das Thema erschien mir zu schwer, zu unangenehm, um jemandem einfach so davon zu erzählen. Ich wusste nicht, wie ich das anstellen sollte. »Ach übrigens, ich muss dir was sagen: Ich habe Parkinson«? Wie sollte man denn darauf reagieren? Ich wollte niemanden in Verlegenheit bringen. Zumal ich selbst auch nicht darüber reden wollte – solange ich nicht darüber sprach, konnte ich mir zumindest in manchen Momenten einbilden, alles sei normal.

Ich recherchierte auch nicht mehr selbst im Internet, und als ich drei Wochen nach der Diagnose in der CT-Röhre lag, stellte ich mir vor, das Klopfen und Rattern und Dröhnen der Maschine seien die Musik aus dem Berghain. Das gefiel mir. War ich doch schon lange nicht mehr im Klub aller Berliner Klubs gewesen, seitdem er so berühmt geworden war, dass das feierwütige Volk aus aller Welt angeflogen kam, um dort stundenlang anzustehen, in der vagen Hoffnung, irgendwann doch noch in den Tempel der Ekstase eingelassen zu werden. Früher bin ich öfters an Sonntagnachmittagen hingegangen, allein, ohne anzustehen – um dann stocknüchtern bis Mitternacht durchzutanzen. So konnte ich am nächsten Morgen einigermaßen frisch und ausgeruht zur Arbeit fahren. Damals war ich noch um einiges disziplinierter und vernünftiger.

Ins Berghain ging ich zwar nicht, aber im Grunde blieb mein Leben dasselbe – selbst nach dem Befund der CT-Aufnahmen, der die Diagnose meiner Neurologin bestätigte: Morbus

Parkinson. Die Dopamin produzierenden Nervenzellen in meinem Gehirn starben einfach so weg.

Wahrscheinlich wurde mein Leben sogar noch schneller. Noch mehr Party. Noch mehr oberflächliche Jungs- und Männergeschichten. Noch mehr Ablenkung. Jeden Tag und jeden Abend war ich unterwegs, machte zwar Sport, nahm aber auch Drogen, besuchte Musikfestivals, auf denen ich vorher noch nie gewesen war, begann eine Liaison mit einer Frau, hing ständig in Bars herum und wollte einfach weiterhin alles ausprobieren, was ich nicht kannte. Meine körperlichen Symptome waren noch relativ zurückhaltend und ich fühlte mich stark und gut. Ich genoss die Intensität des Augenblicks und hatte keine Lust, mir ernsthafte Gedanken über die Zukunft zu machen, mir von der Diagnose meinen Lebensstil verändern zu lassen.

Anders war nur dieses eine Gefühl. Es tauchte gleich am Tag der Diagnose auf, als ich mit meinem Fahrrad über das Kopfsteinpflaster Berlins fuhr; ich hatte es in der Redaktion, als ich meine Kollegen beobachtete; ich hatte es, als ich meinem Mitbewohner beim Packen zusah. Immer wieder schlich es sich in meine Seele, tagsüber in der S-Bahn, abends in Bars, nachts auf dem Heimweg.

Am stärksten war es vielleicht, als ich auf diesem Festival für elektronisch-experimentelle Musik in Polen war. Meine jüngere Schwester Deborah, die ebenfalls in Berlin lebte, hatte es mitorganisiert. Wir waren eine ziemlich große Gruppe von Freunden, die gemeinsam die Tage dort verbrachten und in Zelten oder gemieteten Wohnwagen schliefen. Das Festivalgelände lag an einem See und sah ein bisschen aus wie ein verwunschener Märchenwald durch die liebevoll gestaltete aufwendige Dekoration. Alles kam mir vor wie eine riesige Spielfläche für Erwachsene, die für ein paar Tage keine Lust auf das Erwachsensein hatten. Ich tanzte das ganze Wochenende, aber immer ein bisschen abseits. Denn wenn ich mich mitten in einer Menschenmenge befand, ging mir schon damals manchmal das Gleichgewicht verloren – ein weiteres Symptom der Krankheit.

Am letzten Spätnachmittag kletterte ich allein auf einen Heuballen und beobachtete das Geschehen um mich herum. Ich hatte halluzinogene Pilze genommen und meine Wahrnehmung war intensiviert. Ich sah mir die Menschen an, wie sie lachten und Spaß hatten. Zwischen mir und ihnen war auf einmal eine unüberwindbare Distanz. So als würde ich sie aus der Vogelperspektive betrachten. Mir war es unangenehm, den anderen emotional nah zu sein, denn ich fühlte mich angreifbar und verletzlich. Ich wollte allein sein. Wollte nicht, dass irgendjemand mitbekam, was ich empfand oder dachte.

Plötzlich war dieses Gefühl wieder da, diese alles vereinnahmende Melancholie. Für die anderen war der Moment selbstverständlich, aber ich konnte sehen, wie kostbar das war, was sie hatten. Es war wohl eine Art Trauer. Trauer um die Zeit, die ich nicht haben werde. Also verkroch ich mich irgendwann in mein Zelt und schlief ein, während alle anderen weit über den Sonnenaufgang hinaus weiterfeierten und nackig in den See sprangen. In dieser Nacht begriff ich, dass ich die verbleibende Zeit, die guten vielleicht zehn Jahre, anders nutzen sollte als nur mit Party, Spaß und Verdrängung. Ich musste dem Ganzen ein Ende bereiten. Ich musste weg, raus aus der Stadt. Allein sein.

Allein und unter Surfern

Portugal

Das Abendlicht am Strand war atemberaubend, die Wellen des Atlantiks waren spektakulär. Seit Stunden joggte ich eine Bucht an der Südwestküste Portugals entlang. Von links nach rechts. Von rechts nach links. Kein Mensch weit und breit. Nur die Möwen, die sich auf dem Sand niedergelassen hatten und jedes Mal wieder hochflogen, um mich passieren zu lassen. Ich war glücklich. Ich war am Meer.

Das Meer hatte schon immer eine besondere Bedeutung für mich. Vielleicht weil ich es bereits als Kind lieben gelernt hatte, war ich doch zwischen meinem zweiten und sechsten Lebensjahr direkt am Pazifik aufgewachsen. Nicht irgendwo an der kalifornischen Küste, nein: in einem kleinen Dorf in Ecuador, direkt am Strand. Außer meiner Familie und einigen anderen Ausländern hatten dort vor allem ecuadorianische Aussteiger in einer Art Kommune gelebt. Es war ein Paradies. Jeden Tag kletterten meine jüngere Schwester Deborah und ich aus unserem Holzhaus auf Stelzen, zogen zu zweit los und verbrachten unzählige Stunden direkt am Strand. Bei Ebbe rannten wir den Krebsen hinterher, versuchten, Sandflöhe zu fangen, oder sammelten Strandgut, um daraus provisorische Hütten zu bauen. Andere Kinder aus dem Dorf kamen hinzu und halfen mit. Die

Flut nahm zwar alles wieder mit ins Meer, aber am nächsten Tag bauten wir die wackligen Hütten mit neu gefundenem Treibholz, Plastikmüll, Algenresten oder Muscheln einfach wieder auf.

Unsere Mutter musste sich nicht viel kümmern, das ganze Dorf passte auf uns zwei Mädchen auf, so verwurzelt waren wir irgendwann dort. Hatten wir Hunger, gab uns jemand etwas ab von seinem Fisch, hatten wir Läuse, kämmten die Dorfbewohner sie aus unseren blonden Haaren. Wir sprachen damals kein Wort Deutsch miteinander, nur Spanisch. Daher wussten wir genau, wie wir den Verkäufer in der Tante-Emma-Lehmhütte dazu brachten, uns Süßigkeiten zu schenken. Abends lagen wir in einer der Lehmhütten im Dorf und sahen den Erwachsenen beim Salsatanzen zu. Wir Kinder hatten alles, was wir brauchten, und wir waren zu zweit. Es war die absolute Freiheit. Mein ganzes Leben habe ich immer wieder brennende Sehnsucht nach dieser absoluten Freiheit gespürt, wie ich sie damals als Kind erlebt habe – oder auch später als Teenager auf Formentera, als ich mit meiner Familie fünf Jahre auf dieser kleinen Mittelmeerinsel leben durfte.

Hier am Strand an der Küste Portugals wurde diese Sehnsucht wieder gestillt. Plötzlich war da wieder die Sicherheit, niemals, von nichts und niemandem eingezwängt werden zu können. Nicht von einer Ehe, nicht von einem Festangestelltenvertrag – und auch nicht von einer noch so schlimmen Krankheit.

Der Tag in der neurologischen Praxis lag nun zwei Monate zurück und es kam mir vor wie eine Ewigkeit. So viel war in der Zwischenzeit passiert. Ich ließ die letzten Wochen in Berlin wie im Zeitraffer an mir vorbeiziehen und war so froh, dass ich mich entschieden hatte, alles hinter mir zu lassen und diese Wanderung durch Portugal zu machen. Ich wäre wahrscheinlich umgeknickt wie ein Streichholz, hätte ich diesem selbstzerstörerischen Berliner Leben nicht Einhalt geboten. Portugal war in gewisser Hinsicht meine Rettung.

In den letzten Tagen hatte ich zig Kilometer zu Fuß hinter mich gebracht, mich fast nur von Beeren, Nüssen, Feigen und Weintrauben am Wegesrand ernährt und so langsam die Kontrolle über meinen Körper zurückgewonnen. Die Hand war nicht mehr so steif, der Fuß rollte besser ab. Ich konnte so lange laufen, schwimmen und joggen, wie ich wollte. Was für eine Freude! Wenn ich auf diese Art Einfluss auf den Verlauf der Krankheit nehmen konnte, vielleicht würde dann alles gar nicht so schlimm? Vielleicht könnte ich Mister Parkinson in den Griff bekommen? Sogar beherrschen? Ich war zum ersten Mal voller Zuversicht, während ich immer weiter am Strand auf und ab lief und das Meer, den Abendrothimmel, das Geräusch der Wellen genoss.

Dass es vor allem die Natur war, die ich so dringend nach dem Schock der Diagnose brauchte, war mir ein paar Tage nach dem Musikfestival in Polen endgültig klar geworden. Meine Schwester Deborah, der ich inzwischen von meiner Diagnose erzählt hatte, hatte mich zu einer Ayahuasca-Zeremonie überredet – einem alten indigenen Ritus aus dem Amazonasgebiet, der heute von Schamanen auch in vielen westlichen Ländern praktiziert und dem eine heilende und reinigende Kraft zugeschrieben wird. Unter Einfluss einer psychedelisch wirkenden Flüssigkeit aus Urwaldpflanzen soll man sich selbst und die eigenen Wurzeln besser kennenlernen.

Schon früher hatte mich meine Schwester immer mal wieder gefragt, ob ich nicht mitkommen wolle, aber bis jetzt hatte mich eine gewisse Ehrfurcht davon abgehalten, an so einer Zeremonie teilzunehmen. Was, wenn ich die Kontrolle verlieren würde? Was, wenn mich irgendetwas Unangenehmes aus meiner Vergangenheit einholen würde? Ich hatte eigentlich nie viel Lust auf Selbstreflexion. Und irgendein spirituelles Gerede über Achtsamkeit, Finde-dich-selbst, Finde-dein-Urkind et cetera war mir eh fremd.

Sollte ich mich jetzt der Sache doch mal aussetzen? »Was ist falsch mit mir?«, »Bin ich etwa selbst schuld?« – auch wenn ich nicht wollte: Diese Fragen schwirrten seit der Diagnose hin und wieder in meinem Kopf herum. Vielleicht konnten mir dieser Schamane und sein Getränk helfen, Antworten zu finden? Oder zumindest diese Gedanken zum Verschwinden bringen? Ich blieb unsicher. Am Ende ließ ich mich aber doch – wenn auch immer noch ein bisschen widerwillig – von Deborah überreden. Meine Neugierde hatte gewonnen, denn ich wollte dann doch wissen, was es auf sich hatte mit dieser Ayahuasca-Therapie.

Die Zeremonie fand in Brandenburg auf dem Grundstück eines Freundes statt. Wir versammelten uns nach Sonnenuntergang um ein Feuer und der Schamane, der aus Peru angereist war, begann mit einer Einführungsrede. Doch ich hörte nicht richtig zu. Ich war nicht sonderlich gut darin, mich der Gruppendynamik anzupassen, und auch das spirituelle Gerede lag mir fern. Deshalb entging mir der praktische Hinweis, dass wir uns nicht von der Gruppe entfernen sollten. Und so machte ich mich, nachdem wir im Tipizelt die präparierte Flüssigkeit getrunken hatten, schnurstracks auf den Weg und lief trotz Dämmerung allein in den nahe gelegenen Wald. Ziemlich schnell begann die Droge ihre Wirkung zu entfalten und ich ließ mich an einem Baum nieder und von der Dunkelheit einnehmen. Ich weiß nicht mehr, wie lange ich unter dem Baum lag, der Schamane suchte schon nach mir, aber eins weiß ich: Auf der modrigen Erde liegend, meinen Körper in Fötusstellung zusammengerollt, fühlte ich mich von der Natur beschützt. Es kamen weder Dämonen noch irgendwelche schlechten Erinnerungen auf, sondern nur die Gewissheit, dass alles gut ist. Ich fühlte mich rundum wohl und in Frieden mit mir selbst unter diesem Baum mit der Nase in der dunklen, feuchten Erde. Wähnte mich wie in Watte gehüllt, wohlig warm, aufgehoben, beschützt. Ich hörte damals auch alle möglichen Tiere zu mir sprechen. Wildschweine, Füchse und Greifvögel, die über den Bäumen ihre Kreise zogen, selbst Wölfe sprachen zu mir. Keine Ahnung, ob sie wirklich da gewesen waren oder ob das die halluzinogene Wirkung der Droge war: Ich merkte, wie in mir eine Art Urvertrauen in die Natur wiederbelebt wurde. Zwar kotzte ich mir irgendwann am nächsten Baum die Seele aus dem Leib, da der Körper die Substanzen der Pflanze nicht bei sich behalten wollte, aber selbst das fand ich toll. Es tat gut, sich buchstäblich auszukotzen.

Und ich wusste instinktiv, jetzt war es wirklich so weit. Ich musste weg aus der Stadt. Sofort. Schluss mit der Midlife-Crisis. Schluss mit dem Verdrängen. The party is over. Ich musste in die Natur. Nur dort kann mir nichts passieren.

Ein paar Tage später saß ich im Flieger nach Barcelona. Nach dem Brandenburg-Trip hatte ich innerhalb kürzester Zeit eine Wanderroute im Süden Portugals recherchiert, meinen Rucksack gepackt und alle anderen Dinge in Windeseile und mit riesiger Vorfreude erledigt. In Barcelona blieb ich zwei Tage bei meiner besten Freundin Tamsin, mit der ich auf Formentera aufgewachsen war und die gerade ihr zweites Kind bekommen hatte. Das normale Familienleben tat mir gut. Dann flog ich weiter nach Sevilla. Dort stieg ich in einen Überlandbus, der mich bis zur portugiesischen Grenze brachte, wo ich in einem kleinen Fischerstädtchen übernachtete. Am nächsten Tag machte ich noch eine kurze Einkaufstour für die Dinge, die ich in der Eile in Berlin vergessen hatte, ein Taschenmesser zum Beispiel und eine Gaskartusche, kaufte allerhand Nüsse und getrocknete Früchte. Dann fuhr ich mit dem Regionalbus hinauf in die Berge und stieg nachmittags in einem Bergdorf aus.

Da war ich nun. Endlich »on the road«, im herrlichen Hinterland der Algarve. Allein mit meinem Rucksack, unterwegs auf einer dreihundertdreißig Kilometer langen Wanderroute vom Südosten Portugals bis ans Südwestkap Europas. Ich lief bis Sonnenuntergang und baute mein Zelt in einem Olivenhain auf. Viel zu müde, um noch etwas zu essen, kroch ich in der Dämmerung in mein wunderbar leichtes Zelt und schlief sofort ein.

Tag für Tag wachte ich mit der aufgehenden Sonne auf, nahm den Schlafsack aus dem Zelt, hängte ihn zum Lüften entweder auf einen dicken Ast in der Sonne oder legte ihn auf die Isomatte daneben, setzte mich im Schneidersitz auf den Boden und genoss das Alleinsein. Meistens baute ich mein Nachtlager etwas abseits des markierten Wanderweges auf, folgte aber mehr oder weniger den vorgegebenen Tagesetappen. So musste ich mir keine großen Gedanken über Wasser- oder Essensnachschub machen, da ich rechtzeitig in Berg- oder Küstendörfer gelangte und in kleinen Tante-Emma-Läden oder Bars etwas Brot und Käse einkaufen konnte. Ich hatte einfach keine Lust, mich mit zu viel Essen abzuschleppen, ärgerte mich ein wenig über den mitgebrachten Gaskocher und die volle Gaskartusche, die ich sowieso nicht nutzte. Der Hunger ließ eh nach, nachdem der Körper sich an weniger Nahrung gewöhnt hatte. Ich hatte alles, was ich benötigte, mir fehlte es an nichts und niemandem. Außer einem französischen Pärchen an einer Wasserquelle traf ich keine Wanderer, nur hin und wieder alte Bäuerinnen und Bauern, die noch in den zum größten Teil verlassenen Bergdörfern lebten.

Eines Mittags ruhte ich mich in einem dieser Dörfer unter einem riesigen Schatten spendenden Baum aus und füllte meine zwei Wasserflaschen am Brunnen des Dorfplatzes auf, als ein uralter Mann auf mich zukam und mir eine große Tomate aus seinem Garten überreichte. Ich war gerührt von dieser Geste und bedankte mich auf Portañol, einer Art Mischung aus Spanisch und Portugiesisch, die ich einigermaßen beherrschte, jedoch verstand ich den alten Mann kaum ob der fehlenden Zähne in seinem Mund. Also schwiegen wir, unter dem Baum sitzend, vor uns hin. Ich versuchte, mir vorzustellen, was es wohl bedeutet, in diesem Dreißig-Seelen-Dorf zu leben, sich von den

Erträgen des eigenen Gartens zu ernähren, vielleicht ein paar Kilo Kartoffeln gegen Schweinefleisch eines anderen Bauern zu tauschen, mit dem gesammelten Feuerholz den Kamin oder die Kochstelle zu beheizen. Wie alt mochte dieser Mann neben mir wohl sein mit seinem von der Sonne gegerbten Gesicht unter dem alten Filzhut? Ob ich selbst so alt werden könnte? Ob mir überhaupt genug Zeit bleiben würde, meine Zähne aus Altersgründen zu verlieren? Und in welchem Zustand wäre ich dann? Irgendwann hörte ich auf nachzudenken und folgte einfach nur dem Blick des Mannes in die Ferne, auf die andere Seite der Hügel. Es war windstill und ruhig, kein Laut zu vernehmen. Ich genoss diesen Moment und schloss die Augen.

Als mein Schweiß auf dem Rücken getrocknet war, sattelte ich meinen Rucksack wieder auf, verabschiedete mich mit einem festen Händedruck von dem alten Mann und lief, mit der wunderschön deformierten Tomate im Gepäck, den nächsten Hügel hinauf.

Nach etwa einer Stunde bemerkte ich, dass ich meine Wasserflaschen vergessen hatte. Abgesehen davon, dass mit ihnen viele schöne Erinnerungen verbunden waren, weil ich sie schon seit mehr als fünfzehn Jahren besaß und damals aus dem Bestand der Nationalen Volksarmee der DDR aufgekauft hatte – ich konnte nicht weiter ohne Wasser. Also lehnte ich meinen Rucksack gegen einen Baum und lief zurück ins Dorf. Der alte Mann war nicht mehr da. Aber meine Wasserflaschen waren es glücklicherweise noch. Ich nahm sie und machte mich auf den Rückweg. Während ich so vor mich hin stapfte, wurde mir plötzlich klar, dass ich nicht unbedingt einem Ziel folgen musste. Es ging nicht darum, irgendwo anzukommen, nicht darum, die Strecke hinter sich zu lassen. Sondern um den Weg an sich. Ich musste nicht auf Teufel komm raus das Tagespensum erfüllen oder der Wegmarkierung folgen, sondern konnte Pausen machen, wo ich wollte, konnte Abweichungen folgen und später zurück auf den Hauptpfad kommen und einfach das Laufen selbst genießen. Das Eintauchen in die Bewegung. Das hatte ich verstanden während der zwei Stunden, die ich ins Dorf und wieder zurück brauchte.

Eigentlich wusste ich schon lange, dass dieser Satz »Der Weg ist das Ziel« beim Wandern wirklich stimmt. Jedoch war mir das noch nie so klar wie in diesem Moment in Portugal. Ja, tatsächlich hatte ich schon sehr viele Trekkingtouren mit meinem Mann unternommen in den vergangenen zwanzig Jahren, und das auf der ganzen Welt. Der Unterschied zu meiner Wanderung durch Portugal bestand aber darin, dass ich diese hier ganz allein unternahm. Das hatte ich schon so lange gewollt. Jetzt war ich also hier und konnte es kaum fassen, wie glücklich ich darüber war, auf mich gestellt zu sein. Ich versuchte, über meine Krankheit nachzudenken, was sie für mich bedeuten würde, und holte immer mal wieder die mittlerweile völlig zerknitterten Blätter aus dem Rucksack heraus, die ich von meiner Mutter in den letzten Wochen per E-Mail zugeschickt bekommen und ausgedruckt hatte. Es waren Anleitungen zur Ernährungsumstellung und Zusammenstellungen zu alternativen Heilmethoden für Parkinsonkranke. Aber irgendwie lag die Vorstellung, dass ich richtiggehend krank war, noch so weit weg für mich, dass ich an Heilmethoden nicht wirklich denken konnte. Ich befasste mich demnach eher mit dem, was ich sowieso schon von früher gut kannte: und zwar mit der Entgiftung und Entschlackung meines Körpers und der Wiedererlangung der körperlichen Fitness.

Das Meer hatte ich ganz unverhofft nach einem Aufstieg aus dem Pinienwald gesehen. Plötzlich lag es vor mir. Zwar noch in der Ferne, aber mir fehlte nur eine Stunde Marsch, um es zu erreichen. Vorher musste ich noch die Gesteinswüste durchqueren, die hinab in ein kleines Städtchen führte. Rechts neben dem Weg erstreckte sich das sattgrüne Flusstal, welches in den Atlantik mündete und an dessen Ufer ich campen würde.

Nach ein paar Tagen beschloss ich dann aber doch, mir ein Gästezimmer in einem kleinen Ort in der Nähe zu mieten. Ich gab meiner Sehnsucht nach einem Bett und einer heißen Dusche nach. Nicht nur, dass meine Klamotten inzwischen ziemlich dreckig waren und an meinem Körper schlabberten, weil ich wahrscheinlich erheblich abgenommen hatte. Ich hatte mir auch seit fast drei Wochen meine langen Haare nicht mehr gebürstet, die Beine nicht rasiert, geschweige denn in den Spiegel gesehen. Ich muss ganz schön verwildert ausgesehen haben. Der Surfer, dem das Gästehaus gehörte, wirkte anfangs ziemlich angewidert von mir, nahm aber naserümpfend meine Klamotten entgegen und stopfte sie in die Waschmaschine, die sich in seiner Garage befand. Ich sah mich in der Garage um und bemerkte die vielen Surfbretter in allen Größen und Formen. Manche waren kurz mit spitzer Nase, andere ganz lang mit rundem Ende. Was der Unterschied war? Keine Ahnung. Ich wusste auch nicht, warum sie so viele unterschiedliche Flossen hatten, und war neugierig, darüber zu erfahren.

Ich hatte die letzten Tage am Strand vor allem damit verbracht, den Surfern dabei zuzusehen, wie sie mit einer unglaublichen Eleganz und Leichtigkeit durch die brechenden Wellen hinaus auf das Meer paddelten, umdrehten, irgendwann geschickt auf ihrem Surfbrett standen und parallel zur anschwellenden Welle entlangglitten. Kurz bevor diese brach, ließen sie sich kopfüber ins Wasser fallen, um erneut zurück ins Meer zu paddeln.

Das wollte ich auch lernen! Warum kam ich erst jetzt auf die Idee? Als absolute Wasserratte hätte mir das doch viel früher einfallen müssen! Und erst jetzt, mit einundvierzig Jahren, also viel zu spät und außerdem noch mit Mister Parkinson beziehungsweise Mr P – wie ich ihn mittlerweile nannte – an meiner Seite, beschloss ich, hier an der portugiesischen Atlantikküste Surfunterricht zu nehmen. Das konnte ich beim besten Willen nicht allein hinbekommen. Die weitere Wanderung gen Norden musste warten, ich wollte jetzt endlich surfen lernen! Damals wollte ich mir auch noch beweisen, dass ich trotz Mr P noch alles schaffen würde. Ich wollte meinen Ehrgeiz herausfordern – und außerdem war ich natürlich beeindruckt von der souveränen Coolness der Surfer.

Es gab in der Nähe zwei junge und hübsche Portugiesen, die vor Kurzem eine kleine Surfschule gegründet hatten. Ich fragte sie, ob sie mir Unterricht geben könnten. Und so holten sie mich jeden Morgen in ihrem VW-Bus vom Gästehaus ab und fuhren mit mir an den Strand. Erst mal gab's Trockenübungen. Trotz meiner neu gewonnenen körperlichen Fitness fiel es mir zunächst schwer, in einem Satz auf das im Sand liegende Brett zu springen und die richtige Position zu finden, derer es bedurfte, um nicht das Gleichgewicht zu verlieren. Irgendwann klappte es und es ging ins Wasser, um das Aufstehen auf dem Brett zu üben. Puh, was war das schwierig. Ich sprach mit meinen Surflehrern nicht über meine bis dahin noch leichte Behinderung. Ich wollte einfach nur ein normaler Anfänger mit möglichst schneller Lernfähigkeit sein. Egal, was in ein paar Jahren sein mochte: Jetzt fühlte ich mich noch fähig genug, alles zu lernen. Auch das Surfen. Immer und immer wieder zog ich das große blaue Schaumstoff-Surfbrett, das Anfängern wegen des besseren Auftriebs und der wesentlich leichteren Handhabung gegeben wird, durch die kleinen gebrochenen Weißwasserwellen in Richtung Meer, drehte mich dann zum Strand um, legte mich auf das Brett und versuchte, mit dem Schub der nächsten anrollenden Welle genügend Geschwindigkeit zu erlangen, um mich ungelenk aufzurichten. Meistens fiel ich sofort wieder in das seichte Wasser und kam mir vor wie ein gestrandeter Wal. Egal. Ich genoss diese Sisyphosarbeit trotzdem. Es beruhigte mich. Meine Gedanken schalteten ab und ich konzentrierte mich nur auf den mechanischen Vorgang.

Nach etwa einer Woche klappte es tatsächlich. Ich stand auf dem Brett und surfte auf den kleinen Wellen direkt in die Arme der hübschen Surflehrer, die knietief im Wasser standen und mir unaufhörlich Anweisungen gaben. Ich war überglücklich. Die Mühen hatten sich gelohnt.

Trotzdem wusste ich, dass es noch ein sehr langer Weg sein würde, bis ich richtig surfen können würde. Die meisten Einheimischen erzählten mir, dass sie Surfen gelernt hatten, bevor sie überhaupt Fahrrad fahren konnten, also von sehr klein auf. Für sie war es ganz normal, mit dem Brett in die Wellen zu springen und das Meer in all seiner Schönheit und Brutalität zu erleben. Ich hingegen war ein totaler Neuling auf dem Gebiet und freute mich über jeden kleinen Fortschritt.

Zufrieden ließ ich mich zurück ins Gästehaus fahren und packte meinen Rucksack. Denn am nächsten Tag wollte ich meine Wanderung an der Küste entlang Richtung Norden fortsetzen. Da ich aber beschlossen hatte, noch mal hierher zurückzukehren, ließ ich einige Sachen wie den Gaskocher, die Wanderstöcke, ein Buch und Wechselwäsche zurück. Und nicht nur die unnötigen Dinge, die ich nicht bei mir haben wollte. Auch all die Gedanken zu meiner aktuellen Lage sollten zurückbleiben. Im Grunde wollte ich mich befreien von der Last, ständig über meine neue Lebenssituation mit Parkinson nachdenken zu müssen. Denn ich wollte, ich musste mich endlich mit einem anderen Thema auseinandersetzen, das ich seit über einem halben Jahr mit mir herumtrug und noch überhaupt nicht richtig verarbeitet hatte: meine Trennung von Tammi.

Über unsere gemeinsame Geschichte dachte ich nach, als ich am nächsten Strand mein Zelt aufbaute, den Schlafsack schüttelte und die Turnschuhe vom Sand befreite. Ich heulte, als ich Tom-Waits-Balladen aus der kleinen mitgebrachten Musikbox hörte. War verunsichert und bereute plötzlich die Entscheidung, den Mann verlassen zu haben, mit dem ich – mit kurzer Unterbrechung – mein halbes Erwachsenenleben verbracht hatte. All das Vertraute, die Gemeinsamkeiten, die tiefen Gefühle und die Geborgenheit hatte ich wie eine Nabelschnur gekappt. Nun war ich zum ersten Mal in meinem Leben ganz auf mich allein gestellt. Und das ausgerechnet jetzt, mit dieser Diagnose im Gepäck. Dennoch fühlte es sich im nächsten Moment wieder richtig an. Es war, als ob ich mit meinen einundvierzig Jahren endlich richtig selbstständig geworden wäre. Vielleicht auch, weil es die erste lange Wanderung war, die ich ohne ihn machte. Er hatte mich mit Anfang zwanzig ins Wandern eingeführt – zu einer Zeit, als diese Art des Reisens noch ziemlich unpopulär war und nur von sportlichen Rentnern oder totalen Freaks betrieben wurde. Heute existiert ja ein ganzer Industriezweig rund ums Wandern.

Ich erinnerte mich an unsere Flitterwochen vor knapp zehn Jahren, die wir wandernd in der Wildnis Neuseelands verbracht hatten. Bereits damals hatte ich Reisetagebücher geschrieben. Als wir acht Jahre später erneut nach Neuseeland fuhren, nahm ich es mit, um darin zu lesen. Wir wussten beide, dass die Reise eine Art Abschiedstour für unsere Ehe sein würde. Zumindest habe ich es so empfunden. Er wollte es damals noch nicht so richtig wahrhaben und weigerte sich, in dem Flitterwochenbuch zu lesen. Ich begann ein neues Tagebuch – das ich wiederum bis heute nicht wieder angesehen habe …

Ich legte mich in mein Zelt, schaltete die Musikbox aus und schlief mit dem Klang des Meeresrauschens ein. Nachts wachte ich auf und heulte, eingewickelt in meinem Schlafsack, im Schutz der Dunkelheit meinen ganzen Schmerz hinaus, ließ die Tränen einfach laufen. Irgendwann setzte ich mich auf, schälte mich aus dem Schlafsack, wischte die Tränen weg und öffnete das Zelt, weil ich frische Luft brauchte, denn ich ertrank ja förmlich in Selbstmitleid. »Was für einen Scheiß habe ich denn da ans Bein gebunden bekommen! Und warum hast du dich bloß getrennt, du dumme Kuh!«, hörte ich mich sagen.

Die Abkühlung der frischen Luft tat gut. Ich beruhigte mich wieder, vergewisserte mich, dass ich doch keine dumme

Kuh war, im Gegenteil, alles richtig war, so wie es war – und nach einer Weile legte ich mich wieder hin und schlief ein. Im Morgengrauen krabbelte ich aus dem Zelt und sah der Sonne zu, die langsam hinter dem Berg aufging. Ich saß unter einem Johannisbrotbaum, als ein Bauer vorbeiging und sich wortlos und in respektvoller Entfernung neben mich setzte. Wir wechselten einige wenige Worte über die Schönheit der Natur und über seine Schafe und Ziegen. Es waren nämlich sein Stück Land und sein Baum, unter dem ich saß. Also bedankte ich mich dafür, dass ich hier campieren durfte, konnte ihm aber leider keinen Kaffee oder Tee anbieten. Er musste weiter zu seinen Tieren und ich sah ihm nach, bis er hinter dem nächsten Hügel verschwand. Ich bin keine sehr romantische Person, aber die Intensität dieses Augenblicks während des Sonnenaufgangs überwältigte mich.

Einige Tage später, während ich eine Schotterpiste die Küste entlanglief, überholte mich ein Motorradfahrer. Ein paar hundert Meter weiter hielt er an einer Fischerbucht an, in der sein Boot lag, und lehnte die Enduromaschine an ein Bootshäuschen. Als ich daran vorbeilief, winkte er mich heran und schlug mir vor, mit ihm aufs Meer hinauszufahren und ein paar Fische zu fangen. Er war mit Sicherheit zehn Jahre jünger als ich, sah verdammt gut aus und schien abenteuerlustig zu sein. Normalerweise hätte ich mich sofort darauf eingelassen, aber diesmal dachte ich, nein, lass es, Pamela, lenk dich nicht schon wieder ab, du wolltest doch für dich bleiben.

»Heb mir den leckersten Fisch deines Fangs auf!«, rief ich ihm daher nur lachend in holprigem Portugiesisch zu, zog weiter allein meines Weges.

Ein paar Stunden später suchte ich mir wieder einen geeigneten Platz am Strand, um mein Zelt aufzubauen. Es war mittlerweile Anfang Oktober, abends wurde es bereits ziemlich kühl und windig war es eh. In einiger Entfernung sah ich einen Jeep stehen, ein Pärchen in meinem Alter saß davor. Es war noch früh am Abend, mir war kalt, aber ich hatte noch keine Lust, ins Zelt zu kriechen, also lief ich zu ihnen. Sie boten mir heißen Tee an und sofort begannen wir ein Gespräch über alles Mögliche, speziell das Reisen. Sie erzählten ein wenig von ihrem Leben und ich von meinem. Da platzte es plötzlich aus mir heraus und ich erzählte ihnen alles: über meine Diagnose, über meine Trennung und was mir diese Reise gerade bedeutete. Verrückt, dass es einem oft leichter fällt, sich komplett fremden Personen anzuvertrauen. All das, was ich nicht fähig gewesen war, meiner Familie und meinen Freunden zu erzählen, sprudelte jetzt aus mir heraus. Die Bedenken, was aus mir werden soll, all die Ungewissheit, das Unbekannte, was auf mich zukommen wird. Letztendlich hörte ich mir selbst dabei zu, wie ich meine Gedanken durch das Aussprechen besser ordnen konnte. Es kam mir wie ein Akt der Befreiung vor. Sie schenkten Tee nach und hörten einfach nur zu.

Bis ich es irgendwann dann doch satthatte, von mir zu reden. Ich war nicht gewohnt, im Zentrum zu stehen, wollte eigentlich immer lieber von anderen Menschen wissen, wie sie leben und warum sie machen, was sie machen. Ich bin halt sehr neugierig. Daher fragte ich das Pärchen, wie es sie hierherverschlagen hatte mit ihrem tollen alten Jeep, der als Campingwagen diente.

Sie war es, die antwortete: »Nun, vor zwei Jahren haben wir beschlossen, mehr Zeit am Strand zu verbringen, speziell an diesem, an dem wir gerade sind. Wir kommen öfters her und genießen die Auszeit von der Stadt, gehen entweder surfen oder laufen, essen selbst gefangenen Fisch und schlafen mit offenen Türen unterm Sternenhimmel. Wir sind beide Künstler und das Überleben in Lissabon ist ziemlich kräftezehrend. Während es uns hier recht gut geht und es für uns zu einer Art Ritual geworden ist herzukommen, um Dinge zu besprechen und aufzuarbeiten, die wir sonst im Alltag links liegen lassen. Seitdem kommen wir auch wesentlich besser als Paar miteinander aus.«

Das klang wirklich schön. Ich verabschiedete mich, lief zurück zu meinem kleinen Rückzugsort, meinem Zelt, und dachte noch ein wenig über dieses wunderschöne Paar nach, eine Portugiesin aus Lissabon und einen Franzosen aus Paris. Ja, eine gute Beziehung zu führen bedeutet wahrlich viel Arbeit. Und sie gaben sich echt Mühe. Ich freute mich für sie, ja bewunderte sie sogar dafür. Während ich trotzdem froh war, all das hinter mir gelassen zu haben, all diese »Beziehungsarbeit«.

Am nächsten Tag ging ich noch einmal zu ihnen zum Frühstückskaffee und sie machten das erste Foto von mir während dieser Reise: ich am Strand, mit dem Rucksack bepackt, in Shorts, Sonnenbrille und matschgrünem Pulli und lächelnd. Am Ende ist es das Cover dieses Buchs geworden. Wir verabschiedeten uns herzlich, tauschten Nummern aus und ich zog weiter.

Irgendwann kehrte ich in das Gästehaus des Surfers zurück, von wo ich losgelaufen war, und blieb, um eine weitere Woche Surfunterricht zu nehmen, um die Gegend besser kennenzulernen und um meine allabendlichen Strandspaziergänge zu machen. Mit einem ausgeborgten Fahrrad fuhr ich täglich in den nahe gelegenen kleinen Supermarkt, um meine Einkäufe zu erledigen.

Mir gefiel es immer besser in diesem kleinen Ort direkt am Atlantik. Die weiß getünchten Häuser standen etwas verstreut an schachbrettartig angelegten Straßenzügen. In dem kleinen Supermarkt konnte man frühmorgens mit den Arbeitern auch einen frisch gepressten Orangensaft oder starken schwarzen Kaffee an der Theke trinken und dabei die Zettel am Schwarzen Brett studieren. Von Yogaunterricht, Surfbrettreparatur bis zu Auto- und Caravanverkäufen fand man so ungefähr alles, was in der Gegend von Relevanz war. Die Einheimischen grüßten sich gegenseitig auf der Straße oder beim Spaziergang mit den Hunden am Strand, allerdings eher aus der Ferne. So als ob die Weite der Natur dazu beitrüge, die respektvolle Distanz zum anderen Individuum zu wahren. Es war auch offensichtlich, dass die Menschen diesen Ort und seine Umgebung – die zum Naturschutzgebiet erklärte Costa Vicentina im Südwesten – schützten. Jeder sammelte zum Beispiel den angespülten Plastikmüll am Strand auf und entsorgte ihn. Sie wirkten auf mich, als wären sie zufrieden mit sich und der Welt.

Mittlerweile hatte ich sogar schon einige coole Leute kennengelernt. Es waren sowohl Portugiesen aus der Gegend oder Zugezogene aus dem Norden als auch Menschen aus anderen europäischen Ländern, die Bock auf ein Leben am Meer hatten, um zu surfen und in Ruhe gelassen zu werden. Hin und wieder wurde ich zu privaten Abendessen eingeladen. Die Menschen waren entspannt, weil die Saison zu Ende ging. Die Stimmung erinnerte mich an mein Leben in der kleinen Gemeinschaft auf Formentera, der Insel meiner Jugend. Dort gab es ebenfalls das saisonale Leben, das aus dem geschäftigen Sommer bestand, um genügend Geld mit Tourismus zu verdienen. Im ruhigen Winter gab man sich hingegen dem Müßiggang hin, suchte sich Partner, um nicht allein in die klammen Betten zu steigen, und kümmerte sich um Dinge, die während des Sommers liegen geblieben waren. Man las viel. Und man verbrachte viele Abende gemeinsam vor dem Kamin, rauchte dabei Joints, machte Musik oder philosophierte einfach nur über das Leben.

Ich wusste, dass es nicht einfach ist, neue Leute in so eine eingeschworene Gemeinschaft aufzunehmen. Daher genoss ich es sehr, einen Einblick in diesen Mikrokosmos von Leuten an diesem besonderen Ort in Portugal zu erhalten. Er war für mich so besonders, weil ich mich in gewisser Hinsicht unter meinesgleichen aufgehoben fand. Wir rauchten Gras, tranken Vinho Verde oder Medronho, einen Schnaps, der aus den Früchten des wilden Erdbeerbaums gewonnen wird, und redeten über das Meer. Ich hatte fast vergessen, wie wichtig mir das Meer ist, schließlich hatte ich zwar den größten Teil meiner Kindheit und Jugend am Meer verbracht, aber die letzten zwei Jahrzehnte eben doch davon entfernt gelebt. Also hörte ich der Surfgemeinde fasziniert dabei zu, wie sie über die Gezeiten, die Strömung, den unterschiedlichen Wellengang sprach und den größten Respekt vor der Macht des wilden Wassers zeigte. Manche von ihnen waren in den Bergen aufgewachsen und erst sehr viel später ans Meer gezogen. Ski- und Snowboardfahrer, denen es relativ leichtfiel, sich der Welt des Surfens anzuschließen.

Ja, die Surfgemeinde war tatsächlich eine Welt für sich, die ich gerade erst zu entdecken begann. Es ging nicht nur um den Surfsport an sich, sondern auch um einen Lebensstil. Also früh aufzustehen, sich gut zu ernähren, im Einklang mit der Natur zu leben, Dinge wie Karrieregedanken oder unnötiges Konsumverhalten hinter sich zu lassen und natürlich auch den Müßiggang zu pflegen, sich mit sich selbst zu beschäftigen. Die meisten hatten sich finanzielle Einnahmequellen geschaffen, die völlig ausreichten, um dieses einfache Leben zu führen. Und ich wollte all das ebenfalls haben, zumindest wollte ich diese Freiheit gewinnen, über mein eigenes Leben so zu walten wie mir lieb war. Im Grunde genommen spürte ich, dass ich irgendwo angekommen war: in einer neuen Welt am Meer, in meinem Körper, für den ich ein anderes Verständnis bekommen konnte. Eine gewisse innere Ruhe begann, sich in mir auszubreiten.

Damals war mir noch nicht klar, wie oft ich später hierher zurückkehren würde, an diesen besonderen Ort am Meer, und wie er sogar zu meiner zweiten Heimat werden würde.

Drei Schwestern

Rio de Janeiro

Guggi saß auf einem Klappstuhl unter dem Sonnenschirm. Sie saugte mit einem Strohhalm den frischen Saft aus der Kokosnuss, die sie in ihren Händen hielt, während mein Schwager ihren Bauch streichelte. Meine jüngste Schwester war im vierten Monat schwanger und sah glücklich und schön aus.

Es war mittlerweile Mitte Januar 2017 und ich war erst heute Morgen in Rio de Janeiro angekommen. Guggi lebte seit über zehn Jahren dort. Sie und ihr Mann bewohnten eine süße Wohnung im Copacabana-Viertel, im vierzehnten Stock eines Gebäudes, das an einem der typischen zuckerhutförmigen Felsen gebaut war, mit herrlichem Blick auf den Dschungel. Affen turnten in den Bäumen.

Wir hatten am Frühstückstisch gesessen und Maracujas gegessen, die Guggi extra für mich gekauft hatte, weil sie meine absolute Lieblingsfrucht war. Das saftig gelbe Fruchtfleisch tropfte mir vom Kinn hinunter, während ich gierig eine Maracuja nach der anderen verschlang.

Ich war müde wegen des langen Flugs, und die plötzliche Hitze – es war Hochsommer in Brasilien – machte mir zu schaffen. Also hatten wir beschlossen, mit dem Auto aus der Stadt Richtung Süden zu fahren: an einen Strand in der Nähe eines Naturschutzgebietes, an dem es wesentlich ruhiger war als an den total übervölkerten und lauten Stadtstränden Rio de Janeiros.

Jetzt lag ich also mit meinem weißen und untrainierten Körper, der zu viel Zeit in der Stadt ohne Sonne und sportlicher Aktivität verbracht hatte, im warmen Sand und döste zufrieden vor mich hin, neben mir meine schwangere Schwester im Klappstuhl. Schweigend genossen wir das Beisammensein. Guggi und ich hatten uns seit ihrem letzten Besuch in Berlin vor über einem halben Jahr nicht gesehen und wir wussten, dass etwas ausgesprochen werden musste. Aber das hatte noch Zeit, fanden wir, ohne dass wir es gemeinsam hätten beschließen müssen. Ich selbst hatte es in den vergangenen fünf Monaten nicht übers Herz gebracht, ihr von meiner neuen Situation zu erzählen. Es fiel mir generell immer noch irre schwer, über Mr P zu reden. Und je näher mir Menschen standen, desto schwerer war's. Deshalb hatte meine Mutter die Dinge irgendwann in die Hand genommen und Guggi bei einem Telefonat vor ein paar Wochen von meiner Diagnose erzählt. Meine Mutter wollte unbedingt, dass meine Schwester die Nachricht schon ein wenig verdauen konnte, damit wir die gemeinsame Zeit besser genießen könnten. Sie sagte, es sei sonst ein zu großer Schock und dass ich meine Schwester sowieso nicht schonen könnte, egal, auf welche Art ich ihr sagen würde, dass ich unheilbar krank war. Anfangs war ich verärgert darüber, dass man über meinen Kopf hinweg entschieden hatte. Es ging schließlich um etwas, das erst einmal nur mich betraf und niemand anderen. Ich fand, sie hatte eine Angelegenheit übernommen, der ich mich selbst hätte stellen müssen. Also war ich erst mal sauer auf sie, erzählte ihr aber nichts davon. Später jedoch, als ich – obwohl sie es ja nun wusste – bei unseren Telefonaten immer noch nicht mit Guggi über meine Diagnose sprechen konnte, war ich ziemlich froh, dieser Konfrontation mit meiner Mutter ausgewichen zu sein. Denn sie hatte ja recht gehabt: Ich wäre viel zu feige gewesen, meine Schwester anzurufen und es ihr zu sagen. Einfach so, ohne Umschweife. Bäm. Und so wich der anfängliche Ärger über das eigenständige Handeln meiner Mutter einer großen Erleichterung und ich bedankte mich bei ihr.

Insofern stand das Unausgesprochene immer noch zwischen Guggi und mir, aber wir vertagten es noch einmal, über Mr P zu sprechen. Schließlich gab's mit ihrer Schwangerschaft viel schönere Neuigkeiten, auf die wir uns erst einmal stürzen konnten. Ich wollte alles über sie und ihre Schwangerschaft erfahren, möglichst viel miterleben. Denn sie war die Einzige von uns drei Schwestern, die sich für Zuwachs in der Familie entschieden hatte.

Ich erinnere mich sehr gut an die Zeit, als Guggi selbst ein Baby war, weil ich bereits sieben Jahre alt war, als sie zur Welt kam. Guggi war für Deborah, die nur eineinhalb Jahre jünger ist als ich, und mich unsere kleine Prinzessin. Ein bisschen wie eine lebende Puppe, mit der wir täglich spielen durften, ja mussten. Denn meine Mutter zog uns drei Mädels allein auf und war darauf angewiesen, dass wir uns um die Prinzessin kümmerten. Jede von uns hatte einen anderen Vater, von denen jedoch kein einziger präsent war. Doch auch wenn wir ohne sie aufwuchsen: Optisch sind wir Schwestern nach unseren jeweiligen Vätern geraten und sehen uns daher überhaupt nicht ähnlich. Aber das ist uns natürlich egal. Wir sind bis heute so eng verbunden und lieben uns so innig, dass es fast wehtut. Wahrscheinlich auch, weil meine Mutter alle vier bis fünf Jahre mit uns umzog, um in einem neuen Land ein neues Leben zu beginnen. Uns Schwestern blieb gar nichts anderes übrig, als zusammenzuhalten.

Für meine Mutter gab es jedenfalls immer einen guten Grund für den Ortswechsel. Den ersten erlebte ich als Baby im Jahr 1976. Kurz nach meinem ersten Geburtstag kam mein Vater in Untersuchungshaft, weil er als Devisenhändler an dem Niedergang einer Privatbank durch Rohöl-Fehlspekulationen beteiligt gewesen war. Der anschließende Prozess wegen Bankrott, Betrug und Untreue gegen die drei Geschäftsführer der Bank gilt bis heute als eines der größten Wirtschaftsstrafverfahren der Nachkriegszeit.

Meine Eltern lebten damals in München, in einer schicken Altbauwohnung mit Hausangestellten, vielen Zimmern, teuren Möbeln und wertvollen Kunstwerken an den Wänden, direkt am Englischen Garten, und besaßen alles, was man sich nur wünschen kann. Auf alten Fotos aus der Zeit fielen mir besonders die dunkelgrün tapezierten Wände und die elegante Chaiselongue auf, auf der meine Mutter saß und mich als Neugeborenes in den Armen hielt. Beide hatten ihr Vermögen vor allem in expressionistische Gemälde, Pelze und Schmuck investiert. In meiner Vorstellung waren sie so reich, dass es täglich Austern mit Champagner gab. Und als meine Mutter mit mir schwanger war, schenkte mein Vater ihr noch mehr Pelze und Brillanten. Vor ihrer Hochzeit war sie Valentino-Model in Rom gewesen und repräsentierte für meinen Vater die Glamourwelt der 1960er- und 1970er-Jahre. Mein Vater wiederum war ein Geschäftsmann aus Wien, der mit Devisengeschäften innerhalb eines Jahres eine Million verdienen konnte, um sie im Folgejahr wieder zu verlieren.

Er hatte es irgendwie geschafft, aus der Untersuchungshaft entlassen zu werden, wenn auch nur durch Hinterlegung einer hohen Kaution. Meine Mutter stand, mit laufendem Motor und mir auf dem Rücksitz, am Tag seiner Entlassung vor der Justizvollzugsanstalt, um ihn abzuholen und gleich weiter nach Wien zu fahren. Von dort aus flohen wir über den Umweg New York nach Ecuador, einem Land, das kein Auslieferungsabkommen mit Deutschland hatte. All die Pelze, die Gemälde von Max Beckmann und Ernst Fuchs wurden konfisziert und verschwanden für immer …

Nach etwa zwei Jahren in Ecuador ließen sich meine Eltern scheiden und ich habe nie wieder von meinem Vater ge-

44

hört, geschweige denn ihn gesehen. Meine Mutter zog mit mir und meiner Schwester Deborah, die in Quito, der Hauptstadt von Ecuador, zur Welt kam, an den Pazifikstrand in eine Hütte auf Stelzen in eine Aussteigerkommune. Ansonsten reisten wir viel im ganzen Land umher, wohnten mal hier, mal dort, bis es einige Jahre später wieder zurück nach Deutschland ging. Kurz vor meinem achtzehnten Geburtstag – wir lebten gerade zum dritten Mal in München – rief meine Mutter in Ecuador an, um ein Treffen mit meinem Vater zu vereinbaren, als der Butler ihr sagte, er sei vor drei Tagen in Wien verstorben. So nah und so fern.

Sein Tod ging mir ziemlich nahe, weil ich zu dem Zeitpunkt als junge Erwachsene auf Identitätssuche war und unbedingt meinen Vater kennenlernen wollte. Daher hatte ich meine Mut- ter gebeten, ihn anzurufen. Er hatte sich weder für mich inter- essiert noch auf meine Briefe geantwortet, die ich ihm als Kind geschrieben hatte. Ich wollte wissen, wer er war und warum ich für ihn aufgehört hatte zu existieren. Aber dafür war es nun zu spät und ich bekam auf meine Fragen keine Antworten mehr. Viele Jahre später versuchte ich, meinem Vater über eine soge- nannte Familienaufstellung näherzukommen. Aber um ehrlich zu sein, hat das letztendlich auch nicht viel gebracht, weil ich die Person, die meinen Vater repräsentierte, nur heulend an- schrie und angewidert von mir wies. Ja, ich erinnere mich sogar daran, dass ich dem Blick der Person nicht einmal standhalten konnte, so sehr ekelte sie mich an. Ich spürte einen unendlichen Verlustschmerz in mir aufkommen und heulte und schrie herum und beendete die Sitzung ohne großes Erfolgserlebnis.

Heute kann ich mit meiner Vaterlosigkeit gut umgehen. Ich weiß, irgendwann werde ich mich noch einmal damit beschäfti- gen müssen. Aber nicht jetzt, denn ich brauche gerade Zeit für andere, wichtigere Dinge. Und schließlich bin ich nicht die ein- zige Person, die ohne Vater aufgewachsen ist. Es gibt wesentlich Schlimmeres, finde ich.

Als ich sechs Jahre alt war, ging es von Ecuador zurück nach Deutschland. Ich war es bereits gewohnt, ständig von Ort zu Ort zu ziehen, diese Umstellung jedoch war etwas ganz anderes, als in einem Land am Äquator herumzureisen. Deutschland war eine unbekannte, merkwürdige Welt für uns Kinder. Ich erinnere mich daran, wie bitterkalt es im Dezember, kurz vor Weihnachten, war und wie es mich faszinierte, zum ersten Mal Schnee zu sehen. Hinzu kam, dass ich kein Wort von dem verstand, was man um mich herum sprach. Bis dahin hatten Deborah und ich ausschließlich Spanisch gesprochen, nun sollten wir endlich Deutsch lernen und eine deutsche Schule besuchen. Wir zogen wieder nach München in eine Mietwohnung in Schwabing, gingen ganz normal jeden Tag zur Schule, fuhren an Wochenenden – inzwischen war auch Guggi geboren – aufs Dorf im bayerischen Voralpenland zu meiner Tante, pflückten Erdbeeren und Johannisbeeren, lernten Fahrrad fahren und Kühe melken und spielten mit den tiefstes Bayerisch sprechenden Nachbarskindern, die in Lederhosen steckten. Eine unbeschwerte Zeit.

Es waren die beginnenden Achtziger, gerade waren die Grünen gegründet worden, die Bhagwan-Bewegung war in vollem Gange und ein Reformhaus nach dem nächsten eröffnete. Für uns Kinder gab's Schokolade aus Johannisbrot und sauren Joghurt, der schon nach einem Tag schlecht wurde. Das Ökobewusstsein nahm immer größeren Raum ein – auch für meine Mutter, die längst das Interesse an der Münchner Schickimicki-Gesellschaft verloren hatte. Viele Freunde kamen plötzlich nur noch in roten Kutten gekleidet zu uns, änderten ihre deutschen in indisch klingende Namen und ließen sich sehr lange Haare und Bärte wachsen.

Dann kam es im April 1986 zum Reaktorunfall in Tschernobyl. Meine Mutter beschloss, sofort das Land zu verlassen. Der radioaktive Regen, der mit den Wolken aus der Sowjetunion in den Westen kam, machte ihr Angst. Hals über Kopf verkaufte sie all unsere Möbel und den kleinen weißen Honda Civic, kündigte den Mietvertrag unserer Schwabinger Wohnung und kaufte einen VW-Kombi, mit dem es mit drei Kindern und vollgestopft mit Klamotten, Büchern und ein paar Wertgegenständen aus aller Herren Länder nach Spanien ging. So landeten wir schließlich irgendwann auf Formentera, der kleinsten der Baleareninseln, und verbrachten dort die zweite Hälfte der Achtziger.

Nach der Wiedervereinigung im Herbst 1990 zogen wir dann erneut zurück nach Deutschland. Wir Kinder sollten uns auf eine gute Schulausbildung konzentrieren, denn das Ausbildungsniveau auf der kleinen spanischen Hippieinsel entsprach bei Weitem nicht unseren Vorstellungen. Wie gesagt, es gab immer gute Gründe für unsere Umzüge ...

Ich war tief eingeschlafen am Strand von Rio de Janeiro. Als ich endlich aufwachte, beschlossen meine Schwester, mein Schwager und ich, zurück in die Stadt zu fahren. Wir sammelten unsere Strandtücher ein und bezahlten dem fliegenden Händler die Miete für die bereitgestellten Klappstühle, den Sonnenschirm und die Kokosnüsse, die er uns mit seiner Machete geschickt geöffnet hatte. Ich liebe Kokoswasser und kann nicht genug davon bekommen. Er öffnete mir noch schnell eine neue und als ich ausgetrunken hatte, bat ich ihn, die Kokosnuss zu spalten, um das Fruchtfleisch herausschaben zu können. Das erinnerte mich enorm an meine Kindheit in Ecuador am Pazifik. Der Geschmack war so vertraut. Auch das Einschlafen im Sand, die Geräusche des Ozeans. Als ich vor ein paar Stunden schwimmen gegangen war, hatte ich vergeblich versucht, den Salzgeruch der Gischt wahrzunehmen, der so ganz anders ist als der im Mittelmeer. Er hätte mich augenblicklich vierzig Jahre zurückversetzt, doch ich roch rein gar nichts. Ich konnte mich nicht einmal mehr an den Geruch erinnern. Also blieb mir nur der salzige Geschmack im Mund, den ich, auf dem Strandtuch sitzend und die nassen Haare schüttelnd, mit Kokoswasser löschte. Nun gut. Egal. Ich war schließlich in Rio!

Während der Rückfahrt beobachtete ich Guggi, wie sie ihre Hände beschützend über ihren schon leicht gewölbten Bauch legte, und dachte darüber nach, warum ich nie Kinder hatte haben wollen und warum ich am Tag der Diagnose so erleichtert war, dass ich mich von nichts und niemand hatte umstimmen lassen. Wahrscheinlich war ich schlichtweg nicht mehr bereit gewesen, für jemanden Verantwortung zu übernehmen, zumindest was den Alltag anging. Wahrscheinlich wollte ich so frei und ungebunden wie möglich sein. Denn meine Kindheit war zwar glücklich und logischerweise ziemlich abwechslungsreich, aber sie war nicht unbeschwert und nicht frei. Es lag schon früh eine Art Bürde auf meinen Schultern. Ich war eher ein vernünftiges Kind: pflichtbewusst, ordentlich und diszipliniert. Also half ich im Haushalt, begann früh zu arbeiten, um mir mein Taschengeld mit Babysitten zu verdienen, und vor allem: Ich kümmerte mich sehr viel um meine jüngeren Schwestern, um meine Mutter zu entlasten. Schon früh – zu früh wahrscheinlich – war ich eine Art Partner in Crime für meine Mutter. Immer wenn es um die nächsten Umzugspläne oder um andere Veränderungen unserer Lebensumstände ging, wenn sie Probleme mit Deborah und Guggi hatte, kam meine Mutter zuallererst zu mir als ältester Tochter, um sich mit mir zu beraten. Von dieser Art von Verantwortung hatte ich genug.

Dass ich keine Kinder haben wollte, war auch einer der vielen Gründe, warum ich mich von meinem Mann getrennt hatte. Er wollte sehr gerne Kinder und ich wollte nicht dafür verantwortlich sein, dass er nicht zu seinem Glück kam. Denn mir war auch klar, dass ich nicht nur seinetwegen ein Kind bekommen sollte. Ich erinnere mich noch, wie panisch ich beim leisesten Verdacht, schwanger zu sein, reagierte. Wenn Arbeitskolleginnen während ihrer Elternzeit stolz ihren Nachwuchs vorstellten, machte ich mich meist verstohlen vom Acker, um nicht unhöflich zu wirken, wenn ich mal wieder etwas unterkühlt auf das kleine schlafende oder brüllende Etwas reagierte. Klar, viele meiner engen Freunde und Bekannten hatten ebenfalls Kinder bekommen, aber sie akzeptierten, dass ich mit Babys wenig anfangen konnte, und überließen mir ihre Kinder erst, als diese ein wenig älter waren. Dann begann es für mich, Spaß zu machen – aber eben in der Rolle der coolen Tante.

Genauso würde es hoffentlich auch mit dem kleinen Wesen sein, das da in meiner Schwester heranwuchs, dachte ich, als wir die Küstenstraße entlang zurück in die Stadt hineinfuhren. Links von uns erstreckte sich die größte zusammenhängende Armensiedlung Südamerikas, die sogenannte Rocinha, eine Favela, die in den charakteristischen Hügeln der Stadt lag und immer weiter wuchs. Wellblechhütten und andere abenteuerliche Konstruktionen aus zusammengesammelten Baumaterialien reihten sich aneinander und klebten gefährlich nah am Abhang. Zumindest wurden die Bewohner tagtäglich mit der schönsten Aussicht beschenkt, die die Stadt zu bieten hatte, während die anderen Einwohner Rios mit vielen Sicherheitsvorkehrungen gegen die Überfälle der Banditen aus den Armensiedlungen in Strandnähe wohnten.

Am nächsten Tag hatte ich dann das große Glück, dabei zu sein, als Guggi und ihrem Mann während der gynäkologischen Untersuchung verkündet wurde, dass es gleich zwei kleine Wesen waren. Zwillinge! Zwei Jungs! Was für eine Nachricht! Wir waren total von den Socken. Unsere kleine Familie bestand bis dato ja nur aus Frauen und nun waren plötzlich gleich zwei männliche Wesen im Anmarsch. Wir waren völlig überwältigt. Guggi und ihr Mann natürlich auch ein wenig geschockt über diese unerwartete Neuigkeit, denn zwei Babys auf einmal würden ein ziemliches logistisches Unterfangen sein. Zumal beide berufstätig waren und Rio keine Stadt mit niedrigen Lebenshaltungskosten. Im Gegenteil, sie ist sogar ziemlich teuer in Relation zu den dortigen Gehältern.

In den nächsten Tagen nahm die neue familiäre Lage so viel

Raum ein, dass ich – zu meiner großen Erleichterung – weiterhin nicht über meine eigene Situation sprechen musste. Sie erschien mir plötzlich auch so unwichtig angesichts des so überwältigenden neuen Familienglücks. Ich hatte keinen Bock, das Hochgefühl meiner Schwester und meines Schwagers, das auch mich ansteckte, mit meinem Scheißparkinson zu zerstören. Ich wollte an dem ungetrübten Glück, das zu sehen so irre guttat, teilhaben.

Abends, wenn ich allein im Bett lag, musste ich aber natürlich doch unweigerlich daran denken, dass diese bestimmt wunderbaren kleinen Jungs mich vielleicht gar nicht mehr richtig erleben würden als vitale, coole Tante, die mit ihnen rumrackert und ihnen alles Wissen vermittelt, das ich in meinem Leben bisher gesammelt habe. Würde ich jemals mit ihnen surfen oder wandern gehen können? Würde ich überhaupt ihren achtzehnten Geburtstag erleben?

Ich hatte immer noch wenig Ahnung, wie der Degenerationsprozess meiner Krankheit genau verlaufen, wie lange ich noch fit bleiben und wie sehr ich später eingeschränkt sein würde. Der Gedanke daran, dass ich wahrscheinlich irgendwann als zitterndes, tattriges Wesen auf die Hilfe dieser vor Kraft strotzenden Heranwachsenden angewiesen sein würde, um eine Straße in Rio zu überqueren, traf mich wie ein Schlag ins Gesicht.

Ich versuchte, mich zusammenzureißen. Das Positive zu sehen. Was hatte ich mir vorgenommen am Tag der Diagnose? Noch zehn gute Jahre, nutze sie! Genieß sie! Leb im Hier und Jetzt – und mach dir nicht so viele Gedanken um die Zukunft! Ich würde einfach von nun an ganz viel Zeit in Rio verbringen: um mit meiner Schwester zusammen zu sein, um die Kinder aufwachsen zu sehen und ihnen so oft wie möglich nahe zu sein.

Ich mochte die Stadt sowieso und hatte in den letzten zehn Jahren oft einen längeren Zwischenstopp bei Guggi gemacht, wenn ich in Südamerika unterwegs war. Aber nun änderte sich mein Blickwinkel. Ich wollte mehr als Besucherin sein, ich wollte Rio zu meinem zweiten Zuhause machen. Als ich am nächsten Morgen die Strandpromenade entlangjoggte, beschloss ich daher auch, endlich Portugiesisch zu lernen. In vielen Dingen bin ich nicht besonders gut oder nur mittelmäßig, aber was die Auffassungsgabe für Fremdsprachen angeht, war ich immer schon spitze. Und mir war klar, es würde mir guttun, etwas Neues zu lernen. Aktiv werden, auch im Kopf, statt passiv und grübelnd darauf zu warten, was mit mir passieren würde. Außerdem kam ich mit meinem Spanisch hier in Rio nicht weit, geschweige denn mit Englisch. Die angeheiratete brasilianische Familie meiner Schwester tat sich schwer mit Fremdsprachen – so wie viele Brasilianer, mit denen ich im Alltag zu tun hatte. Guggi amüsierte sich immer sehr über die Kommunikation zwi- schen meinem Schwager und mir. Wir versuchten es mit Portañol, dieser Mischung aus seiner und meiner Muttersprache – und missverstanden uns regelmäßig. Manchmal stritten wir uns, weil wir dachten, was redet der andere denn da für einen Unfug, waren damit aber meist total auf dem Holzweg, bis Guggi lauthals lachend für Aufklärung sorgte. Und obwohl wir uns trotz – oder vielleicht sogar wegen – all der kleinen Missverständnisse total gerne hatten und uns wunderbar verstanden, würde es doch leichter werden, wenn ich Portugiesisch lernen würde. Auch später mit meinen Neffen. Ganz abgesehen davon, dass ich nicht zuletzt draußen besser zurechtkäme.

Selbstverständlich war mir klar, dass die Stadt nicht ungefährlich war. Wenn man nicht überfallen und ausgeraubt werden wollte, galt es, gewisse Regeln einzuhalten, gerade wenn man so blond und touristisch aussah wie ich. Die allerwichtigste Regel bestand darin, nicht naiv in irgendeine Favela zu fahren oder gar zu laufen. Bis heute bin ich noch nie in einer gewesen und finde es grotesk anzusehen, wie Jeeps voll mit Touristen in Kolonne die engen Straßen hinauf in die Armenviertel fahren, um einen abenteuerlichen Nachmittag zu verbringen. Natürlich ohne dabei auszusteigen, wie bei einer Safari im Kruger Park. Allerdings sind leider auch viele der tollen Wander- und Kletterrouten in Rio und Umgebung gefährlich, da diese vorbei an den Favelas hinauf in den bergigen Dschungel führen.

So hatte ich zum Beispiel bis dato noch nie das Wahrzeichen der Stadt, den Cristo Redentor, aus der Nähe gesehen. Jetzt, da ich wusste, dass Rio in gewisser Hinsicht zu meiner zweiten Heimat werden sollte, wenn ich meine Neffen aufwachsen sehen möchte, sollte ich Rio besser kennenlernen. Ich hatte vor, sie zu meiner eigenen Stadt zu machen, meine Lieblingsplätze zu entdecken, meine Cafés, Restaurants, Buslinien, U-Bahnstationen, Maracuja-Einkaufsmöglichkeiten, Strandabschnitte oder eben auch meine Wanderrouten.

Also beschloss ich an einem sehr regnerischen Tag, den mehrstündigen Aufstieg zur Christusstatue durch den Dschungel zu wagen. Die Gedanken an mögliche Überfälle oder gar eine Entführung verbannte ich, obwohl meine Schwester mich immer davor gewarnt hatte. Sie arbeitete im deutschen Konsulat und hörte immer wieder von solchen Überfällen auf Touristen aus allen möglichen Ländern. Und mein Schwager gehörte einer Spezialeinheit der brasilianischen Bundespolizei an, die für Fälle wie Entführungen, Raubüberfälle im großen Stil und Bandenkriminalität zuständig war. Immer wenn ich Guggi und ihn besuchte, bat er mich inständig darum, Bescheid zu sagen, wo ich mich ungefähr aufhalten würde, um mich suchen zu können, falls ich nicht nach Hause käme.

Aber diesmal ließ ich mich nicht abschrecken und machte mich in T-Shirt, Shorts und abgelatschten Turnschuhen und in strömendem Regen auf den Weg. Ich trug nichts bei mir als ein paar Geldscheine in einer kleinen Gürteltasche und ein altes Handy eingewickelt in Plastikfolie, die es vor dem Regen schützen sollte, der mich wiederum vor eventuellen Widersachern schützen würde – so hatte ich es mir zurechtgelegt. Falls es trotzdem zu einem Überfall käme, stand ich zumindest nicht mit leeren Händen da und hatte etwas, das ich den Angreifern geben konnte. Denn meine alten, abgelatschten Turnschuhe wollte ich wirklich unbedingt behalten …

Doch die Vorsichtsmaßnahmen waren unnötig: Ich blieb die gesamte Strecke hinauf und hinunter komplett allein. Wahrscheinlich hatten die Banditen tatsächlich keine Lust auf den Regen und sich in ihre Bretterbuden verkrochen.

Aber es gab einen gravierenden Nachteil des Regens: Jede Menge Schlangen waren aus ihren überfluteten Höhlen gekrochen, obwohl sie eigentlich nachtaktive Tiere sind. Die meisten waren harmlos, aber irgendwann während des Aufstiegs musste ich jäh anhalten: Eine potenziell sehr giftige Korallenotter lag quer auf dem Weg Richtung Christusstatue. Viele Schlangen verschwinden, wenn sie die Vibrationen von Fußtritten wahrnehmen, dieses Exemplar jedoch nicht. Sie blieb einfach mitten auf dem Wanderweg liegen, sie war zwar klein, aber wirkte angriffslustig. Und ich hatte keine Ausweichmöglichkeit, weil rechts eine Felswand und links ein Abhang waren. Umkehren wollte ich nicht. Aber es war definitiv auch nicht in meinem Sinne, mit meinen Turnschuhen im Abhang mit nassen und undurchschaubar hohen Pflanzen herumzukraxeln, in denen wahrscheinlich andere gefährliche Kleintiere lebten, nur um schneller voranzukommen.

Also blieb mir nichts, als möglichst still zu stehen und zu warten. Und zu warten. Die Schlange machte keine Anstalten, den Weg freizugeben. Und so hatte ich genügend Zeit, sie zu beobachten und festzustellen, dass es tatsächlich die giftige Variante war. Ich war jetzt froh über die vielen verkatert verbrachten Sonntage im Bett in Berlin, an denen ich mir Tierfilmdokus ansah, dabei einen Riesenberg Gummibärchen in mich hineinfutterte und den Schlangen besonders viel Aufmerksamkeit schenkte. Ich hatte nämlich jahrelang, seit meiner Kindheit in Ecuador, mit einer Schlangenphobie zu kämpfen. Und das, ob-

wohl ich ständig in der Natur unterwegs war. Außer in Neusee-
land, wo es keine Schlangen oder andere gefährliche Tiere gibt,
habe ich daher immer im Zelt geschlafen anstatt unter freiem
Himmel auf ungeschütztem Boden. Die Vorstellung, dass eine
Schlange in meinen Schlafsack gekrochen käme, weil sie die
Wärme sucht, machte mich schier wahnsinnig.

Diese verkaterten Sonntage in Berlin hatten mir also ein
wenig geholfen, mein Wissen über meine Feinde anzureichern.
Und so erkannte ich jetzt die Gefahr, die vor mir auf dem Weg
lag. Was für eine verrückte Vorstellung, jetzt hier von dem Neu-
rotoxin einer kleinen Schlange getötet zu werden, wenn es zu
lange in meinem Blut zirkulieren würde. Mister Parkinson? Der
hätte gar keine Chance, irgendwelche Schäden anzurichten.

Wie fragil und kostbar das Leben doch ist, dachte ich, während die Schlange und ich uns anstarrten. Ein hauchdünner Faden, der jederzeit gekappt werden konnte. Die so angenehme
Naivität, die eigene Gesundheit für selbstverständlich zu halten,
war mir bereits genommen worden. Und nun in diesem Moment
im brasilianischen Dschungel war die Distanz zwischen Leben
und Tod plötzlich noch viel kleiner geworden.

Doch nach ungefähr einer halben Stunde hatte die eigentlich wunderschön anzusehende Korallenschlange ein Einsehen
und verzog sich. Während ich weiterlief, kam mir Muhammed
Ali in den Sinn, dem ebenfalls schon in sehr jungen Jahren Morbus Parkinson diagnostiziert worden war. Weil ich mich für Boxen interessiere, hatte ich schon ein paar Mal in diversen Doku-
mentarfilmen seinen berühmten Kampf »Rumble in the Jungle«
in Kinshasa 1974 gegen George Foreman gesehen, als er seinen
Weltmeistertitel, der ihm wegen seiner Vietnamkriegsdienst-
verweigerung aberkannt worden war, zurückgewinnen konnte.
Dadurch war er nicht zuletzt zum großen Vorbild für die Eman-
zipation vieler Afroamerikaner geworden. Aber ich glaube inzwischen, den Kampf seines Lebens kämpfte er später: seinen
dreißig Jahre währenden Kampf gegen seine Krankheit. Ich be-

wunderte ihn zutiefst dafür. Für sein Durchhaltevermögen, seinen Willen, das Leben nicht aufzugeben, dafür, trotz allem noch in der Öffentlichkeit aufzutreten. Für eine Person, die – wie er von sich selbst sagte – schneller im Bett war, als das Dunkelwerden dauerte, nachdem er den Lichtschalter betätigt hatte, muss es besonders schlimm gewesen sein, den eigenen körperlichen Verfall zu erleben und vor allem: diesen zu akzeptieren. Ich war mir nicht sicher, ob ich das schaffen würde. Hatte keine Ahnung, wie ich selbst mit fortschreitender körperlicher Unzulänglichkeit zurechtkommen würde. Aber darüber wollte ich mir jetzt hier im Dschungel von Rio de Janeiro noch keine Gedanken machen. Denn ich wollte ja genießen, was im Hier und Jetzt passierte, wollte tun, worauf ich Lust hatte, so viel und so intensiv wie möglich und so lang es eben ging. Ich stieg vorsichtig über die am Boden vor sich hin faulenden riesigen Stinkfrüchte, auch Durian genannt, deren Geruch so gut wie alle Bewohner des Dschungels anziehen musste. Nur ich roch wieder mal nichts. Dafür konnte ich ohne Würgereiz die Kleintiere beobachten, die aus der Fäulnis krabbelten und emsig hin und her rannten. Was für ein Festmahl musste das sein! Im Dschungel litt bestimmt niemand an Durst oder Hunger, bei dieser Hülle und Fülle an allem, das war klar. Dafür musste man sich allerdings hin und wieder unsichtbar machen, um übersehen zu werden. Oder auch angreifen, sich verteidigen oder in Deckung gehen im täglichen Kampf ums Überleben. Ein bisschen so wie Muhammad Ali.

Mit mir und dem Boxen würde das allerdings wohl nichts mehr werden. In meinen Zwanzigern hatte ich tatsächlich einmal selbst ein bisschen geboxt. Ich lebte damals in Madrid und besuchte einmal die Woche die Trainingshalle in einem Arbeiterviertel am Stadtrand, wo alle dortigen Profi- und Amateurboxer trainierten. Ich trainierte, besuchte regelmäßig Kämpfe, freundete mich mit einigen der Profiboxer an und fotografierte sie sowohl im Ring als auch nach dem Training für ein Langzeitprojekt. Insofern kannte ich mich nach einiger Zeit mit dem Boxen aus. Leider habe ich mein eigenes Boxtraining nie wieder aufgenommen, weder in Berlin noch sonst wo. Obwohl in Berlin irgendwann Anfang der Nullerjahre sogar eine spannende neue Disziplin auftauchte, das sogenannte Schachboxen. Man boxt und spielt abwechselnd Schach im Ring und kann mit beidem genauso viele Punkte erzielen. Die Wettkämpfe an unterschiedlichen Orten in Berlin-Mitte damals waren großartig. In den ersten Jahren war dieses Schachboxen nur was für Insider, totaler Berliner Underground und Boheme, eher Kunstperformance als Sport – bis es irgendwann als richtige Kampfsportart international anerkannt wurde und Wettkämpfe in Russland und Frankreich stattfanden. Der Erfinder, ein toller Kerl und Künstler aus den Niederlanden, ist leider vor gar nicht allzu langer Zeit mit Mitte vierzig gestorben. Einfach so. Ich habe nie herausgefunden, warum.

Als ich endlich an der Christusstatue ankam, war diese übrigens völlig vom Nebel verschluckt. Eigentlich logisch bei dem vielen Regen. Ich sah überhaupt nichts und fror, denn ich hatte ja nur Shorts und T-Shirt an. Aber das war mir egal, ich hatte es geschafft: meine erste Wanderung in meiner neuen Zweitstadt, die ich allein gewagt hatte! Die Seilbahn, von der Bodenstation kommend, spuckte einige asiatische Touristen aus, mit denen ich einen heißen Tee in der Cafeteria trank. Recht bald machte ich mich auf den Rückweg, kam total durchnässt, aber zufrieden am Ausgangspunkt des Wanderwegs an und nahm mir von dort ein Taxi in Richtung Copacabana. Schließlich hatte ich noch alle Geldscheine in meinem Gürtel, um die Heimfahrt bezahlen zu können. Die Banditen waren ja daheimgeblieben …

Ein paar Tage später fuhren Guggi, ihr Mann und ich in ein Strandhaus im Norden des Bundesstaates Rio, denn meine Schwester hatte sich Urlaub genommen. Ich war immer noch zu feige und zurückhaltend, um das Thema, das zwischen uns stand, von mir aus anzusprechen. Doch nun, während des Strandspaziergangs, brach es aus ihr heraus. Ihre verzweifelte Trauer über meine Diagnose. Es tat höllisch weh. Uns beiden. Für mich war es schrecklich, sie leiden zu sehen. Mich schmerzte, plötzlich nicht mehr die große und starke Schwester sein zu können. Ich wusste nicht, was ich sagen sollte, und wandte mich ab. Dann umarmten wir uns und weinten. Ich versuchte, sie zu trösten, so wie ich es mein Leben lang getan habe, wenn sie traurig war. Hatte aber nichts zu sagen, außer sie fest in den Arm zu nehmen und ihre Tränen aus dem Gesicht wegzubusseln. Sie war, ist und wird immer meine kleine Schwester bleiben. Daran wird sich nie etwas ändern. Und ich werde immer ihre große starke Schwester bleiben. Schluss, aus. Komme, was wolle. Selbst wenn ich irgendwann auf ihre Hilfe angewiesen sein werde, möchte ich stark bleiben. Ich habe als Siebenjährige ihre Windeln gewechselt und ihr später Gute-Nacht-Geschichten vorgelesen, sie zum Bücherlesen ermuntert, so wie unsere Mutter mich dazu ermuntert hatte. Sie über ihren ersten Liebeskummer hinweggetröstet, bei mir aufgenommen, als sie als punkiger Teenager mit grün gefärbten Haaren, löcherigen Jeans und ständig mieser Laune von zu Hause wegzog wegen Streitereien mit unserer Mutter.

Wir standen ziemlich lange an einer Stelle am Strand und nahmen endlich den Sonnenuntergang wahr, der in einer solchen Farbenpracht glänzte, dass die Szenerie fast schon überquoll vor lauter Kitsch. Das holte mich zurück auf den Teppich und ich gewann die Kontrolle über meine Emotionen zurück.

Ich lächelte sie an und sagte: »Alles wird gut. Ich habe immer noch ein tolles Leben. Also lass es uns auskosten! Lass uns zum Beispiel jetzt einen riesengroßen Teller Meeresfrüchte essen gehen.« Wir liefen zurück zu ihrem Mann, der bereits im Strandrestaurant auf uns wartete, und feierten zu dritt meinen zweiundvierzigsten Geburtstag. Wir feierten die Zwillinge in ihrem Bauch, die Gambas auf unseren Tellern, die Tatsache, dass wir uns von nun an viel mehr sehen würden, weil ich so oft wie möglich nach Rio kommen würde. Wir freuten uns darüber, dass Guggi unsere Mutter endlich zur Oma machen konnte, und schmiedeten Pläne für die Zukunft. Ihr Vater Manolo rief aus New York an und gratulierte mir zum Geburtstag. Wir sprachen alle auf einmal auf ihn ein und scherzten über einen uralten Familienwitz, den wir uns immer gegenseitig auf Spanisch aufsagten. Dann rief noch unsere Schwester Deborah aus Berlin an und wir lachten und scherzten einfach weiter. Ich glaube, wir waren so ausgelassen, weil uns allen ein riesiger Stein vom Herzen gefallen war, das Thema endlich besprochen zu haben – auch wenn meine Mutter ja Vorarbeit geleistet hatte.

Deborah hatte ich es vor ein paar Monaten immerhin selbst gesagt. Wenn auch in total betrunkenem Zustand während einer Party bei ihr zu Hause, kurz nach dem Festival in Polen. Wir waren beide total betrunken und hingen voll hinüber auf ihrem Sofa im Wohnzimmer. Da hab ich's dann tatsächlich über die Lippen gebracht: *Ich habe Parkinson.*

Deborah reagierte wie erwartet sehr emotional, aber durch den Alkohol war glücklicherweise alles ein wenig verschwommen. Auch in meiner Erinnerung. Ich weiß noch, irgendwann begann sie, mich mit Tausenden Fragen zu löchern, aber ich konnte sie nicht beantworten und wollte nur noch nach Hause. Ich weiß, es war verrückt von mir, unter diesen Umständen eine solch wichtige Neuigkeit zu verkünden, aber ich wusste zu dem Zeitpunkt einfach nicht, wie ich es besser machen sollte. Ich glaube, ich wollte meine Krankheit im Grunde genommen nicht zu einer wichtigen Angelegenheit machen, sondern es nebenher als etwas einfließen lassen, das es zwar galt zu wissen, aber ohne groß Aufhebens darum zu machen.

Torkelnd lief ich damals nach Hause und war erleichtert darüber, es endlich hinter mich gebracht zu haben. Ja, es war egoistisch, ich weiß. So ungefähr wie: Aufgabe erledigt, von der Liste abgehakt. Meine arme Schwester ließ ich allein zurück auf ihrem Sofa mit dem Schmerz, mit dem ich noch nicht umgehen konnte. Ja, ich musste tatsächlich erst noch lernen, mit dem Schmerz, den ich meiner Familie damit zufügte, richtig umzugehen. Mit Guggi war es mir nun schon etwas besser gelungen. Deborah hatte leider den harten Brocken zugeworfen bekommen.

Obwohl ich sie über alles liebe. Wie ich auch Guggi und meine Mutter über alles liebe. Für immer. Familie.

Judentum, Koryphäen und Prinzessinnen

Berlin

An einem sonnigen Wintervormittag stapfte ich, an Birkenwäldchen vorbei, durch den Brandenburger Schnee und suchte zunehmend verzweifelt die Fachklinik für Neurologie, in der ich einen Termin hatte. Es gab viele, sehr viele denkmalgeschützte Gebäude aus dem 19. Jahrhundert auf dem Gelände der Beelitzer Heilstätten. Obwohl ich schon etwas spät dran war, gefiel mir dieser Spaziergang durch eine Landschaft, die so wunderschön entrückt aussah, wie aus einer anderen Zeit. Die Schneeflocken glitzerten beim Herabfallen in der Sonne und es war so still und friedlich – so stellte ich mir die Welt von Frau Holle vor. Irgendwann rannte ich querfeldein durch den noch unberührten Schnee und blickte über meine Schultern zurück auf die Spuren, die ich hinterließ. So als ob ich mir versichern wollte, es sei kein Märchen, sondern Realität.

Als ich dann endlich im Wartezimmer saß und den älteren Parkinsonpatienten dabei zusah, wie sie sich nur mühsam vom Fleck bewegen konnten, als sie aufgerufen wurden, wurde mir richtiggehend übel. Ich glaube im Nachhinein, es war wie ein zweiter Schock. Monatelang hatte ich meine Diagnose entweder verdrängt oder mir gut zugeredet, dass ich die Dinge schon irgendwie in den Griff bekommen würde. Dass ich mich voll und ganz auf die guten zehn Jahre konzentrieren sollte: Spaß haben, meinen Körper spüren, mit Freunden und Familie schöne Dinge erleben.

Und nun das – ein Raum voller Patienten, die größtenteils schon ziemlich starke Symptome hatten. Ich selbst begann zu zittern wie ein Parki. Den Spitznamen hatte ich mir schon vor einer Weile gegeben und festgestellt, dass andere Parkinsonbetroffene sich ebenfalls so nannten. Mir wurde immer schlechter und ich begann, innerlich zu rebellieren. Ich will nicht hier sein und all diese Patienten sehen, dachte ich. Ich will mich auch nicht den ausgelegten Broschüren widmen, die sich mit Themen wie der Bewegungstherapie BIG für Parkinsonpatienten befassten oder andere wichtige Informationen enthielten. Verdammt, ich will mich nicht damit konfrontieren, was auf mich zukommt. Noch ist doch fast alles okay! Ich will hier weg!

Waren diese Gedanken und Gefühle blöd? War ich feige? Vielleicht. Aber auch wenn inzwischen über ein halbes Jahr seit der Diagnose verstrichen war – ich war noch nicht so weit. Mich kostete es schon genug Kraft, einigermaßen klarzukommen mit dem Wissen, dass ich nicht unbeschwert in die Zukunft würde leben können. Und meinem Plan treu zu bleiben, das Leben zu genießen.

Natürlich hatte ich mich mittlerweile mit der Krankheit ausführlicher beschäftigt, hatte Bücher und Artikel gelesen, war bei Ärzten gewesen. Aber die übliche Medikamententherapie, die sie mir alle mehr oder weniger dringend empfahlen, wollte ich nicht. Ich sollte regelmäßig pharmazeutisch produziertes Dopamin schlucken, welches meinem Körper nicht mehr zur Genüge zur Verfügung stand. Denn die Dopamin produzierenden Nervenzellen in meinem Gehirn starben ja ab. Aber ich fand das zu dem Zeitpunkt nicht die richtige Lösung für mich. Ich befürchtete, mein Körper würde die eigene Produktion noch mehr zurückfahren, wenn er von außen künstliches Dopamin zugeführt bekäme. Natürlich widersprachen mir die Ärzte, aber ich ließ mich nicht vom Gegenteil überzeugen. Außerdem graute es mir vor den möglichen Nebenwirkungen der Medikamente wie der Überbeweglichkeit, Dyskinese genannt, oder der Entwicklung von Süchten wie Spiel-, Kauf- oder Sexsucht. Schlaflosigkeit oder extrem realistische Träume konnten eine weitere Plage sein. Sollte ich mir das alles antun? Gab's nicht vielleicht doch andere Möglichkeiten, meinem Körper, meinem Gehirn zu helfen?

Merkwürdigerweise hatte ich mich nie gefragt, warum ausgerechnet mir das passiert ist. Die Frage nach dem »Warum ich?« kam gar nicht erst auf. Stattdessen verbrachte ich am Anfang ziemlich viel Zeit damit, darüber nachzudenken, was wohl die Ursache gewesen sein könnte. Waren vielleicht umweltbedingte Einflüsse für meine Erkrankung verantwortlich? Als ich mit der Fotografie begann – es waren noch die Zeiten der Analogfotografie, auch wenn's schon Richtung Digital ging –, verbrachte ich jahrelang viele Stunden in Räumen voller Chemie und ohne Luftabzug. Es machte mir irre Spaß, meine Filme sowohl selbst zu entwickeln als auch die Farbabzüge vom Filmnegativ auf Fotopapier zu vergrößern und in die Farbpapier-Entwicklungsmaschine zu schieben. Ich hatte sowieso nicht genügend Geld für ein professionelles Fotolabor, um für meine Kunden in Vorleistung zu gehen, denn die spanischen Verlage, für die ich damals sowohl von Madrid als auch von Berlin aus arbeitete, hatten eine Zahlungsfrist von drei bis vier Monaten, die sie sogar oft noch überzogen. So teilte ich mir meist mit mehreren Fotografen ein eigenes Labor, um die Kosten der Miete und der Chemikalien so gering wie möglich zu halten. Es waren häufig nicht renovierte Altbauten im Prenzlauer Berg, Mitte oder Friedrichshain, in denen wir Anfang bis Ende der wilden 1990er-Jahre unsere Labore einrichteten und die wir auch bewohnten. Es war damals üblich, alle paar Monate umzuziehen. Zum einen weil es einen enormen Leerstand in Ost-Berlin gab und die Wohnungsbaugesellschaften der jeweiligen Bezirke froh um jede Vermietung waren. Zum anderen machte es rieisigen Spaß, immer wieder den Kiez zu wechseln, uns standen schließlich saubillige Wohnungen im Überfluss zur Verfügung! Problem war meist nur: keine Zentralheizung und nur eine Außentoilette – das hieß, wir waren ungemein froh über die freigegebene Wärme der Fotopapier-Entwicklungsmaschine. Wenn ich das Labor nach vielen Stunden verließ, hatte ich fast immer einen merkwürdig pelzigen Geschmack im Mund, der ganz ausgetrocknet war. Im Anschluss schlief ich immer sehr schlecht ein und hatte das Bedürfnis, viel, viel Wasser zu trinken, um die Chemie der Entwicklungs- und Fixierlösungen aus meinem Körper zu spülen. Hochgiftiges Zeug – zumal bei der Farbfotografie. Könnte das eine Ursache gewesen sein? Vielleicht hatten ja irgendwann irgendwelche bleihaltige Ablagerungen meine Gehirnzellen zu manipulieren begonnen. Andererseits: All meine Fotografenkollegen von damals haben das Gleiche durchgemacht – und kein Parkinson bekommen. Insofern versuchte ich, all diese Überlegungen nach dem Warum möglichst schnell beiseitezuschieben. Ob was dran war oder nicht – es war ja eh nicht mehr zu ändern.

Stattdessen las ich endlich das Buch, das ich mir damals am Tag der Diagnose online bestellt hatte. Der Autor, der bei einem großen deutschen Nachrichtenmagazin tätig war, hatte auf meine E-Mail reagiert und einem persönlichen Treffen zugestimmt. Nun sollte es endlich so weit sein. Es war das erste Mal, dass ich mich mit einem Betroffenen über Dinge unterhalten konnte, die jedem anderen fremd waren. Sofort waren wir uns vertraut und er beantwortete viele meiner Fragen. Ich war noch ein Frischling, er bereits seit zehn Jahren mit der Parki-Welt vertraut. Ich sah auch, was ich eigentlich nicht sehen wollte, da sein Stadium um einiges fortgeschrittener war als meines. Mir selbst sah man bis jetzt noch nichts an. Dachte ich zumindest. Er aber bemerkte meine linke Hand, die nicht mehr flach, sondern mit den Fingern zusammengezogen und nach oben gewölbt auf dem Tisch lag. Er drückte meine Handoberfläche sanft mit seinem Zeigefinger auf den Tisch und sagte nichts, sondern verstand. Ich hatte gelesen, dass irgendwann Sprachstörungen auftreten können, und das bemerkte ich bei ihm, weil er nuschelte und ziemlich monoton redete.

Trotzdem sprach er davon, dass er jetzt zufrieden und glücklich sei, nachdem er eine schwere Zeit hinter sich gebracht, in der er sich total zurückzogen habe. Er riet mir daher, nicht alles allein machen zu wollen, sondern Hilfe anzunehmen. Nicht den einsamen Wolf zu spielen, wie er es am Anfang getan hatte.

Wir waren von Grund auf verschieden und teilten nicht unbedingt die gleiche Herangehensweise. Zum Beispiel schlug er von Beginn an einen ganz anderen Weg ein als ich, nämlich den der klassischen Schulmedizin unter Betreuung einer absoluten Parkinson-Koryphäe, des Chefarztes der Neurologischen Klinik in den Beelitzer Heilstätten. Nach zwei intensiven Stunden verabschiedeten wir uns herzlich und wir sollten uns daraufhin im Laufe der Jahre immer wieder einmal sehen. Am nächsten Tag bat ich um einen Termin bei der Koryphäe.

Nun saß ich also im Wartezimmer des Chefarztes und war schon jetzt innerlich ziemlich auf Krawall gebürstet. Es dauerte noch eine Weile, bis ich an der Reihe war. Also verkroch ich mich in mein Handy, las Nachrichten oder sah mir irgendwelche lustigen Tiervideos an. Alles, nur keine Konfrontation mit dem, was auf mich zukommen würde. Es waren nicht die besten Voraussetzungen für ein positives Gespräch …

Und so wurde es dann auch eine ziemliche Katastrophe. Ich weiß nicht, was ich mir erhofft hatte, aber es gab wieder nur die Pillen und nichts anderes im Angebot. Zum ersten Mal reagierte ich total emotional. Das war doch alles bescheuert. Immer wütender wiederholte ich, dass ich die Tablettentherapie ablehnen würde. Und dass ich demnächst nach Indien reisen würde, um die ayurvedische Heilmedizin auszuprobieren. Ob er davon überhaupt schon einmal gehört hätte? Die Koryphäe blieb trotz meiner hilflosen Wut ziemlich gelassen (was mich natürlich noch wütender und hilfloser machte) und verabschiedete mich mit den Worten: »Jeder Patient hat seine eigene Methode, damit umzugehen. Viel Glück und Erfolg in Indien und machen Sie das, was Ihnen guttut!«

Komplett aufgewühlt verließ ich das Gebäude der Neurologie. Dann rief ich Tammi an, meinen Ex-Mann, und brach im brandenburgischen Schnee heulend zusammen. Nicht, dass ich die Schulmedizin generell ablehnen würde, auf keinen Fall. Nicht, dass sich der Arzt irgendwie falsch verhalten hätte. Aber ich war einfach noch nicht bereit dafür, mich in die Mühlen so einer Therapie zu begeben. Ich wollte damals vor allem eins: so unbeschwert wie möglich weiterleben. Vielleicht würde der richtige Zeitpunkt für die Koryphäe ja noch kommen. Denn eins wusste ich inzwischen: dass es ein wirklich langer und holpriger Weg ist, bis man einigermaßen ins Reine kommt mit sich, wenn man mit so einer Diagnose wie Parkinson konfrontiert ist. Und dass da jeder und jede einen ganz eigenen Rhythmus für hat.

Ein paar Jahre zuvor war ich schon einmal in der Neurologie von Beelitz gewesen, daran erinnerte ich mich plötzlich, als ich versuchte, meinen kleinen Zusammenbruch wieder in den Griff zu bekommen. Ich hatte einen guten Freund besucht, der nach einem heftigen Schlaganfall seine Rehabilitationszeit dort verbrachte. Doch Reha hin oder her, er würde an den Rollstuhl gefesselt bleiben, das war mir klar.

Ich hatte keine Ahnung, wie ich mit seiner Situation umgehen sollte. Also setzte ich mich irgendwann einfach auf seinen Schoß und wir fetzten im Rollstuhl den Klinikflur auf und ab und alberten herum. Sein Gemütszustand war zu dem Zeitpunkt – zumindest wirkte es auf mich so – noch stabil. Sein Lebenswille ungebrochen. Das änderte sich allerdings und er wurde immer unglücklicher und verbitterter. Bis er mich eines

Tages bat, ihm dabei zu helfen, Hilfsmittel für seinen Freitod zu besorgen. Ich sagte Nein und wollte nichts davon hören. Hatte noch keine Ahnung, was es bedeutet, tagtäglich auf Hilfe von anderen angewiesen zu sein. In einer Lebenslage zu sein, in der man sich mit dem eigenen körperlichen Verfall auseinandersetzen muss. Bei ihm war es ja total plötzlich gekommen. Schlaganfall, zack, Rollstuhl. Was für ein Horror! Es war wohl ziemlich kurzsichtig und egoistisch von mir damals, als ich seinen Wunsch so weit von mir gewiesen hatte. Ich dachte nur daran, keine Verantwortung übernehmen zu wollen. Aber diese hatte sowieso immer nur er selbst. Heute denke ich, ich hätte eine bessere Freundin sein müssen, ihm beistehen, besser zuhören und, ja, wahrscheinlich auch ihm seinen letzten Wunsch erfüllen sollen.

66

Ich hatte ihn über die Fotografie kennengelernt. Daniel war Fotograf und ich damals Bildredakteurin beim *ZEIT-Magazin*. Daher arbeiteten wir hin und wieder zusammen. Er war ein genialer Freak, eine schillernde Persönlichkeit. Er ging nicht gerne aus, sondern lud lieber zu sich ein, in sein Reich. Viele Abende verbrachten wir in seinem zweistöckigen Häuschen, das im Hinterhof eines Altbaus in Berlin-Mitte lag. Es waren seine Wohn- und Arbeitsräume und die Wände und Regale waren voll von seinen eigenen Fotos und Reliquien, die er auf Reisen für Fotoaufträge aus der ganzen Welt gesammelt hat. Wir redeten über Fotografie und Journalismus. Wir veranstalteten unsere eigenen Partys zu zweit in seiner Küche, fotografierten uns gegenseitig und er erzählte mir Geschichten aus seiner Skater-Zeit in Hamburg. Und natürlich sprachen wir über Israel. Über seine Erfahrungen mit diesem so spannenden Land.

Ich war bis dahin zwar noch nie da gewesen, wusste aber, dass diese Reise bevorstand. Schon früh hatte mich der jüdische Hintergrund meiner Familie väterlicherseits beschäftigt. Mein jüdischer Vater wurde in London geboren. Seine Eltern, meine Großeltern, waren aus dem von den Nazis besetzten Wien dorthin geflüchtet und nach Kriegsende wieder zurückgezogen. Mich hat das Judentum immer fasziniert, obwohl ich relativ religionslos aufgewachsen bin. Als Jugendliche wollte ich auf eine jüdische Schule gehen, aber ohne hebräische Sprachkenntnisse verweigerte man mir die Aufnahme. Später dann, Anfang zwanzig in Berlin, wollte ich sogar konvertieren und bat einen Rabbi, mich dabei zu unterstützen. Als er mir riet, erst mal mit der koscheren Küche zu beginnen, war ich allerdings schnell ziemlich ratlos, hatte ich doch mein Leben lang nichts in der Küche verloren. Meine Kochkünste lagen bei null. Ich hatte weder Gespür noch Interesse, die notwendige Geduld sowieso nicht. Bis heute nicht. Der Rabbi sprach natürlich noch von vielen anderen Dinge, die ich lernen müsste, um zu konvertieren – ich verstand kaum etwas davon. Er machte es mir wirklich schwer, an meinem Vorhaben festzuhalten – irgendwann gab ich auf und widmete mich anderen Dingen. Nichtsdestotrotz blieb mein Interesse erhalten, eine Art instinktives Sichhingezogen-Fühlen.

In Berlin hatte ich mich eine Zeit lang mit jüdischen Kumpels zum wöchentlichen Pokerspiel getroffen, von denen einige zwischen Tel Aviv und Berlin pendelten. Und ich ertappte mich wieder dabei, dazugehören zu wollen, auch jüdisch sein zu wollen. Obwohl ich doch eher ein Mensch bin, der dem Individualismus bis zum Äußersten frönt, ja gar verherrlicht, und eben nicht von einem Zugehörigkeitsgefühl geprägt ist. Nun wollte ich also jüdisch sein. Begab ich mich etwa auf Identitätssuche, ohne es bewusst vorgehabt zu haben? Warum stand ich dann nicht an der Klagemauer oder besuchte die zahlreichen anderen wichtigen jüdischen Kulturstätten? Warum hatte ich nicht ausgiebig nach einer eventuell noch verbliebenen Familie väterlicherseits gesucht? Ich weiß es nicht. War ich trotzdem nur ein ganz normales Schaf, das die Herde suchte, nachdem es das ganze Leben lang gewohnt war, andere Wege als die Trampelpfade der Herde zu gehen? In Wahrheit stand ich doch total auf

Trampelpfade und vermied das anstrengende Macchiagebüsch, das einem die Beine zerkratzte.

Trotz einiger negativer Erfahrungen mit Israelis außerhalb Israels, deren eigensinnige Unhöflichkeit und Überheblichkeit verstörend provokativ sein konnten, trotz meiner Infragestellung der israelischen Vorgehensweise im Nahostkonflikt, trotz meiner zutiefst pazifistischen Überzeugungen, nicht wissend, was es bedeutet, in einem Land voller Konflikte leben zu müssen: Trotz alledem fühlte ich mich enorm hingezogen zu diesem eigensinnigen Volk. Mein Vater muss auch sehr eigensinnig gewesen sein. Zwar sehr charmant und irre klug, aber eben ein ziemlich individuelles Arschloch, laut den Erzählungen von Personen, die ihn kannten, abgesehen von meiner Mutter.

68

Doch zurück zu meinem Freund Daniel. Einmal begleitete er mich auf eine Reportage über das neue jüdische Leben in Berlin, die ich im Auftrag des Wochenendmagazins von *El País* recherchierte und fotografierte. Ich suchte dafür unterschiedliche jüdische Institutionen auf, sprach mit jüdischen Einwanderern aus Russland oder Spanien, lernte junge deutsche Frauen kennen, die sich dazu entschlossen hatten, orthodox zu leben, obwohl sie aus einem liberalen Haushalt stammten, oder sprach mit alteingesessenen jüdischen Berlinern, deren Familien die Nazizeit wie durch ein Wunder überlebt haben. Es war großartig für mich, in ein Thema einzutauchen, das mich seit geraumer Zeit so sehr beschäftigte. Daniel und ich sprachen zwar beide kein Hebräisch, wurden aber sehr offenherzig von einem bekannten Rabbiner bei sich zu Hause, das sich direkt oberhalb der Synagoge in der Joachimstaler Straße befand, in Empfang genommen. Die vielen Kinder des Rabbiners sprangen um uns herum und beäugten unsere alten Analogkameras. Ich durfte sogar in das Schlafzimmer gehen und die vielen Perücken der Ehefrau, die man Sheitel nennt, auf der Kommode fotografieren. Man reichte uns süßen Tee und Gebäck und wir blieben etwa zwei Stunden bei ihnen. Wir besuchten auch die Synagoge der orthodoxen Gemeinde Chabad Lubawitsch, die als das größte jüdische Bildungszentrum in Europa gilt, als gerade ein Rabbiner aus New York am Yom Kippur, dem wichtigsten jüdischen Feiertag, zu Gast war und predigte. Es war eine feierliche Predigt und sehr gut besucht. Ich beobachtete all diese Menschen und fühlte mich wieder hingezogen. Verrückt. Nach der Messe sprach ich mit einer älteren, sehr kultivierten Dame, die über und über mit Schmuck behangen war und einfach nur mit mir schwatzen wollte. Ich bewunderte sie wegen ihrer eleganten Souveränität und ihrer gewählten Sprache. Ihre tiefschwarzen Augen funkelten mich an und schlugen mich in ihren Bann. Ich fotografierte sie und nahm dankend ihre Visitenkarte und eine Einladung zum Tee bei ihr zu Hause entgegen.

69

Daniel und ich sprachen während der Recherche nicht viel über unsere Verbundenheit zum Judentum, sondern wussten einfach, dass sie da war. Später im Jahr 2011, als ich mit Freunden und Kollegen zusammen in Berlin-Mitte eine kleine Galerie für Fotografie eröffnete, gab es dort bei der Einweihungsfeier nur ein einziges Werk zu sehen. Nämlich eines von ihm, das bisher niemand hatte zeigen wollen, weil es sich mit einem seiner großen Lebensthemen, dem Konflikt zwischen Israel und Palästina, auseinandersetzte. Die Ausstellung trug den Titel »Lieber Gott vergebe mir« und zeigte das Foto eines im Palästinensertuch vermummten Selbstmordattentäters mit einer Zündvorrichtung in den Fäusten, eingerahmt in einen Leuchtkasten. Auf diesen Kasten waren rote Laserstrahlen gerichtet, die aus der gegenüberliegenden Galeriewand kamen, an der eine Kalaschnikow hing, die den Spruch »I love Jews« auf dem Schaft trug. Dazu gab es einen Katalog mit dem Titel »Laser für Arme«, der unter anderem zwei Poster enthielt: »Jewing Gun« und »Ahmed«.

Der Ausstellungsraum und die Straße davor waren am Eröffnungsabend total überfüllt von Menschen, die wegen Daniel gekommen waren, aber auch, weil sie wissen wollten, was das denn nun für ein neuer Ort in Berlin-Mitte sei, dessen Eröffnung schon vorher relativ viel Aufmerksamkeit in der Presse erhalten hatte.

Während der Ausstellungszeit kam Daniel regelmäßig mit seinem Hund, der übrigens auf den Namen Jesus hörte, vorbeigelaufen, weil er nur vier Häuser weiter in derselben Straße wohnte. Ein Jahr später, nach dem Schlaganfall, kam er im Rollstuhl vorbei – bis er aus dem Häuschen im Hinterhof in ein Loft mit Aufzug und wesentlich besseren Bedingungen für Rollstuhlfahrer umziehen musste.

Heute liegt er begraben in Israel. Ich vermisse ihn. Wie gerne würde ich mit ihm über all das sprechen, was ich damals nicht verstanden habe. Jetzt ist alles anders, aber zu spät.

Ich hatte noch einen anderen guten Freund, der Fotokünstler war und viel zu jung gestorben ist. Sascha wohnte ebenfalls in der Nähe unserer Galerie – sie hieß übrigens Pavlov's Dog und existiert heute noch – und besuchte fast jede Eröffnung. Im Jahr 2014 gab er uns die Ehre, ein sehr spezielles Werk ausstellen zu dürfen, obwohl er von großen Galerien weltweit vertreten wurde.

Das Projekt beschäftigte sich mit dem Freitod und ich erinnere mich genau, wie beeindruckt ich war. Am Fuß des Fuji liegt der berühmt-berüchtigte Wald Aokigahara, der insbesondere seit den Sechzigern von Menschen aufgesucht wird, um ihr Leben zu beenden. Viele von ihnen ziehen eine Art Ariadnefaden hinter sich her, damit sie wieder aus dem dichten Urwald finden, falls der Wunsch zu leben doch stärker sein würde als der Wunsch zu sterben. Diesen Fäden ist Sascha mit der Kamera nachgegangen. Das Besondere war: Seine Bilder verzichten auf direkte Abbildungen des Todes und lassen dem Betrachter daher viel Raum, dem Schicksal der Menschen nachzuspüren, deren Fäden den Wald durchziehen.

Während ich mich nach einem langen Telefonat mit Tammi aus dem Brandenburger Schnee aufrappelte, dachte ich darüber nach, dass es schön wäre, wenn auch ich mich allein in die Natur zurückziehen könnte, wenn die Krankheit zu weit fortgeschritten wäre. Unauffindbar für meine Familie und meine Freunde, damit sie den Anblick nicht ertragen müssten. Es gab schließlich einige indigene Völker, die das genauso gehandhabt haben sollen, wenn der richtige Zeitpunkt für sie gekommen war. Andererseits: Wann wäre der richtige Zeitpunkt? Würde ich wirklich allein sterben wollen? Und würde meine Familie mich wirklich allein lassen?

Ich stapfte durch den Schnee zurück zur S-Bahn-Station, erneut vorbei am Birkenwäldchen. Das Telefonat mit Tammi, die friedliche winterliche Natur um mich herum und die Erinnerungen an meine Freunde hatten mich ein wenig beruhigt.

Als ich dann in der S-Bahn saß, beschloss ich, einen Zwischenstopp in einem russischen Supermarkt zu machen. Er befand sich unter den S-Bahn-Bögen der Haltestelle Charlottenburg im Westen Berlins. Ohne mit der Wimper zu zucken, verlangte ich nach einer Fünfhundert-Gramm-Dose roten Kaviars, der mir wesentlich besser schmeckte als der schwarze, und bat um einen Plastiklöffel. Der verdutzte Verkäufer fragte, ob ich schwanger sei. Haha.

Während der Weiterfahrt Richtung Osten aß ich die Kaviardose komplett leer. Frustessen. Nein. Trotzessen. Zu Hause musste ich mich erst einmal ins Bett legen, um zu verdauen, und schlief bis zum späten Nachmittag durch.

Bis mich mein neuer Mitbewohner Joseph weckte, als er mit einer frisch geöffneten Flasche Crémant vor meinem Bett stand und mir seine neueste Flamme vorstellen wollte. Das Mädel war echt süß. Als noch mehr Leute kamen, öffneten wir irgendwann die zweite Flasche und begannen, eine Art Kostümparty zur Musik von Freddy Mercury, David Bowie und französischen Chansons zu veranstalten. Wir tanzten vor dem großen Spiegel, der die halbe Wand an einer Seite des Zimmers einnahm, um unsere Verkleidungen zu begutachten. Ich trug meinen Ganz-körper-Leoparden-Catsuit, der sich in einer Faust zusammen-knüllen und in meiner Jackentasche verstauen ließ und mit dem ich spontan in den legendären Fetischklub Kit Kat gehen konnte, falls ich nach einer Privatparty noch keine Lust hatte, nach Hause zu gehen. Ins Kit Kat wurde man nämlich nicht in Jeans und Pulli hineingelassen. Es gab eine Umkleidemöglich-keit hinter dem Einlass und ich musste beim Türsteher nur mit dem Catsuit in der Hand wedeln und wurde durchgewunken. Joseph ging auch sehr gerne dorthin und er hatte ein immen-ses Repertoire an Sachen sowohl für das Kit Kat als auch für sol-che Spontanpartys parat, seien es Klamotten aus engem Lycra in allen möglichen Farben, maßgeschneiderte Herrenanzüge aus London, Kimonos, Masken und Perücken in verschiedenen For-men und Farben, falsche Wimpern, Nagellacke, Brillenputztü-cher, Kondome, Ohrstöpsel, USB-Kabel, neue Gästezahnbürsten aus Bambus, um die Namen der wiederkehrenden Gäste drauf-zuschreiben – und natürlich jede Menge Crémant. Ich ließ ge-danklich den Besuch in der Klinik hinter mir und tauchte ein in das aufregende WG-Leben mit Joseph.

Er war ein waschechter New Yorker, aufgewachsen im jüdi-schen Viertel von Long Island, Einzelkind, Harvard-Absolvent, furchtbar intelligent, ein Mathe- und Schachgenie, Start-up-Un-ternehmer, sechs Jahre jünger als ich und ein totaler Freak und Nerd mit Hang zum Crossdressing. Wir hatten uns im letzten Sommer kurz vor meiner Diagnose über Tinder kennengelernt, aber schon beim ersten Date gemerkt, dass wir nicht an einer romantischen oder sexuellen Beziehung interessiert waren. Wir standen einfach nicht aufeinander. Aber was auch sehr schnell klar war, war, dass wir uns anfreunden würden, weil sich un-sere Persönlichkeiten ergänzten wie eine geölte Kette auf dem Zahnrad. Reibungslos.

Ich ließ ihn bei mir wohnen, als ich auf meine erste Portugalreise zum Wandern aufbrach, obwohl wir uns erst seit Kurzem kannten. Er wollte sich in meiner Abwesenheit eigentlich eine eigene Wohnung suchen, war er doch gerade erst aus dem Start-up-Mekka Silicon Valley nach Berlin gezogen. Doch als ich zurückkam und er noch keine Wohnung gefunden hatte, blieben wir einfach zusammen wohnen, obwohl wir uns zu dritt zwei Betten teilen mussten. Mein spanischer Freund Iván aus Valencia war zwar nach dem Burning-Man-Festival nicht mehr zurückgekommen, hatte mich aber gebeten, seinen Freund aus São Paolo in seinem Zimmer wohnen zu lassen.

Joseph und ich teilten uns also ein Bett und schliefen meist abwechselnd. Er kam frühmorgens zurück vom Feiern und kuschelte sich erschöpft und mit Glitter im Haar an meinen Rücken. Ich stand kurze Zeit später auf und machte mich fertig für die Arbeit. Wenn ich abends nach Hause kam, saß er meist am Laptop und begann zu arbeiten, da er sich nach der Uhrzeit seiner Kollegen aus San Francisco richten musste. Kurz vor Mitternacht war er meist fertig und zog aufs Neue los, um das Nachtleben Berlins zu erkunden. Er war absolut begeistert von Berlin und kannte schon irre viele Leute und Klubs. Ich stellte ihn meinen Freunden vor und alle mochten ihn sofort. Wenn er eine Frau nach Hause brachte, legte ich mich einfach ins andere Bett, wo Vitor aus São Paulo lag, mit dem ich fast genauso geschwisterlich umging wie mit Joseph, und brasilianische Filme schaute. Wir bildeten eine harmonische Wohngemeinschaft mit einer Selbstverständlichkeit zum Bettenteilen, je nachdem, wer allein sein wollte oder jemanden mitbrachte.

Einmal kam ich nach einer Dinnerparty nach Hause und war allein. Ich rief kurzerhand ein Date zu mir. Während wir Sex hatten, der leider nicht besonders aufregend war, aß ich mindestens fünf Mandarinen, weil ich noch unbedingt meinen täglichen Vitaminbedarf decken musste. Auf dem Bauch liegend und alle viere von mir gestreckt schlief ich ein, ringsum die Mandarinenschalen auf dem gesamten Bett verteilt – und ich hatte mich nicht einmal von meinem Date verabschiedet. Genauso fand mich Joseph, als er nach Hause kam, und nannte von da an mein Date nur noch »the mandarina boy«. Komischerweise mochte ich aber den Mandarina Boy und gab ihm noch eine zweite Chance, obwohl das erste Treffen ziemlich misslungen war. Wir freundeten uns an. Er lud mich auf Konzerte experimenteller Musik ein und wir sahen uns Filme auf seiner Couch an. Mehr wurde daraus trotzdem nicht, weil ich so oft unterwegs war.

Aber Joseph erzählte die Geschichte des Mandarina Boy gerne, weil er damit beschreiben wollte, dass es galt, jedem eine zweite Chance zu geben, und sich daraus die wunderbarsten Dinge entwickeln konnten. Je verrückter, desto besser. Und weil er mich seinen Freundinnen, den »Princesses«, immer als »Queen of the Dating Boys« vorstellte. Letztendlich aber waren wir alle irgendwie Prinzessinnen, Prinzen, Könige und Königinnen der Nacht in Berlin.

Trotz der kleinen Wohnung in dem Haus, dessen Flur nach Pisse stank, trotz der Tatsache, dass unsere Waschmaschine und unsere Spülmaschine ständig im Wechsel kaputtgingen – wir nannten sie irgendwann nur noch »monster one« und »monster two« –, funktionierte unser Zusammenleben so gut, dass Joseph und ich bald beschlossen, eine richtig tolle, große und luxuriöse Wohnung in Kreuzberg gemeinsam anzumieten. Da wir es geschafft hatten, mit so wenig Platz so harmonisch zu koexistieren, war klar, es wird kaum schlechter mit viel Platz, eigenen Betten und zwei Bädern.

Und so entwickelte sich die wachsende Freundschaft langsam, aber sicher zu einer geschwisterlichen Beziehung. Wir begannen, uns blind zu vertrauen. Er stellte mich seinen Eltern vor, die zu Besuch aus New York gekommen waren. Ich verstand mich blendend mit ihnen. Und so wie meine Mutter Joseph als Sohn annahm, wurde ich von ihnen wie eine Tochter angenommen. Das gemeinsame Wohnen entwickelte sich zu einer familiären Lebens- anstatt Wohngemeinschaft. Wir ließen immer alle Türen offen und führten die wichtigsten Gespräche entweder im Bad, wenn einer von uns in der Badewanne lag, oder gemeinsam auf einem der großen Betten mit heißem Tee und süßen Datteln. Wenn es Unstimmigkeiten zwischen uns gab, klärten wir diese meist sofort und räumten sie beiseite. Wir verbrachten gemeinsam Weihnachten mit meiner Mutter, Deborah und meinem Halbbruder aus Bayern, mit dem ich aber nicht zusammen aufgewachsen bin. Manchmal kam unsere gute Freundin Mirjam etwas später hinzu, weil sie vorher im Obdachlosenheim bei Ausschank und Bescherung mitgeholfen hatte. Aber egal, ob Weihnachten, Geburtstage oder ohne Anlass: Wir liebten es, zu großen Abendessen mit vielen Gästen einzuladen oder große Partys zu schmeißen 75

Einige Tage nach der kleinen Party mit Crémant und Verkleidungsspaß vor dem großen Spiegel machte ich allerdings erst mal wahr, was ich der Koryphäe in den Beelitzer Heilstätten entgegengeschleudert hatte, und buchte meine Reise nach Indien. Ich wollte eine Ayurveda-Kur machen und herausfinden, ob mir diese besondere Heilkunst helfen würde. Eine Alternative zur allgemeinen Schulmedizin, die sich mit ganzheitlicher Heilung befasst – sowohl die des Körpers als auch die des Geistes. Und die sich vorrangig damit auseinandersetzt, die Organe von ungesunden Anreicherungen zu befreien und den körpereigenen Selbstheilungsprozess zu aktivieren. Ich wusste noch nicht sehr viel darüber, hatte aber instinktiv das Gefühl, es könnte mir guttun, mir helfen.

Meine erste Ayurveda-Kur

Indien

Schon seit einer halben Stunde saß mir ein ungefähr sechzigjähriger Brite gegenüber und erzählte lauthals Witze. Witze über sein Zittern. Dass er ein Parkinsonkollege war, hatte ich schon bei meiner Ankunft im Transitbereich des Istanbuler Flughafens erkannt, war schnurstracks auf ihn und seine Frau zugelaufen und hatte mich neben sie gesetzt. Diesmal wollte ich nicht wegschauen wie bei den Patienten in der Neurologie, diesmal wollte ich mich dem Anblick aussetzen.

Ich habe es nicht bereut. Sondern mich schlapp gelacht über seine Witze, indem er sich selbst auf den Arm nahm. Ich hatte schon immer diesen trockenen, sarkastischen Humor der Briten gemocht. (Leider bin ich furchtbar schlecht darin, mir Witze zu merken, geschweige denn nachzuerzählen. Daher kann ich hier leider keinen einzigen wiedergeben, sorry …) Als ich von meiner eigenen Parkinsonerkrankung erzählte, reagierte er gelassen. Kein Mitleid, keine Betroffenheit, sondern einfach nur ein kräftiges Schulterklopfen. Das gefiel mir außerordentlich gut. Wir waren uns auf Anhieb sympathisch, redeten und lachten ohne Umschweife über unsere Zipperlein. Es muss für die umsitzenden Fluggäste merkwürdig gewesen sein zu sehen, wie zwei Menschen, die sich ganz offensichtlich soeben erst kennengelernt und auf den ersten Blick nichts gemeinsam hatten, so schnell so freundschaftlich miteinander umgingen. Wir bemerkten, dass wir beobachtet wurden, aber es war uns absolut egal. Wir amüsierten uns köstlich über uns selber. Seine Frau vervollständigte ab und zu seine Sätze, wenn er wegen seiner Probleme beim Sprechen hängen blieb. Auch hatte ich etwas Schwierigkeiten mit seinem Akzent, denn er und seine Frau waren aus Manchester. Na ja, das wird wohl auch noch irgendwann auf mich zukommen. Denn wie gesagt: Es ist nicht unüblich, dass Parkinsonpatienten im fortgeschrittenen Stadium Sprachstörungen bekommen und nuscheln.

Der Abschied war kurz und knackig. Wir wünschten uns gegenseitig ein möglichst zitterfreies Leben, während er dabei wie wild mit den Armen um sich schlug wegen der Dyskinese.

77

Nach einem Elf-Stunden-Flug erreichte ich frühmorgens Goa und fuhr mit dem Bummelzug weiter Richtung Süden, bis ich nach einer gefühlten Ewigkeit in einem kleinen Ort ankam, der im touristischen Sinne völlig unattraktiv war. Eine ganz normale indische Kleinstadt, ohne besondere Attraktionen. Weder lag sie direkt am Strand, noch gab's irgendwelche uralten heiligen Tempel zu besichtigen wie zum Beispiel in den berühmten Städten Hampi oder Varanasi, die ganzjährig von Pilgern und Touristen aus der ganzen Welt aufgesucht werden und daher eine dafür geeignete Infrastruktur besitzen. Nein, dies hier war eine stinknormale Kleinstadt mit ein paar Straßenzügen, einem Obst- und Gemüsemarkt, einer Haupteinkaufsstraße mit Stoffgeschäften und vielen Teestuben. Das war's. Die einzigen Touristen, das merkte ich schnell, kamen tatsächlich nur wegen der Ayurveda-Klinik, die außerhalb des Ortes direkt am Strand lag und zu der ich mich nun mit einem Tuk Tuk, den hiesigen Motorradtaxen auf drei Rädern, auf den Weg machte. Ich hatte nur einen kleinen Rucksack mit wenigen leichten Klamotten aus Leinen, Zahnbürste, Reisetagebuch und Handy dabei. Mehr brauchte ich ja nicht. Indien kannte ich bereits von einer Reise vor vielen Jahren und wusste, was ich benötigte, aber vor allem, was ich nicht benötigte.

Nicht zuletzt in Berlin hatte es sich herumgesprochen, dass es an der Küste der Provinz Karnataka diese unprätentiöse kleine Ayurveda-Klinik gab, die bezahlbar war – und die besonders gut sein sollte. Meine Schwester Deborah hatte mir den Tipp gegeben, die selbst schon zweimal dort gewesen ist. Daher war ich nicht überrascht, einigen bekannten Gesichtern aus dem Berliner Nachtleben zu begegnen, die zum Teil mehrere Monate blieben. Der leitende Arzt war noch relativ jung und hatte die Klinik vor nicht allzu langer Zeit gegründet. Das Tolle war: Während der Regenmonate behandelte er die Einheimischen kostenlos und finanzierte das mit dem Geld von uns Menschen, die an westlichen Zivilisationskrankheiten litten und meist in der Trockenzeit zwischen November und März kamen. Das gefiel mir außerordentlich gut.

Und die Klinik selbst gefiel mir auch. Was sich hier Klinik nannte, hatte natürlich wenig mit dem zu tun, was wir Europäer unter einer Klinik verstehen – und trotzdem war auf den ersten Blick alles genau so, wie ich es erwartet und auch erhofft hatte: Das Gelände bestand eigentlich nur aus ein paar rustikalen Gebäuden, die aus einfachen kleinen Zimmern mit Holzbetten und darüber hängendem Moskitonetz, einem alten Ventilator an der Decke, einer Toilette mit Waschbecken und offener Stehdusche bestanden. Die Küche, mit angrenzendem Essbereich auf Lehmboden, befand sich direkt neben dem Gemüse- und Kräutergarten mit der dazugehörigen Garküche für die Medizin. Von Deborah hatte ich erfahren, dass sich im großen Gartenbereich mit Hängematten zwischen den Mangobäumen hin und wieder Kobraschlangen tummelten. Eine Supergelegenheit, wieder mal meiner mit den Jahren etwas abgemilderten Schlangenphobie entgegenzutreten, zumal ich fast nur barfuß auf dem Gelände umherlief. So zwang ich mich wenigstens dazu, ständig auf den

Boden zu gucken und dadurch bewusster und konzentrierter zu gehen. Das half, den Fuß besser abzurollen.

Ich wusste sowieso, ich war am richtigen Ort. Mal sehen, was die Kur bewirken würde. Ich freute mich sehr darauf. Die ayurvedische Heilmedizin besteht hauptsächlich darin, den Körper sanft zu entgiften, mit guter Ernährung und Massagen zu regenerieren, damit die Selbstheilungskräfte zu aktivieren und ein natürliches Gleichgewicht zwischen Körper und Geist wiederherzustellen. Jeder Mensch wird den sogenannten Doshas zugeordnet, den Lebensenergien: Vata, Pitta und Kapha. Die Ernährung wird individuell auf den jeweiligen Dosha-Typ abgestimmt. So isst man entweder eher warm, salzig, süß oder kalt. Man sollte in jeder Hinsicht auf seinen Körper hören, ihn achten und beschützen, ihm Gutes tun. Denn er arbeitet Tag und Nacht für uns, ohne dass wir es wirklich wahrnehmen. In der ayurvedischen Medizin sagt man, die meisten Krankheiten rührten von Problemen im Magen-Darm-Trakt her. Wie sagt der Volksmund? »Man ist, was man isst.« Und genauso sah ich das auch. Mir war durchaus bewusst, dass ich meinem Körper in den letzten Jahren eben nicht nur Gutes getan, ja, ihn sogar geschunden hatte. Jetzt wollte ich das wiedergutmachen.

An meinem ersten Morgen joggte ich bei Sonnenaufgang den Strand am Indischen Ozean entlang, darauf bedacht, nicht in rot gefärbte Kackwürste zu treten. Die heimischen Fischer, deren Zähne aufgrund des jahrelangen Kauens auf der Betelnuss ebenfalls tiefrot gefärbt waren, hockten nämlich mit heruntergelassener Hose am Strand, direkt am Wasser, und meditierten, während sie auf das Meer hinausblickten. Ein ziemlich gewöhnungsbedürftiger Anblick. Es ist Tradition dort, dem Meer alles zu geben. Alles. Neben menschlichen Exkrementen leider auch jede Menge Müll, der heutzutage zum größten Teil aus Plastik besteht.

Die beim Scheißen meditierenden Fischer störten sich jedenfalls nicht an mir und ich joggte einfach weiter, so gut es ging. In den kommenden Tagen würde ich eh nicht dazu kommen.

In meinem ersten Gespräch über mich und meine Diagnose hatte mir der junge Klinikleiter nämlich erklärt, dass ich mich zumindest in den nächsten Tagen körperlich nicht anstrengen sollte. Er stellte mir den Plan für die nächsten Wochen vor: Entschlacken, Dampfbäder, Massagen, anschließend die Behandlung mit selbst angebauten Kräutern und im Dschungel wachsenden Schlingpflanzen. Sie sollten die körpereigene Dopaminproduktion unterstützen und fördern. Sport und körperliche Aktivität waren in den Plänen der Klinik wenig vorgesehen, dafür Ruhe und Meditation. So schrieben es zumindest die Regeln der zwei- bis dreiwöchigen Entgiftungskur vor, die Panchakarma hieß. Mal schauen, wie gut ich damit klarkommen würde.

Um acht Uhr gab es ein nicht allzu reichhaltiges Frühstück aus vegetarischen Zutaten für die einen – und flüssige Butter aus hundert Prozent Fett, genannt Ghee, für Neuankömmlinge wie mich. Meine einzige »Mahlzeit« für die nächsten Tage. Die Butter, so wurde es mir erklärt, sollte auf ihrem Weg durch den Magen und den Darm alles mitnehmen, was sie im Verdauungstrakt so fand. Eine Komplettreinigung. Dazu musste man warmes Wasser trinken, das sollte noch einmal zusätzlich alle Reste lösen. Alles sollte raus. Die anschließende Ganzkörpermassage, von zwei Frauen simultan durchgeführt, und das Dampfbad taten ihr Übriges. Ich entgiftete aus jeder Pore. Herrlich – trotz der eh schon hohen Außentemperaturen.

An dieser Stelle könnte ich lügen und behaupten, dass ich mich anschließend erholt und gelöst in eine der Hängematten im Garten fallen gelassen hätte, um dort den restlichen Vormittag zu verbringen. Doch das Gegenteil war der Fall: Kurz nachdem ich aus dem Dampfbad gestiegen war, packte ich meine wenigen Sachen wie Haargummi, Leinenhose und T-Shirt, wickelte mich in mein mitgebrachtes Leinentuch und lief ziemlich langsam und etwas schwindelig zu meiner Unterkunft. Der Körper arbeitete offensichtlich schon auf Hochtouren. Etwa zwei Stunden nach dem Frühstück wollte die warme Butter unbedingt wieder raus aus mir. Und ich kann nur sagen: Wirklich alles kam raus. Leider auch meine gesamte Energie.

Das Prozedere wiederholte sich noch einige Tage und ich fühlte mich zunehmend schlapp. Obwohl ich auf meinen Wanderungen gewohnt war, wenig zu essen, schleppte ich mich zu jedem weiteren »Frühstück«. Dass ich irgendwann mal gierig auf Menschen, die morgens braunen Reis mit Gemüse zu sich nahmen, schauen würde, hätte ich nicht erwartet. Aber vielleicht lag es eher an den saftigen Mangoscheiben, die es auch noch gab. Ich hatte eigentlich gar keinen Hunger, es war eher die Gewohnheit, sich dem Genuss des Essens hingeben zu wollen. Und darauf musste ich nun komplett verzichten.

Jedenfalls lag ich die ersten Tage hauptsächlich im Bett. WLAN gab es nur eine Stunde am Tag, stattdessen las ich analog, schrieb manchmal in meinem Reisetagebuch oder verlor mich in Tagträumen – und ließ meinen Körper arbeiten.

Nach der Entschlackungsphase, die sechs Tage dauerte, durfte ich täglich eine Schale Reissuppe essen und fühlte mich wieder voller Energie. Zusätzlich kam die südindische Juckbohne zum Einsatz. Der Arzt hatte mir erklärt, man könne Parkinson – auf Indisch heißt die Krankheit übrigens Kawa Kawa und bedeutet so viel wie Zitter Zitter – gut mit dieser Pflanze behandeln, weil ihr Samen einen hohen Anteil an Dopamin beziehungsweise seiner Vorform genannt L-Dopa enthält. Vermischt wird sie – der botanische Name lautet Mucuna pruriens – mit einem weiteren Extrakt eines Gewächses, das das Dopamin vom Blut ins Gehirn leiten, das heißt die Gehirn-Blut-Schranke durchbrechen sollte. Ich begann also, jeden Tag einen Esslöffel dieses Pulvers in meinem Morgentee zu verrühren. Und es funktionierte. Die Bewegungsabläufe wurden fließender und mein Geist hellwach, trotz der erdrückenden Hitze. Irgendwann im Laufe des Tages ließ die Wirkung allerdings nach und ich lief wieder eher auf Zehenspitzen umher, weil der linke Fuß nicht richtig abrollte.

Im Grunde genommen war dieses Pulver nichts anderes als diese Dopaminpillen, deren Einnahme ich meinen Berliner Ärzten gegenüber verweigert hatte. Nur in natürlicherer Darreichungsform. Ich bin halt manchmal ein sturer Esel, der alles besser wissen und selbst ausprobieren muss ....

Täglich bekam ich weiterhin Massagen von einer älteren Frau mit sehr kräftigen Händen, die mich mütterlich zur Brust nahm. Das anschließende Dampfbad sah übrigens so aus: Die alte Frau führte mich zu einem Holzkasten in der Form eines Sarges, in den ich mich hineinlegte. Dann schloss sie den gewölbten Kastendeckel, aus dem seitlich nur mein Kopf herauslugte. Das große Schwitzen konnte beginnen. Der Holzkasten befand sich nämlich auf einem kleinen Podest, unter dem große Töpfe mit heißem, dampfendem Wasser standen. Und da der Boden des Kastens Löcher hatte, stieg der Dampf hoch in meinen »Sarg« und heizte mir gehörig ein. Später entledigten wir uns gemeinsam des abgekühlten Wassers mit dem Pflanzensud darin, weil der alten Frau der Rücken vom Bücken wehtat.

Eine weitere Anwendung war ziemlich anstrengend. Ich bekam einen Ring aus frischem Brotteig um die Augen gelegt. Der diente als eine Art Kelch für die warme Butter, die mir in die Augen geträufelt wurde. Der Brotring hinderte die Flüssigkeit daran auszulaufen. Fünfzehn Minuten lang sollte man die mit Butter gefüllten Augen öffnen und schließen, damit die Flüssigkeit überall hingelangte. Es brannte höllisch und ich verzichtete dankend auf weitere Anwendungen. Mein achtzigjähriger deutscher Tischnachbar, der in Japan lebte und mit dem ich hoffentlich irgendwann einmal in der Nähe von Osaka wandern werde, war allerdings begeistert von dem Resultat dieser Brot-und-Butter-Therapie und wiederholte sie mehrmals. Sein getrübtes Augenlicht sei klar und scharfsichtig geworden, sagte er.

Während meiner nachmittäglichen Spaziergänge durch den Klinikgarten stopfte ich mich voll mit Mangos. Das erinnerte mich an meine Kindheit in Ecuador, als wir die Früchte direkt vom Baum pflückten und so viel aßen, wie wir konnten. Und genau das tat ich nach den Entschlackungstagen auch hier: ohne Ende Mangos essen. Und ich lugte immer mal wieder neugierig in die Garküche, die an den Kräutergarten grenzte und in der auf offenen Feuerstellen jede Menge schwarzbrauner Pflanzen- und Kräutersud in großen Töpfen vor sich hin köchelte und Hunderte mit diesem Sud gefüllte Glasflaschen mit verschnörkelter Beschriftung in Regalen standen. Die »Köchinnen« versuchten, mir zu erklären, was es genau mit alldem auf sich hatte, welche Mischung für welche Erkrankung vorgesehen war, aber um ehrlich zu sein: Ich verstand nicht viel von dem, was man mir erklärte.

Ein Gebäude auf dem Klinikgelände, komplett aus Lehm gebaut, weckte mein besonderes Interesse. Tag und Nacht saß eine Wachperson vor dem Eingang. Man erklärte mir, die Hütte diene einer besonderen Heilmethode, die in Vergessenheit geraten und vom jungen Klinikleiter wiederentdeckt worden sei, einzigartig sowohl in Indien als auch in Sri Lanka, dem Ayurveda-Mekka schlechthin. Es handelte sich um eine Therapie, in der man über einen sehr langen Zeitraum hinweg, mindestens fünfundvierzig Tage, in der Dunkelheit leben sollte. Eine spezielle Luftzirkulation durch das ausgeklügelte Labyrinthsystem in der Lehmhütte gewährleistete eine immer gleichbleibende Raumtemperatur. Und in der Mitte der Hütte befand sich ein stockfinsterer Raum, in dem man sich als Patient aufhielt. Es galt dabei, das Gefühl für Raum und Zeit zu verlieren und sich geistig und seelisch nur noch mit sich selbst auseinanderzusetzen. Ein bisschen wie der Graf von Monte Christo, allerdings mit dem großen Unterschied, dass man als Patient hier täglich leckeres ayurvedisches Essen geliefert bekam und jederzeit die selbst gewählte Isolationszelle verlassen konnte, falls man den

Eindruck hatte, verrückt zu werden. Dafür saß der Wachmann vor der Tür.

Der physische Effekt dieser Dunkeltherapie sollte eine schnellere und effektivere Zellerneuerung sein, der gesamte Körper sollte also eine radikale Verjüngungskur erfahren. Wie ich später mitbekam, hatte der Klinikleiter selbst ganze sechs Monate in dieser Lehmhütte verbracht – vielleicht wirkte er deshalb so viel jünger, als er in Wahrheit war.

Mich jedenfalls faszinierte das alles ungemein und am liebsten wäre ich das Projekt in näherer Zukunft angegangen. Ob ich es schaffen würde, Zugang zu meinen Gehirnzellen zu finden, um den Verfall aufzuhalten? Meine Selbstheilungskräfte zu aktivieren? Wer weiß. Aber ich war zu dem Zeitpunkt definitiv noch nicht so weit, diese Therapie mit dem indischen Namen Kaya Kalpa Kuti auszuprobieren. Denn es war natürlich ratsam, vor der Isolation erst einmal mit einfachen Meditations- und Yogaübungen zu beginnen und sich Gedanken darüber zu machen, was man genau mit sich anfangen würde, wenn es keinerlei Eindrücke von außen, keinerlei Erlebnisse mit anderen Menschen geben würde. Totale Stille, totale Finsternis – und das für viele Tage: schon eine einschüchternde Vorstellung.

Letztlich wusste ich damals noch gar nicht, wie Meditieren wirklich funktioniert. Denn die Übungen bestanden ja im Grunde erst einmal nur darin, im Schneidersitz still herumzuhocken. Tja. Jedes Mal, wenn ich versuchte, meinen Gedankenfluss zu stoppen, um in diesen tranceähnlichen Zustand zu gelangen, von dem mir viele erzählten, die es erfolgreich praktizierten, taten mir die verschränkten Beine weh. Der Drang, mich zu bewegen, war wesentlich stärker als der Drang zum Abschalten der Gedanken. Man erzählte mir von Atemübungen, die mir mittels unnatürlich viel Sauerstoffzufuhr helfen würden, das Gehirn hinunterzufahren. Ich stellte es mir vor wie eine natürliche Droge, mit deren Hilfe das zentrale Nervensystem Serotonin, Dopamin und Endorphin ausschüttet. Und Meditieren hilft nicht nur, Glückshormone auszuschütten, sondern auch Stress abzubauen, in schwierigen Situationen wieder die Oberhand zu gewinnen. Aber das würde ich alles erst sehr viel später richtig und regelmäßig praktizieren lernen. In Indien war ich einfach noch nicht so weit, ich war viel zu hibbelig und meine Gedanken rasten ununterbrochen durch meinen Kopf.

Hin und wieder machte ich nachmittags ein wenig Yoga im Gartenpavillon, wo ein imposanter Buddha stand, aber ich traute mich nicht so richtig, vor der heiligen Statue zu sporteln. Auch Yoga war bis dahin nicht so richtig mein Ding gewesen. Mir war es immer zu esoterisch vorgekommen und ich konnte mit dem Om-Gesang der Yogis überhaupt nichts anfangen. Ich nutzte Yoga demnach mehr als Dehnübung und hatte noch keine Ah- 85 nung, was es für eine ganzkörperliche Aktivität war, die den geschmeidigen Bewegungsablauf, die Flexibilität, den Gleichgewichtssinn, der uns Parkis gänzlich abhandenkommt, und den Muskelaufbau förderte. So dehnte ich halt ein wenig vor mich hin, vor dem Buddha, bis ich die Lust daran verlor und mir einredete, dem Buddha gefiele es eh nicht, was ich da so tat. Letztendlich war ich einfach faul und genoss lieber die dürftigen, aber leckeren Reismahlzeiten als Highlight des Tages.

Nach dem Abendessen spielte ich hin und wieder mit einem älteren Ehepaar Schach. Das Spiel der Könige regte meinen Geist so an, als ob ich einen doppelten Espresso getrunken hätte (der natürlich weit und breit nicht aufzutreiben gewesen wäre), und gab mir genügend Energie zum Tagebuchschreiben.

Früher hätte ich mich gar nicht getraut, mit Fremden zu spielen, hätte mich nicht der Gefahr ausgesetzt, zu schlecht zu sein. Miserables Selbstbewusstsein halt. Das hatte sich aber zum Glück in der letzten Zeit geändert. Nach der Trennung von Tammi, der ein so exzellenter Spieler war, dass ich ihm nie und nimmer gewachsen gewesen wäre und wahrscheinlich deshalb immer einen großen Bogen um das Schachbrett gemacht habe,

brachte ich mir das Spiel mehr oder weniger selbst bei. Denn
fasziniert war ich immer schon davon. Ich kaufte mir ein Reise-
schachbrett, nahm es auf jeder Reise mit und übte mit Fremden,
so gut ich konnte. Auf Flughäfen und Zugfahrten, in Wartesä-
len, Bars und Teestuben. Eine wunderbare Gelegenheit, in Kontakt zu kommen, ohne sonderlich viel reden zu müssen, gerade
wenn ich mit Englisch, Spanisch oder Französich nicht weiter-
kam − oder wenn ich einfach keine Lust auf Small Talk hatte.
Man musste sich nur auf die Figurenaufstellung und die nächsten Züge konzentrieren, die Strategie des Gegenüber versuchen
zu verstehen. Nach der Partie verabschiedete man sich mit einem Händedruck und reiste einfach weiter. Ich liebe das! Ich
kann dabei alles um mich herum vergessen. Und langsam reifte
auch die Erkenntnis, dass ich doch nicht so doof war wie angenommen …

Beim abendlichen Spiel in der indischen Ayuerveda-Klinik
unterhielt ich mich allerdings auch ein wenig mit dem älteren
Ehepaar, das aus Hamburg stammte. Und die Gespräche mit den
Oldies but Goldies waren anregender und interessanter als die
mit den Leuten meiner Generation, in denen es meist nur um
»well being«, »energy flow« und sonstigen Lifestyle-Kram ging.

Sonst verbrachte ich die Zeit aber relativ zurückgezogen.
Ich bin nun mal gerne allein. Morgens joggte ich am Strand auf
und ab und war glücklich darüber, dass mein linker Fuß immer
besser abrollte. Eigentlich durfte man sich laut Arzt überhaupt
nicht körperlich betätigen, aber bei mir machte er eine Aus-
nahme. Es hätte mich sonst wahnsinnig gemacht, einfach nur
herumzuliegen: auf der Massagebank, im Dampfbad, im Bett
oder in der Hängematte. Außerdem habe ich von Hause aus einen sehr niedrigen Blutdruck und ohne regelmäßige Bewegung
bricht mein Kreislauf jedes Mal zusammen, wenn ich vom Bett
aufstehe oder mich nach dem Bücken aufrichte.

Hin und wieder fuhr ich nachmittags auch mit einem geliehenen Fahrrad in den Ort, trank schwarzen Tee in den kleinen

Buden am Straßenrand und sah dem wuseligen Treiben zu. In der Klinik gab's nur eine Sorte Kräutertee und das war auf Dauer arg fad. Schon die Aussicht auf eine Tasse süßen, kreislaufanregenden Schwarztee weckte meine Lebensgeister. Und so wurde der Abstecher aus der Ayurveda-Welt mit den Tagen zu einem kleinen persönlichen Ritual.

Am letzten Abend ging ich noch einmal zum Strand, freute mich über meine wiedergekehrte Leichtfüßigkeit und ließ all die tollen neuen Erfahrungen Revue passieren. Die täglichen Massagen und Dampfbäder hatten ihre Wirkung getan, denn ich fühlte mich in jeder einzelnen Pore meines Körpers entgiftet, ja, gar erneuert. An den ayurvedischen Tee und das fast vegane Essen hatte ich mich ebenfalls gewöhnt. Ich benötigte wesentlich weniger Schlaf, da der Körper nicht mehr so viel Energie in den Verdauungsprozess investieren musste, und ich fühlte mich geistig hellwach und körperlich topfit. Und ich freute mich über meine wiederhergestellte emotionale Ausgeglichenheit.

Aber wie lange würde ich davon zehren können? Jedes Mal, wenn ich von einer meiner Wanderungen, während derer ich mich entweder nur vegetarisch oder aus praktischen Gründen sogar komplett vegan ernährt hatte, nach Berlin zurückgekommen war, hatte ich mir vorgenommen, die gesunde Lebensweise beizubehalten und endgültig auf alles Ungesunde zu verzichten. Aber das hatte bis jetzt nie geklappt – trotz meiner Diagnose. Immer wieder verfiel ich dem exzessiven Party- und Nachtleben Berlins, genoss ausgiebig alles, was ungesund war. Diesmal sollte das anders werden, diesmal wollte ich vernünftiger sein: *Ich muss wirklich disziplinierter werden und meine Genuss- und Partysucht bändigen.* Das sprach ich lauthals aus, während ich in den Indischen Ozean rannte. Der Ayurveda-Arzt hatte mir natürlich geraten, auf das Schwimmen im Meer zu verzichten. Ich wiederum verzichtete auf seinen Rat, schwamm in die Wellen hinein und nahm mir vor, auf alles Schlechte, was man seinem

Körper zuführen kann, von jetzt an zu verzichten. Das Wasser des Indischen Ozeans war goldbraun und sehr warm, die Fischer längst zurück in ihren Hütten und die Sonne hing blutrot über dem Horizont. Ich war sehr, sehr glücklich und voller Energie.

Zurück in Berlin ließ sich mein neues Leben zunächst ganz gut an. Ich verzichtete auf Partys und Klubbesuche, gönnte mir viel Schlaf, nahm weiterhin das Dopaminpulver und trank jeden Tag frischen Zitronen- oder Orangensaft angerührt mit Gewürzen wie Kurkuma, Kreuzkümmel, Zimt, Oregano und Spirulina. Dazu schluckte ich eine Handvoll sogenannte Presslinge aus der asiatischen Alge Chlorella, die dem Körper in den Zellen und Schlacken abgelagerte Gifte entnehmen soll. All diese Dinge besorgte mir meine Mutter in rauen Mengen und gab sie mir mit, wenn ich sie besuchen kam. Immer entdeckte sie etwas Neues. Mittlerweile hatte ich ein völlig überfülltes Regal mit allen möglichen Naturheilmitteln bei mir zu Hause.

Auch wenn's manchmal etwas nervte: Dass meine Mutter sich kümmerte, war letztlich gut so, denn allein wäre ich nicht so konsequent gewesen. Zumindest in den ersten Jahren. Denn es gab und gibt bis heute natürlich dann doch Phasen, in denen ich das Regal einfach übersehe, Krankheit Krankheit sein lasse und lieber feiern gehe, Alkohol trinke, ungesunde Sachen esse und mich vielen anderen schönen Dingen hingebe. Und das ist, glaube ich inzwischen, mindestens genauso wichtig, um klarzukommen mit Mr P.

Aber seit meiner ersten Ayurveda-Kur weiß ich, was ich tun muss, wenn ich wieder mal über die Stränge geschlagen habe: einfach unverzüglich eine neue Kur buchen, um mich wieder einigermaßen ins Lot zu bringen. Und wer weiß, vielleicht kehre ich auch noch mal in die Klinik des jungen Arztes zurück, der so jung nicht war, und wage das Abenteuer, für ein paar Wochen in dieser so einzigartigen zellerneuernden Verjüngungsdunkelkammer abzutauchen.

Ein Bänderriss und zwei Babys

Algarve

Nach ein paar Tagen passierte es. Ich stand auf dem Surf- brett und glitt auf der Welle in Richtung Strand. Innerlich triumphierte ich. Ich hatte schon mindestens zwanzig gescheiterte Versuche hinter mir, bei denen ich mich zwar vom Brett aufrichten konnte, auf dem ich seit einer Stunde lag und die grünen Wellen anpaddelte, aber sofort wieder ins Wasser fiel. Grüne Wellen nennt man die herannahenden Wellen, die sich erst genügend aufbauen müssen, bevor sie brechen. Das eigentliche Surfen findet nämlich hinter dem Weißwasser im Meer statt und man surft normalerweise parallel zur Welle. Als totaler Anfänger beginnt man immer erst im Weißwasser, um überhaupt ein Gefühl für den »Pop-up«, das Aufstehen auf dem Brett und die richtige Haltung für Balance und Brettkontrolle, zu bekommen. Nun aber fühlte ich mich fast wieder wie eine Anfängerin, obwohl ich bei meinem letzten Aufenthalt an der portugiesischen Atlantikküste doch schon so viel gelernt hatte. Anscheinend verlor man ziemlich schnell wieder das Gefühl für die Bewegungsabläufe.

Doch diesmal hatte es funktioniert: Die Welle rollte unter mir auf den Strand zu und ich hielt die Balance! Ein herrliches Gefühl!

Als ich merkte, dass die Welle an Kraft verlor, spannte ich

meine Muskeln an und machte mich bereit für einen möglichst eleganten Absprung in das seichte Wasser. Doch mein linkes Bein gehorchte mir nicht. Es blieb einfach auf dem Brett stehen, während ich mit dem anderen Bein ins seichte Wasser sprang.

Damit hatte ich nicht gerechnet. Meine linke Körperhälfte ignorierte den neuronalen Impuls »Jetzt abspringen!« einfach vollkommen und blieb stur auf dem Brett stehen. Ich geriet ins Straucheln und plumpste ungelenk ins Wasser. Der stechende Schmerz, der augenblicklich von meinem verdrehten linken Knie ausging, verhieß nichts Gutes.

Ich brauchte einige Sekunden, um mich von dem unerwarteten Fall zu erholen, rappelte mich auf und griff nach meinem Board. Humpelnd schleppte ich mich und das Surfbrett an den Strand, wo meine gute Freundin Andrea mich halb lachend, halb besorgt schauend, empfing: »Was ist denn da passiert?«

Ich berichtete ihr, was vorgefallen war, tat es aber als ungeschickte Knieverrenkung ab. Wollte erst einmal abwarten, was passieren würde, und nahm es ehrlich gesagt nicht so richtig ernst. Ich dachte, nach einer Pause würde alles wieder gut werden und ich könnte erneut ins Wasser gehen.

Wir blieben am Strand liegen und warteten ab, ob der Schmerz nachlassen würde. Tat er nicht. Stattdessen begann mein Knie anzuschwellen. Eiswürfel zum Kühlen waren natürlich nicht in Reichweite, also blieb uns nichts anderes übrig, als nach Hause zu fahren in unser kleines, aber feines Ferienhaus mit Pool. Noch ging ich davon aus, die Sache sei ein vorübergehendes Übel, und schonte mein Knie, indem ich den Rest des Tages auf einem Liegestuhl am Pool verbrachte. Ab und zu holte ich mir hinkend und fluchend Eiswürfel aus der Küche für einen provisorischen Kühlverband.

Die Nacht jedoch wurde zum Albtraum. Ich tat kein Auge zu vor Schmerzen, wusste nicht, wie ich richtig liegen sollte – und Schmerztabletten hatten weder Andrea noch ich dabei. Ich hatte keinen Schimmer, was kaputtgegangen war.

Während Andrea und ihr zehnjähriger Sohn Ole, der eben-falls mit nach Portugal gekommen war, am nächsten Vormittag wieder zum Strand fuhren, blieb ich im Bett. Ich konnte auf keinen Fall mitkommen. Die Schmerzen wurden nicht weniger, das Knie trotz Kühlens immer dicker. Aber ich wollte sowieso einfach nur allein sein und meinen Gedanken nachhängen.

Nachdem die beiden losgezogen waren, dachte ich an die wunderschönen Tage, die wir bis jetzt gemeinsam verbracht hatten. Ich war jetzt schon zum dritten Mal in dieser Gegend in Portugal. Nur war ich eben diesmal nicht allein. Meine Berliner Freundin Andrea und ihr Sohn Ole waren mitgekommen, um mir in den Pfingstferien Gesellschaft zu leisten. Sie und ich hatten schon im letzten Sommer, dem Sommer meiner Diagnose, in Berlin fast jede freie Minute miteinander verbracht. Das Festival in Polen, die Ayahuasca-Zeremonie, Segeltörns auf dem Wannsee, Dinnerpartys, Klubbesuche, Konzerte, nächtliche Radtouren durch die Stadt, unsere Onlinedating-Abenteuer, Galeriebesuche, Ausstellungseröffnungen der Kulturinstitution, dessen kaufmännische Geschäftsführerin Andrea war, Kajakausflüge in Brandenburg mit ihrem Sohn, Picknicks im Park, die jedes Mal total ausuferten – wir hatten so viel miteinander unternommen und uns so gut dabei verstanden (auch weil sie intuitiv merkte, dass ich möglichst wenig über meine Diagnose sprechen wollte), dass ich ihr unbedingt zeigen wollte, wie schön diese Gegend in Portugal war.

Und ich hatte sie mit meiner neuen Begeisterung für das Surfen angesteckt. Sie und ihr Sohn wollten jetzt auch Surfen lernen. Also hatten wir uns ein Haus mit Pool in der Nähe des Strands gemietet und Unterricht bei den Surfjungs gebucht, die ich schon vom letzten Mal kannte. Wir verbrachten die Vormittage auf dem Surfbrett im Meer. Und übten. Und fielen. Und schluckten Salzwasser. Es war anstrengend, denn der Strand war bekannt für die enorm starke Strömung, gegen die man ganz schön ankämpfen musste. Ole schien das nichts auszumachen: Wie ein Flummi sprang er immer wieder auf das Brett, während Andrea und ich im Laufe der Stunden immer müder wurden.

Also war es umso herrlicher, nach dem Mittagessen einfach nur am Pool herumzuliegen, zu dösen, zu quatschen und nichts zu tun, außer uns hin und wieder gegenseitig mit Kokosfett einzuschmieren. Aus Spaß machten wir gegenseitig Pin-up-Fotos oder zählten unsere Augenfalten. Merkwürdigerweise langweilte sich Ole mit uns zwei Frauen nicht. Neugierig hörte er unserem Weibertalk und unseren trockenen Witzen zu. Wenn er genug davon hatte oder dann doch nicht wirklich verstand, worum's ging, sprang er in den Pool, spielte mit dem Fußball oder las in einem seiner Bücher. Es war ein harmonisches Miteinander; wir waren uns selbst genug.

Hin und wieder spazierten wir bei Ebbe an einsamen Stränden entlang. Ole und ich rannten umher und verscheuchten die Möwen, während Andrea uns dabei fotografierte. Sie bemerkte meinen veränderten Gang, meinen ungleichmäßigen Rhythmus beim schnellen Laufen. Es war nicht zu leugnen: Mr P begann langsam, sein Gesicht zu zeigen. Aber noch bemerkte man die Veränderung nur, wenn man genau hinsah: Meine linke Seite rannte etwas verzögerter mit. Das heißt, der Schritt mit dem linken Bein war immer ein bisschen kürzer als der mit dem rechten. Daher die Ungleichmäßigkeit. Auch der linke Arm schwang weniger mit als der rechte. Ich wusste nicht, was unangenehmer war: das nicht mehr komplett funktionstüchtige Bein oder der nicht mehr gehorchende Arm? Aber in diesen ausgelassenen Momenten am Strand mit meiner Freundin und ihrem Sohn war ich so glücklich und zufrieden mit mir und der Welt, dass ich Mr P schnell wieder ignorierte.

Abends grillten wir Fisch auf der Terrasse und tranken meist viel zu viel Vinho Verde. Manchmal waren wir aber auch so müde vom Surfen, der Sonne und der Meeresluft, dass wir zur gleichen Zeit ins Bett fielen wie der zehnjährige Ole. Zufrieden schliefen wir bei offenem Fenster ein, während die Stille nur ab und zu durch ein Hundebellen gestört wurde.

Diese entspannte Urlaubsatmosphäre war nun also ein wenig getrübt. Nachdem Andrea und Ole von ihren Surfstunden wieder nach Hause gekommen waren, hievte ich mich zwar aus dem Bett, konnte aber immer noch kaum auftreten, geschweige denn mein Knie beugen. Langsam war nicht mehr zu leugnen, dass ich einen Arzt brauchte. Am Nachmittag machten wir uns also auf in die nächstgelegene Stadt in ein Privatkrankenhaus. Obwohl sie keine sehr geübte Autofahrerin war – schon gar nicht mit dem Geländewagen, den wir gemietet hatten –, hatte Andrea angeboten zu fahren, aber ich wollte partout selbst fahren – steifes Knie hin oder her. Hilfe annehmen? Ich war es nicht gewohnt – und alles andere als gut darin. War geradezu kratzbürstig und ungeduldig. Schlimm genug, dass ich nicht mehr ganz Herr über meinen Körper war, gruselig genug, dass es passieren konnte, die Kontrolle zu verlieren wie beim Surfunfall gestern. Auch noch zuzugeben, dass ich Hilfe brauchte, kam nicht infrage. *Ich schaff das schon* – das war immer wieder meine mehr oder weniger mürrische Antwort. Dass ich meine schlechte Stimmung an Andrea und Ole ausließ, tat mir natürlich meist schon im nächsten Moment furchtbar leid. Ich musste mich mehrmals bei den beiden entschuldigen …

Der Arzt im Krankenhaus konnte keine endgültige Diagnose stellen, weil es in der Klinik kein MRT-Gerät gab. Stattdessen machte er einen Ultraschall von meinem Knie, legte mir einen professionelleren Verband an und drückte mir Krücken und Schmerztabletten in die Hand. Ich wusste zwar immer noch nicht genau, was los war, aber klar war, es ist keine Kleinigkeit.

Als wir wieder in unserem Haus waren, rief ich einen befreundeten Arzt in Berlin an, der zufällig Kniespezialist ist, und erfuhr per Ferndiagnose, dass es ein Bänderriss sein könnte.

Ich solle die nächsten Wochen die Krücken benutzen und das Knie möglichst schonen. Sonst könne man eh nicht viel machen, eine OP sei wahrscheinlich nicht notwendig. Wir verabredeten, dass ich in seine Praxis komme, wenn ich wieder in Berlin sein würde, um Gewissheit zu bekommen.

Die folgenden Tage gaben wir uns also notgedrungen dem Müßiggang hin. Auch Andrea und Ole beendeten den Surfunterricht und chillten stattdessen mit mir. Es fiel mir nicht ganz leicht, aber in Wahrheit war es fabelhaft. Eine unvorhergesehene Übung im Nichtstun. Wenn ich ehrlich bin, kannte ich so etwas bis dato gar nicht richtig, war im buchstäblichen Sinne immer auf den Beinen gewesen, immer auf Trab, immer auf der Suche nach neuen Erlebnissen und Abenteuern. Süchtig nach Action und Vergnügen. Selbst bei der Ayurveda-Kur waren mir ja insbesondere die Momente schwergefallen, in denen man einfach nur entspannen und auf körperliche Aktivitäten verzichten sollte. Und so sehr mich die Idee dieser Dunkelkammerkur fasziniert hatte – es wäre wohl ein Albtraum für mich geworden. Lange Zeit dachte ich, dass das nur mein ureigenes Problem sei. Aber wenn ich mich so umsehe unter den Menschen, scheint mir inzwischen, dass nicht nur ich diese Sucht nach Vergnügen und immer wieder neuen Erlebnissen kenne.

Nun zwang mich der Unfall tatsächlich, tagelang Ruhe zu geben. Ich glaube, zum ersten Mal in meinem Leben. Mr P hatte mich ausgebremst. Beängstigend, aber auch buchstäblich entlastend. Wie gesagt: Es fiel mir nicht leicht, aber letztlich taten die leeren Tage nicht nur meinem Knie, sondern auch meiner Seele gut. Nur für die Abende ließen wir uns etwas einfallen und luden zu kleinen Dinnerpartys ein, schließlich kannte ich schon einige Leute von den letzten beiden Malen hier in der Gegend. Der Vinho Verde floss in Strömen …

Dann waren die Pfingstferien vorbei. Nachdem ich mich am Flughafen von Andrea und Ole verabschiedet hatte, gab ich den

Geländewagen zurück und mietete mir einen Wagen mit Automatikschaltung. Wohlgemut und mit gestrecktem Knie fuhr ich zurück an den Strand und quartierte mich in einem kleinen Appartement von Bekannten ein. Ich hatte beschlossen, das Beste aus der Situation zu machen. Anstatt nach Berlin zurückzufliegen, besorgte ich mir jede Menge Bücher, begann wieder, Tagebuch zu schreiben, oder spielte Schach mit einem Freund aus Jordanien, der seit vielen Jahren in der Gegend lebte und ein Restaurant besaß.

Statt zu wandern, machte ich diesmal Ausflüge mit dem Auto. Der Müßiggang war schön und gut und wichtig gewesen, aber auf Dauer eben doch nichts für mich – zumal es mir leichterfiel, gemeinsam mit anderen nichts zu tun als allein. Ich fuhr das bergige Hinterland ab, das ich auf meinen Wanderungen vor einem guten halben Jahr nur teilweise kennengelernt hatte, unterhielt mich so oft wie möglich mit den Bewohnern der Bergdörfer, um mein Portugiesisch, das ich mir inzwischen beigebracht hatte, zu trainieren, hing in Lokalen der Einheimischen ab und genoss köstlichen Wildschweinbraten und die berühmte Nationalnachspeise, das Puddingtörtchen Pastel de nata, die man auch gerne zum Morgenkaffee aß.

Vor allem aber sprach ich mit Bauern über Ländereien, die möglicherweise zum Verkauf stünden. Ich hatte mich so sehr in diese Gegend verliebt, dass die Idee, hier ein Stück Land zu erwerben, zunehmend meine Gedanken beherrschte. Ziemlich verrückt. Seit der Trennung von Tammi hatte ich mich so vieler Dinge entledigt, wie es nur ging, um keine Verantwortung mehr für Besitztümer tragen zu müssen, um noch unabhängiger zu sein – und nun sah ich mir Grundstücke an, auf denen Ruinenhäuser standen, und träumte davon, mir eins dieser Häuser zu kaufen und zu sanieren. Was natürlich nicht nur mit neuer Verantwortung, sondern auch mit jeder Menge Arbeit verbunden wäre. Ja, wirklich verrückt – und natürlich widersprüchlich. Aber so sind wir Menschen wohl nun mal. Und ich hatte mir ja vorgenommen, im Augenblick zu leben – und im Augenblick liebte ich die Idee eines Zuhauses im portugiesischen Hinterland – also gab ich mich meinen Fantasien hin.

An mein Hinken hatte ich mich mittlerweile gewöhnt, auch daran, dass ich langsamer war und bei Unebenheiten vorsichtig sein musste. Die Schmerzen ließen langsam nach und das Gehen mit Krücken, das ich immer besser beherrschte, stärkte meine Arm- und Rückenmuskulatur. Ich hüpfte in kurzärmeligem Hemd und Shorts herum, war braun gebrannt und sah gar nicht so schlecht aus. Hin und wieder wagte ich sogar einen Flirt mit dem ein oder anderen meiner Schachpartner.

Alles schien gut. Aber die Gedanken an die Zukunft ließen mich natürlich nicht los. Durch den Surfunfall bekam ich einen Vorgeschmack, was auf mich zukäme, wenn die Krankheit mein Leben irgendwann beherrschen würde. Im Moment war es noch eine vorübergehende Einschränkung, etwas, das durch den natürlichen Heilungsprozess wieder in Ordnung gebracht werden konnte. Auch die Menschen, denen ich begegnete, dachten, ich sei nur vorübergehend eingeschränkt – was in diesem Fall ja auch stimmte. Später jedoch würde ich mich daran gewöhnen müssen, dauerhaft behindert und auf Hilfe angewiesen zu sein. Das würde – da war ich mir sicher – stark an meinem Selbstwertgefühl, an meinem Selbstbewusstsein, ja, auch an meiner Eitelkeit nagen.

Das ganze Leben lang hatte ich mich physisch stark und unzerstörbar gefühlt. Ich konnte so lange durch die Gegend joggen, wie ich wollte, wochenlang durch unwegsames Terrain wandern und dabei jede Menge Höhenmeter bezwingen. Ich hatte Spaß daran, neue Sportarten wie Boxen, Klettern oder Tennis zu erlernen. Wenn ich auf meinen Reisen an einem neuen Ort ankam, liebte ich es, mir erst mal meine uralten Turnschuhe und den Sport-BH anzuziehen und den neuen Ort laufend zu erkunden – selbst wenn das wie zum Beispiel in Südamerika nicht immer ungefährlich war. Ich kannte keine Grenzen. Besser gesagt:

Auszeit vom Wandern am Strand
während der Wanderung,
Portugal im September 2016

Familie am Strand,
Ecuador 1979

Meine Mutter Judith,
kurz nach dem Umzug nach
Formentera, 1986

Drei kleine
Schwestern auf
Korsika, 1985

Joseph und seine
Übernachtungsgäste
in unserer Wohnung in
Berlin, 2017

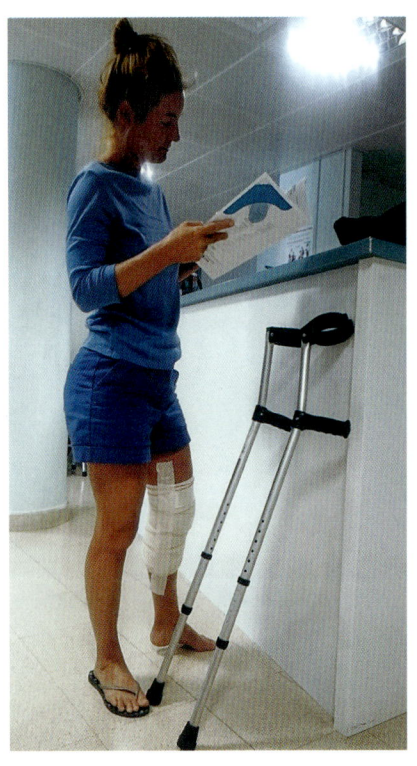

Besuch im Krankenhaus,
Portugal 2017

Guggi, Deborah und ich
in Rio de Janeiro 2018

Andrea und ich am
Strand von Portugal,
Pfingsten 2017

Wilde Natur Galiziens,
Bucht von Pantín, Juli 2018

Segelausflug mit Mirjam und Batán,
A Coruña, Juli 2018

Unsichtbar werden in der Natur Islands, August 2018

Tammi in
Neuseeland im
Januar 2008,
während unserer
zweimonatigen
Flitterwochen-
wanderung

Tammi und ich am Triglav während unserer
Slowenientour im Juli 2005

Ich wollte keine Grenzen akzeptieren. Vielleicht war ich ein wenig zu waghalsig.

Manchmal wohl auch einfach nur bekloppt. Während einer dreimonatigen Reise durch Argentinien, Chile und Paraguay mit meinem Mann hatte ich mir zum Beispiel in den Kopf gesetzt, von Santiago de Chile über die Anden nach Mendoza im mittleren Westen Argentiniens zu laufen. Über die Anden! Mein Mann schüttelte nur den Kopf. Natürlich fand ich in Santiago keinerlei Wanderkarten oder irgendetwas Ähnliches. Doch ich gab nicht auf und fragte weiter herum. Am Ende landete ich bei einer militärischen Einrichtung, erklärte mein Anliegen und bat um topografische Karten. Natürlich wurde ich lauthals ausgelacht. Trotzdem händigte man mir Kopien von diversen Andenkarten aus.

Ich wusste, schon die Route der Inkas war über die Anden verlaufen. Es war also möglich. Allerdings hatten sie damals Lasttiere, um ausreichend Trink- und Essensvorräte mit sich zu führen. Und auch heute geht so eine Andenüberquerung nur als professionell organisierte Trekkingtour.

Mein Mann überzeugte mich schließlich, von meinem verrückten Plan Abstand zu nehmen. Als wir dann einige Wochen später mit dem Flugzeug die Gebirgskette überquerten, wurde mir endgültig klar, warum ich so herzlich ausgelacht worden war. Jede Menge karger Berggipfel, dazwischen unwirtliche Wüste ohne Wasservorkommen weit und breit.

Auch wenn ich also mit meinem Übermut manchmal Gefahr lief, mich in absurde oder gefährliche Situationen zu manövrieren: Ich genoss ihn so sehr. Unvernünftig und waghalsig sein zu können gehörte zu meinem Selbstverständnis. Das sollte nun für immer vorbei sein? Der Gedanke ärgerte mich sehr. Von nun an musste ich lernen, meine Pläne mit mehr Demut anzugehen. Nach dem Erlebnis auf dem Surfbrett fühlte ich mich zum ersten Mal angreifbar und verletzlich. Und das war ich ja nun auch und würde es immer stärker sein. Plötzlich sah ich ältere Menschen mit Gehbehinderungen mit anderen Augen, schenkte ihnen mehr Aufmerksamkeit oder trat sogar in Kontakt. Im Grunde genommen suchte ich Komplizen, den Austausch mit Gleichgesinnten. Schließlich kam es nicht oft vor, dass ich auf andere Parkis traf, schon gar nicht in meinem Alter. Also begann ich immer häufiger, mich mit Menschen auszutauschen, die auf irgendeine Art und Weise körperlich eingeschränkt waren.

Es war bereits Ende Juni und der Geburtstermin der Zwillinge stand kurz bevor. Eigentlich hatte ich vorgehabt, von Portugal aus nach Berlin zurückzufliegen und mich um mein Knie zu kümmern – zumal meine Mutter bereits in Rio war, um die kommenden drei Monate meiner Schwester mit den Babys zu helfen. Aber dann rief Guggi an und schluchzte. Sie und ihr Mann hatten sich gerade getrennt.

Es war also wieder so weit. Das Konzept von Mutter, Vater, Kinder war wieder nicht aufgegangen. Schade. Guggi hatte eigentlich unbedingt diesen roten Faden kappen wollen, der sich seit drei Generationen durch unsere Familie zog. Es hatte bereits mit meiner Oma begonnen, die zwei Töchter von zwei verschiedenen Vätern direkt nach dem Krieg allein großgezogen hatte. Meine Mutter wiederum hatte drei Töchter von drei verschiedenen Vätern allein aufgezogen. Zumindest würde es Guggi schaffen, zwei *Jungs* von *einem* Vater in die Welt zu setzen. Immerhin.

Ich warf meine Pläne jedenfalls um und beschloss kurzerhand, nach Rio zu fliegen, um Guggi zu trösten und beizustehen. Meinen Berliner Mitbewohner Joseph bat ich, mir meinen Reisepass an die Poststelle des nächstgelegenen größeren Ortes zu schicken, und buchte einen Flug von Lissabon nach Rio. Es war eine Zitterpartie: Der Pass kam erst ganz knapp vor Abflug an.

Am Lissaboner Flughafen gab ich den Mietwagen zurück und machte mich auf den Weg zum Gate, immer noch in meinen blauen Shorts und dem blauen Hemd, da ich viel zu wenig Klamotten mitgenommen hatte. Mit den Krücken war es natürlich umständlicher, meinen kleinen Rollkoffer hinter mir herzuziehen, aber irgendwie funktionierte es.

Als ich in Rio ankam, war ich völlig steif und brauchte dringend Bewegung. Selbstbewusst lehnte ich also das Angebot eines sehr netten Flughafenmitarbeiters ab, mich im Rollstuhl zu schieben. Aber der Gang vom Ankunfts- zum Einreisebereich schien nicht aufzuhören und ich wurde immer müder. Der sehr nette Flughafenmitarbeiter lief mit seinem Rollstuhl einfach neben mir her und wartete geduldig, bis ich endlich erschöpft aufgab und mich von ihm schieben ließ, er die Krücken lässig über seinen Schultern, ich den Rollkoffer neben mir herziehend.

Nach einigen Metern hatte ich mich an die Situation gewöhnt und bat ihn, schneller zu fahren. Das ließ er sich nicht zweimal sagen. Und so sausten wir wie Felipe Massa, der berühmte brasilianische Rennfahrer, die Gänge entlang, drängten uns bei der Passkontrolle vor und machten dumme Späße. Es war das erste Mal, dass ich Hilfe annehmen und ohne Murren Danke sagen konnte. Zum Abschied umarmte ich ihn.

Übermütig zu sein ging also auch im Rollstuhl? Ich musste an meinen Besuch in der Brandenburger Reha-Klinik denken, als ich mich kurzerhand auf den Schoß von Daniel gesetzt hatte, der wegen seines Schlaganfalls im Rollstuhl saß, und wir ausgelassen und herumalbernd über die Gänge der Klinik gefetzt waren. Nun war also ich es, die im Rollstuhl saß und merkte, dass man trotzdem Spaß haben konnte – allerdings mit dem großen und entscheidenden Unterschied, dass ich wusste: Die Situation war erst mal nur vorübergehend …

Ich freute mich riesig, meine kleine Schwester mit ihrem enormen Zwillingsbauch zu sehen. Wegen ihrer Trennung so kurz vor der Geburt gab es natürlich furchtbar viel zu besprechen und ich war froh, dass es endlich mal wieder nicht um mich und meinen Mr P ging. Und so liefen wir die folgenden Tage im Schneckentempo die Strandpromenade von Ipanema entlang und redeten und redeten – nicht ohne immer wieder für große Belustigung zu sorgen. Guggi watschelte wie eine Ente, ihren Zwillingsbauch vor sich herschiebend, ich hüpfte und hinkte an Krücken neben ihr herum. Wir müssen ein belustigendes Bild abgegeben haben.

Wenn uns das Laufen zu mühsam wurde, ließen wir uns einfach in den trotz brasilianischen Winters warmen Sand fallen und tranken Kokoswasser. Wir wären wohl leichte Beute für die Banditen aus den angrenzenden Favelas gewesen, die sich gerne an der Promenade aufhielten, um einem das Mobiltelefon aus der Hand zu reißen und wegzulaufen. Aber die hatten wir natürlich nicht dabei. Und was sollte man uns außer unserer Würde schon sonst wegnehmen?

Am Tag des Kaiserschnitts wartete die gesamte brasilianische Familie des Vaters der Kinder, Freunde von Guggi, meine Mutter und ich im Krankenhaus auf diesen magischen Moment, als die kleinen Babys hinter der Glaswand vom Vater in die Höhe gehoben wurden, um sie uns allen zu zeigen. Sie waren gesund – das war die Hauptsache.

Trotzdem war es eine merkwürdige Situation: einerseits der Anblick dieser wunderbaren Wesen, die uns so viel Glück bescherten, andererseits der Anblick des Vaters, der meiner Schwester so viel Unglück auf einen Schlag bereitete. Eine solche Intensität der Gefühle hatte ich schon lange nicht mehr erlebt. Meine Mutter und ich warfen uns stumm Blicke zu und versuchten, mit der Lage so souverän wie möglich umzugehen. Wir hielten uns etwas abseits von der Familie des Vaters, die zahlreich erschienen war. Ehrlich gesagt war es die Hölle auf Erden, diese Intensität. Nachdem die Babys in ihre Brutkästen gelegt wurden und Guggi nach der ganzen Aufregung völlig ermattet einschlief, fuhren meine Mutter und ich mit dem Taxi nach Hause und konnten kaum ein Wort miteinander wechseln.

Zum ersten Mal waren wir sprachlos. Es gab in dem Moment einfach nichts mehr zu sagen.

Guggi blieb noch einige Tage mit dem Vater der Kinder im Krankenhaus und meine Mutter und ich nutzten die Zeit, um über die neue familiäre Situation zu sprechen. Guggi hatte logischerweise wenig Zeit, sich mit den Konsequenzen der Trennung zu beschäftigen. Auch wenn die emotionale Achterbahn zwischen Freude und Trauer zunehmend Fahrt aufnahm. Meine Mutter und ich versuchten, dies so gut wie möglich aufzufangen.

Als Guggi nach ein paar Tagen mit den Babys nach Hause kam und die schlaflose Zeit in Rio begann, flog ich zurück nach Berlin, um mich endlich um mein Knie zu kümmern. Ich wusste 101 meine Schwester ja bei meiner Mutter in guten Händen.

Das MRT zeigte, dass tatsächlich das Knieinnenband angerissen war. Aber es waren bereits mehr als vier Wochen seit dem Unfall vergangen und ich hatte mein Knie für meine Verhältnisse ziemlich konsequent geschont. Daher zeigten die Bilder auch, dass das Band langsam wieder zusammenwuchs. Ich hätte Glück im Unglück gehabt, erklärte mir mein Orthopädenkumpel, denn wegen meiner gut trainierten Muskeln hätte ich wohl das Schlimmste abfangen können.

Er verschrieb mir Physiotherapie und ermutigte mich, das Bein schnell wieder zu belasten. Das musste er mir nicht zweimal sagen – ich begann sofort wieder damit, Treppen zu steigen (was kein Problem war, da ich in Berlin ja im obersten Stockwerk eines Altbaus wohnte) und Fahrrad zu fahren.

Nach weiteren sechs Wochen war der Bänderriss tatsächlich wieder geheilt und ich überlegte, wohin meine nächste Reise gehen könnte. Was aber nicht geheilt werden konnte, war der Riss zwischen Guggi und ihrem Mann, der ihr in einer der verletzbarsten Lebenssituationen einen Dolch ins Herz gerammt hatte.

Ich blickte auf den Sommer zurück und auf das, was ich

in der Zeit gelernt hatte. Nämlich geduldiger und demütiger zu werden, meine Grenzen besser zu akzeptieren, mich mit meiner Krankheit auseinanderzusetzen, die inzwischen unverkennbar mein Leben veränderte.

»Also Pamela, gewöhne dich gefälligst daran. Dir geht es doch verdammt gut!«, sagte ich mir jedes Mal beim Treppenaufstieg zu meiner Wohnung.

Ja, mein Leben war immer noch wunderschön. Ich hatte einen guten Job, musste nicht Hunger leiden. Mein Geist funktionierte noch einwandfrei, ich konnte reisen, soviel ich mochte, nutzte meine Freiheit, zu tun und zu lassen wie mir beliebte – und hatte eine wunderbare Familie, die mir unendlich wichtig war. Die Zwillingsjungs und Guggi hatten von nun an eh absolute Priorität und das war es, worum ich mir am meisten Gedanken machte: diese wunderbaren neuen Wesen in unserer kleinen Familie kennenzulernen. Als meine Mutter nach drei schlaflosen Monaten in Rio nach Berlin zurückkehrte, gab sie den Staffelstab an meine Schwester Deborah ab, die von da an Guggi unterstützte. Ich wiederum löste Deborah im Herbst ab und lernte endlich, Windeln zu wechseln, Kotze wegzuwischen, Fläschchen zu machen und unsere Babys über alles zu lieben …

Jakobsmuscheln, ein Segelboot und »Thelma & Louise«

Nordspanien

E s war Anfang Juni 2018 und ich hatte mir vorgenommen, ei- nen Teil des berühmtesten Wanderwegs Europas zu erkunden. Eine ziemliche Schnapsidee, wie sich herausstellen würde – aber dazu später mehr. Erst einmal freute ich mich auf einen Stopover in Barcelona bei meiner Jugendfreundin Tamsin und ihrer Familie – wie so oft, wenn ich auf der Iberischen Halbinsel war. Es war der Beginn des Wochenendes. Deshalb fuhren wir mit Sack und Pack aus der Stadt raus in das wunderschöne Landhaus, das sie in der Gegend um Girona für die Sommersaison angemietet hatten. Von der irren Hitze des deutschen Rekordsommers in ein Nordspanien mit ungewöhnlich kaltem und regnerischem Wetter – anfangs fand ich die Abkühlung toll. Wir verbrachten die Tage mit Gartenarbeit, die Abende mit entspanntem gemeinsamem Kochen und vertrieben uns zwischendurch die Zeit mit den drei tollen Töchtern, die Tasmin und ihr Mann hatten. Alma, meine Patentochter und die Älteste, kam jeden Morgen zu mir ins Bett gekrochen. Sie stellte ohne Ende Fragen, selbst wenn ich noch nicht richtig wach war, und bestand auf Antworten. Fragen über Tamsin und mich als Kinder, über Tiere, Pflanzen – und nicht zuletzt über meinen Mr P. Auch wenn's mir nicht immer leichtfiel zu antworten: Ich war froh, dass sie mich anscheinend mochte – obwohl ich nicht die klassische Patentante war, die bei jedem Geburtstag anrief, Postkarten schrieb oder fette Geschenke mit rosa Schleifen mitbrachte. Oder vielleicht mochte sie mich gerade deshalb?

Vor allem aber freute ich mich auf das gemeinsame Joggen mit meiner Freundin. Obwohl mir das Laufen gerade ziemlich schwerfiel, wollte ich unbedingt mit, egal, wie langsam und unrund ich unterwegs sein würde.

Tamsin hatte mich zum Joggen gebracht, damals als Elfjährige auf Formentera, wo wir zusammen aufgewachsen waren. Sie war allerdings wesentlich ehrgeiziger als ich und nahm sogar an Wettkämpfen teil, nicht nur auf Formentera, sondern auch auf Mallorca, Menorca und Ibiza – und gewann fast jedes Mal. Die Joggingkönigin der Balearen. Für mich war das Ausdauerlaufen eher etwas, um mich zu entspannen. Ich liebte es schon damals, völlig ausgepowert zu Hause anzukommen – genau dann fühlte ich mich körperlich und geistig rundum wohl. So nahm ich seitdem jede Gelegenheit wahr, einfach loszurennen.

Tamsin wusste, wie wichtig mir das Laufen war, deshalb sprach sie es nicht an, als sie während unseres Ausflugs den zunehmenden Verlust meiner Fähigkeiten sah. Ich versuchte mitzuhalten, aber gegen Ende unserer Joggingtour musste ich sie doch bitten, vorauszulaufen und mich den Lauf in meinem eigenen Rhythmus beenden zu lassen. Nur wenige Minuten später war Tamsin schon nicht mehr zu sehen. Zu allem Überfluss begann es auch wieder zu regnen und ich lahme Ente war patschnass, als ich endlich am Haus ankam.

Ich würde lügen, wenn ich behaupten würde, das hätte mir nichts ausgemacht. Um ehrlich zu sein, musste ich dagegen ankämpfen, nicht loszuheulen, als ich Tamsin aus meinem Gesichtsfeld verschwinden sah. Bei jeder Gelegenheit waren sie und ich gemeinsam gelaufen, wenn wir zusammen an einem Ort waren, und hatten einen Mordsspaß dabei. Das sollte jetzt nicht mehr möglich sein? Oder zumindest nur noch eingeschränkt? Es war nicht leicht zu akzeptieren, dass manches einfach nicht mehr ging. Andererseits war ich stolz darauf, dass ich langsam lernte, auf meinen eigenen Rhythmus zu hören. Nicht auf Biegen und Brechen meinen Willen durchzusetzen gegen meinen Körper, sondern auf ihn zu hören und das zu tun, was ihm guttat. Und das hieß in diesem Fall halt: langsamer laufen, mich auf den Bewegungsablauf konzentrieren.

Glücklicherweise heiterten mich die Kinder auf, die völlig ausgelassen auf einem riesengroßen Trampolin hüpften, als ich in den ebenfalls riesigen Garten der Sommervilla trat. Der Regen hatte aufgehört. Lautstark forderten sie mich auf mitzumachen. Anfangs traute ich mich nicht so richtig und wippte nur etwas unentschieden. Denn seit meinem Surfunfall hatte ich immer mal wieder Schiss, mir erneut mein Knie zu verrenken. Oder auch ungelenk auf meinem seit der Kindheit gebrochenen Steißbein zu landen. Aber dann wurde ich selbstbewusster, ließ mich immer mehr fallen und hüpfte und kreischte mit Tamsin, die hinzugestoßen war, und ihren Töchtern um die Wette. Wir beiden Frauen waren plötzlich wieder wilde kleine Mädels – so wie die wunderbaren drei Töchter Tamsins.

Nach dem erholsamen Wochenende fuhren wir zurück nach Barcelona. Am nächsten Tag wollte ich Richtung Nordwesten fliegen, um mich auf Wanderschaft – Wandern fiel mir viel leichter als Rennen – an der spanischen Atlantikküste entlang zu begeben. Vorher aber brachte ich Alma und ihre jüngere Schwester Mara noch in die Schule. Sie gingen auf eine angesehene französische Privatschule im Norden Barcelonas. Als ich mit meinem Wanderrucksack an der Wand des Schulhofs lehnte und zusah, wie die meist südamerikanischen Nannys die adrett gekleideten Diplomatenkinder und Sprösslinge von steinreichen Barcelonern abluden, holte mich eine Erinnerung ein, die mich gut fünfzehn Jahre zurückversetzte. Damals hatten Tammi und ich uns vorübergehend getrennt, ich lebte in Madrid – und mit Carlos zusammen, der aus einer geschiedenen Ehe mit einer Britin ebenfalls drei Töchter hatte. Sie gingen auf eine britische Privatschule, die Elternschaft bestand auch dort vor allem aus Diplomaten, steinreichen konservativen Madrileños und dem ein oder anderen interessanten Expatriat. Meist war ich es, die die Töchter von der Schule abholte. Siebenundzwanzig Jahre war ich alt – und wurde für die Nanny gehalten. Die Mütter mit goldbehangenen Dekolletés und schwarzen XXL-SUVs taxierten mich von oben bis unten, als sie erfuhren, dass ich mit Carlos zusammen war. Ich kam mir vor wie die junge Neue, wegen der Carlos seine Frau verlassen hatte – was gar nicht stimmte. Definitiv kein angenehmes Gefühl. Aber mir war es damals leider

noch zu wichtig, was andere von mir dachten.

Trotzdem: Es waren zweieinhalb aufregende Jahre, in denen ich ziemlich verliebt war. Wir feierten, liebten und stritten uns, verbrachten zwei herrliche Familienurlaube auf Formentera, die ich organisiert hatte – und arbeiteten zusammen, weil Carlos als Art Director und Grafikdesigner sein eigenes Studio besaß. Doch irgendwann wollte ich zurück nach Berlin. Zum einen wurde die Beziehung viel zu anstrengend, weil Carlos extrem emotional war und zu dramatischen Szenen neigte – nicht ohne jeden Sonntag bei seiner Mutter zu Mittag zu essen. Das war zwar normal in Spanien, aber ich fand's trotzdem absurd und musste mich hin und wieder darüber lustig machen. Unsere Beziehung drohte zu einer Clash-of-Culture-Komödie zu werden. Zum anderen wusste ich, dass Carlos nicht *the love of my life* war. Ich war ihm viel zu unabhängig und freiheitsliebend und auch zu pragmatisch, womit er nicht umgehen konnte und immer unsicherer wurde. Also trennten wir uns und ich zog nach fünf Jahren Spanien zurück nach Berlin. Vor allem zurück zu Tammi.

Als Carlos ein paar Jahre später völlig unerwartet an einem Hirnschlag starb, war es das erste Mal, dass ich mich mit dem Tod einer mir nahestehenden Person auseinandersetzen musste.

Damals war ich fünfunddreißig Jahre alt, voller Kraft und Energie. Ich fühlte mich wie Siegfried, der Drachentöter, unverletzbar, nicht ahnend, dass bald auch auf meinen Körper ein Lindenblatt fallen würde. Die verwundbare Stelle. Es hat gedauert, bis mir klar wurde, wie viele Menschen mit diesen verwundbaren oder auch schon verwundeten Stellen umgehen, manche sogar von Geburt an mit ihnen leben müssen. Und ich habe inzwischen den größten Respekt vor ihnen. Vor ihrem starken Willen und Humor, ihrer Nonchalance, vor ihrem Mut und ihrer Kraft, die sie aufbringen, um ein normales Leben zu führen. Davor, dass sie nicht an dem Umstand verzweifeln, nicht zu hundert Prozent gesund zu sein, sondern einfach ... anders.

Ich wartete, bis Alma und Mara in ihren Klassenzimmern verschwunden waren. Dann rief ich mir ein Taxi zum Flughafen und stieg ein paar Stunden später mit meinem Wanderrucksack in Santander, der Hauptstadt der Provinz Kantabrien, aus dem Flugzeug. Ein Bus brachte mich vom Flughafen in die Hafenstadt am Atlantik. Dort besorgte ich mir schnell eine Wanderkarte vom Jakobsweg, der hier entlang verlief, und marschierte am frühen Nachmittag von der Innenstadt, den Zeichen der Jakobsmuscheln Richtung Westen folgend, los. Anfangs fand ich es nicht so schlimm, durch meist urbanes Gebiet auf asphaltierten Straßen zu laufen. Doch nachdem ich die Stadt schon lange hinter mir gelassen hatte und die Jakobsmuscheln immer noch durch Wohngebiete auf asphaltierten Straßen führten, wurde ich langsam sauer. Von meiner heiß ersehnten Einsamkeit in der Natur war absolut nichts zu bemerken. Und die Jakobsmuscheln alle fünfhundert Meter ärgerten mich auch: als wäre man zu doof, den Weg geradeaus zu finden. An sich sind Markierungen nur bei Abzweigungen oder unklaren Wegverhältnissen nötig, waren hier also völlig überflüssig. Mir dämmerte langsam: Ich war auf dem Holzweg. Mir war zwar klar gewesen, dass der berühmteste europäische Fernwanderweg nicht unbedingt der abenteuerlichste war, den es gab, aber so langweilig hatte ich ihn mir dann doch nicht vorgestellt. Für Leute, die zum ersten Mal wandern und gut markierte Wege, tägliche Übernachtungsmöglichkeiten, Essen und eine heiße Dusche brauchen, ist er sicherlich super. Fair enough. Aber ich war in Sachen Wandern schon lange keine Warmduscherin mehr und wollte auch nicht ständig darauf achten müssen, dass mich kein Rennradfahrer über den Haufen fährt, wenn ich Lust hatte, auf der Straße zu laufen, anstatt hinter den Asphaltmarkierungen zu bleiben. Außerdem taten mir irgendwann die Füße weh, weil es auf Dauer viel anstrengender ist auf gleichbleibenden Ebenen statt in unwegsamerem Gelände zu laufen, bei dem der Fuß unterschiedliche Winkel einnehmen musste und alle Sehnen und Muskeln variiert beansprucht wurden. Monotonie war der absolute Killer für mich. In jeder Hinsicht.

108

Einen mir entgegenkommenden Rennradfahrer brachte ich schließlich dazu anzuhalten – er musste regelrecht eine Vollbremsung machen –, und fragte ihn höflich nach den landschaftlichen Verhältnissen und ob es denn so weiterginge, auf diesem Holzweg. Er wirkte etwas verdutzt und fragte mich, warum ich mir denn diesen Weg überhaupt ausgesucht hätte. Letztendlich aber bestätigte er mir nur, dass ich von hier wegmusste, wollte ich etwas anderes erleben.

Also drehte ich ab und lief querfeldein Richtung Küste. Kurz vor Sonnenuntergang kam ich in einem Naturschutzgebiet direkt am Strand an und baute mein Zelt im Sand auf, während ich den Surfern im letzten Abendlicht zusah. Glücklich schlief ich ein und war mir sicher, alles richtig gemacht zu haben. Es war einfach wunderschön und tat mir so gut, wieder allein in der Natur zu sein. Statt in Ortschaften mit Jugendherbergen und Pensionen unterzukommen, in denen man auf weitere Wanderer stieß und bei heißem Tee und belegten Brötchen Erfahrungen austauschte. Später würde man dann in eines der Stockbetten krabbeln – mit Ohrenstöpseln bewaffnet wegen der möglichen Schnarcherei um einen herum. Nein, darauf hatte ich keinen Bock. Ich stank lieber ganz allein vor mich hin wegen der fehlenden Duschmöglichkeit und putzte mir die Zähne in den Toiletten der Gaststätten, die ich für den Morgenkaffee aufsuchte, falls überhaupt vorhanden.

Als ich am nächsten Morgen meinen Kaffee am Strandkiosk bei den alten Männern, den Seebären des nahe gelegenen Ortes, trank, waren die Surfer schon wieder im Wasser. Und kein Tourist weit und breit. Herrlich! Ich war glücklich, dass ich mich immer besser auf meinen Instinkt verlassen konnte, die richtigen Orte für mich zu finden – ohne dabei eine Wanderkarte oder sonstige Reiseführer zu benötigen. Anscheinend habe ich über die Jahre einfach ein Gespür dafür bekommen, wo es schön ist.

Ich bedankte mich beim Kioskbesitzer, schulterte meinen Rucksack und machte mich wieder auf den Weg die Küste entlang. Nach ein paar Tagen musste ich erneut ins Landesinnere, weil die Steilküste mir den Weg verbaute. Ich stieg in einen Bummelzug und fuhr ein paar Stationen zum nächsten Dorf, von wo ein herrlicher Wanderweg in das hügelige Hinterland führte. Der Dauernieselregen störte mich immer noch nicht, denn ich hatte eine gute Regenjacke dabei. Die Kappe auf dem Kopf hielt das Gesicht vom Regen frei und eine wasserdichte Hülle beschützte meinen Rucksack. Ein paar Tage lief ich so im Regen herum, rollte jeden Morgen das klamme Zelt zusammen und wartete darauf, dass mir Schwimmhäute zwischen den Fingern wachsen würden.

Einmal verpasste ich im dichten Nebel den Abzweig zu einem Bergkamm, auf den ich wollte, und folgte aus Versehen und total in Gedanken verloren dem Trampelpfad der Kühe. Das Gelände wurde immer unwegsamer und meine leichten Wanderschuhe sanken bei jedem Schritt knöcheltief im Matsch ein, einem Matsch, der eine Mischung aus Kuhmist, Kuhpisse und Regen zu sein schien. Bis der »Weg« im Nirgendwo endete und ich plötzlich Dutzenden von Kühen auf einer nicht weniger matschigen Wiese gegenüberstand. Die wiederkäuenden Kühe ließen sich nicht aus der Ruhe bringen, verfolgten mich aber mit ihren Blicken. Wahrscheinlich dachten sie: »Was macht denn die Alte hier oben?«

Es wurde immer dunkler und nebliger, es half nichts: Ich musste zurück ins Tal. Die Stimmung war etwas unwirklich, ja, sogar unheimlich – nicht zuletzt, weil ich jetzt erst, auf dem Rückweg, die abgenagten Kuh- und Ziegenskelette bemerkte, die den Matschpfad säumten. Aber egal, mein Körper funktionierte einwandfrei, ich hatte ihn unter Kontrolle und fühlte mich fast schon wieder unverwundbar. Trotz des Matsches marschierte ich in recht schnellem Tempo hinab.

Als ich endlich wieder festeren Boden unter den Füßen hatte, stampfte ich bei jedem Schritt fest auf, um den langsam trocknenden Matsch von den Schuhen zu kriegen, und salutierte frohgemut einer mir entgegenkommenden Herde wilder Pferde. Im Stockdunklen erreichte ich schließlich ein Gästehaus in der nächstgelegenen Ortschaft. Die erste Übernachtung in einem warmen und trockenen Bett tat dann doch furchtbar gut – ja, liebe Jakobswegwanderer: auch die warme Dusche. Der ganze Dreck der letzten Tage verschwand zufriedenstellend im Abguss der Duschkabine. Mit noch nassen Haaren schlief ich ein.

Am nächsten Morgen schien dann endlich die Sonne, der Nebel hatte sich aufgelöst und ich machte mich, nach einem reichhaltigen Frühstück im Wirtshaus, erneut an den Aufstieg. Und da war sie, die Abzweigung zum Kamm. Vergnügt lief ich hinauf, dann hinunter ins nächste Tal, durch Steineichen- und Mischwälder. Alle meine Sachen waren nun wieder trocken und mein Kohlenhydratspeicher gut gefüllt durch das Rührei mit Brot und Kaffee. Mittlerweile hatte ich die nächste spanische Provinz, Asturien, erreicht. Hier verlief das Gebirge der Picos de Europa, der Spitzen Europas. Es heißt, sie hätten ihren Namen von heimkehrenden Seefahrern, die weit draußen auf dem Atlantik als

Erstes diese Berggipfel erblickten, bevor sich das europäische Festland vor ihnen eröffnete. Diese Picos war ich vor Jahren einmal mit Tammi hinaufgestiegen, aber diesmal, mit zu leichtem Schuhwerk, wagte ich mich nicht ins steinige Hochgebirge mit Geröllwüsten und schwierigen Abstiegen. Ich wollte eh lieber wieder ans Meer.

Also trampte ich zurück in die Provinz Kantabrien zu dem wunderschönen Fischerdorf San Vicente de la Barquera und quartierte mich auf einem Campingplatz ein, der direkt am Meer lag. Dorthin gelangte man nur über eine lange Brücke, da der Ort durch einen großen Fluss mit angrenzendem Sumpfgebiet zweigeteilt war. Durch den relativ großen Tidenhub wechselte das Landschaftsbild alle sechs Stunden enorm, je nach Tageszeit und Lichtverhältnissen. Bei Ebbe verschwand das Wasser bis auf ein paar Pfützen und die kleinen verankerten Fischerbötchen lagen seitlich gekippt im Flussbett. Bei Flut wiederum sah man verdammt viele Fische im klaren Wasser und Menschen, die auf der Brücke standen und angelten. Aus dem Sumpf ragten geisterhaft-graue Bäume mit blätterlosen Verästelungen hervor, die durch das salzhaltige Wasser zwar keine grünen Kronen hervorbrachten, jedoch ideale Brutplätze für die unterschiedlichsten Vogelarten waren.

Ich war total fasziniert von dieser spektakulären Landschaft, die sich mir eröffnete, wie ich in den Folgetagen feststellen konnte. Sowohl die sattgrünen Hügel und Wiesen im Hinterland als auch die Dünen und naturbelassenen Strände und Steilküsten waren einfach nur großartig.

Doch erst einmal machte mir das Wetter einen Strich durch die Rechnung. Wieder kam Nebel auf und wieder regnete es die ganze Nacht durch, während ich auf dem Campingplatz in meinem Zelt lag. Langsam gingen mir der Regen und die Kälte dann doch auf die Nerven. Aus Berlin gab's täglich Nachrichten von der anhaltenden Hitze, Freunde sandten mir Dutzende Fotos von tollen Ausflügen an die Brandenburger Seen, in jeder zweiten SMS schwärmte mir Joseph vom tropischen Nachtleben in der Stadt vor. Und ich saß in Spanien und fror. Was machte ich verdammt noch mal hier? Allein in dieser Feuchtigkeit?

Die Feuchtigkeit konnte ich nicht einfach abschütteln, aber den plötzlichen Anflug von Melancholie schon: Ich beschloss, eine ortsansässige Surfschule aufzusuchen, und siehe da – von nun an war mir das Wetter total egal. Mein baskischer Surflehrer war spitze und ich lernte sehr schnell sehr viel, sowohl in der Theorie, was Strömungen und vieles mehr anging, als auch in der Praxis. Schnell vergaß ich die Freunde in Berlin und ihr ach so tolles Wetter. Ich war glücklich.

Als ich dann ein paar Tage später zu Fuß die komplette Gegend um das Fischerdorf herum erkundete, am Sumpfgebiet entlang und hinauf in die Mischwälder bis hin zur Wildbrücke, die mich auf die andere Seite des Flussgebietes zurück in das Dorf brachte, entdeckte ich ein kleines Surfhostel auf dem Hügel oberhalb des Dorfes an der Steilküste und beschloss kurzerhand, mich dort für eine Woche einzuquartieren. Eine Woche, die ich nutzte, um täglich zu surfen, die Gegend mit einem geliehenen Mountainbike zu erkunden, aber vor allem endlich den Blog zu befüllen, den mir Joseph kurz vor meiner Abreise aufgesetzt hatte. Schon länger hatte die Idee in meinem Kopf rumort, einen Blog zu schreiben. Ich wollte meiner Familie und meinen über die ganze Welt verstreuten Freunden davon berichten, was ich so trieb und wie es mir erging. Nicht zuletzt die beste Lösung, damit ich nicht immer wieder die gleichen Fragen zu meinem gesundheitlichen oder zu meinem Gemütszustand beantworten musste. Denn klar – auch wenn ich das manchmal am liebsten gemacht hätte: ganz abtauchen und gar nichts von mir hören lassen konnte ich nicht. Schließlich sorgten sich alle um mich. Außerdem kam eh keiner mehr mit, wo ich mich gerade herumtrieb, so viel wie ich unterwegs war seit meiner Diagnose. Ein kleiner Reiseblog schien mir da die Lösung.

Anfangs war ich noch etwas schüchtern beim Schreiben, zumal ich wegen meiner internationalen Freunde auf Englisch schrieb, verfasste nur kurze Einträge, in denen ich erst einmal die letzten zwei Jahre aufholte, bis ich zu den aktuellen Einträgen aus Nordspanien kam. Mit der Zeit traute ich mir mehr und mehr zu und begann, offener und ausführlicher zu berichten. Und natürlich liebte ich es, meine Fotos zu durchforsten, die dem Ganzen die adäquate visuelle Begleitung geben sollten. Dann ging ich damit online. Und bekam viel positiven Zuspruch. Natürlich auch konstruktive Kritik. Zum Beispiel sollte ich viel ausführlicher über meine Wanderungen und Abenteuer schreiben, anstatt so kurz und knapp wie möglich eine Geschichte abzuhandeln. Man wollte anscheinend mehr darüber erfahren, was ich so alles erlebte. Das bestärkte mich darin weiterzumachen. Irgendwann schrieben mich auch wildfremde Menschen an, gaben Feedback und wünschten mir alles Gute. Es waren auch einige Parkis unter ihnen, die mir ihre eigene Situation schilderten. Und die Kommunikation mit ihnen wurde mir extrem wichtig, denn ich merkte, ich war nicht allein mit meinem »Schicksalsschlag«. Es machte Spaß und tat gut, sich mit anderen Betroffenen darüber auszutauschen.

Bis heute schreibe ich darin und denke, es war eine der besten Dinge, die ich in den letzten Jahren auf die Beine gestellt habe. Außerdem habe ich damit meinen Steuerberater glücklich gemacht, weil ich endlich mit triftigem Grund einen Teil meiner nicht unerheblichen Reisekosten absetzen konnte …

Nach der Woche im Surfhostel fuhr ich frühmorgens mit dem Bus nach A Coruña, der Provinzhauptstadt Galiziens, wo mich Batán, der ältere Bruder eines guten Freundes, am Busbahnhof abholte. Er hatte mich netterweise zu einem kleinen Segeltörn eingeladen. Also fuhren wir direkt zum Hafen und stiegen auf sein elf Meter langes Segelboot. Es war zwar das erste Mal, dass wir aufeinandertrafen, aber wir verstanden uns auf Anhieb. Er zeigte mir seine Lieblingsstellen an den sogenannten Rías Altas, den fjordartigen Meeresbuchten im nordöstlichen Galizien. Im Südwesten bis hin zur portugiesischen Grenze hießen sie Rías Baixas. Er erzählte mir Geschichten von der imposanten militärischen Marinebasis Ferrol, als wir an ihr vorbeisegelten. Seine Exfrau arbeitete dort und hatte ihn mit einem Arbeitskollegen betrogen. Das Segelboot hatte Batán zwar nach der Scheidung behalten, aber noch waren all ihre Sachen da. Selbst ihre Zahnbürste steckte noch im Becher auf der Toilette.

Meine Schwierigkeiten, die Balance zu halten, machten sich auf dem Boot natürlich ziemlich bemerkbar. Am Anfang hielt ich mich überall fest, wo es nur ging, um nicht über Bord zu gehen bei der Schieflage und dem Tempo. Das Boot lag nämlich in voller Takelage im bestmöglichen Windkurs. Herrlich! Ich spürte all mein Serotonin, Endorphin und das, was noch da war an Dopamin, in meinem Gehirn zirkulieren und jauchzte vor Aufregung und Glücksgefühlen. Als ich schließlich die Arme gegen den Himmel reckte, während ich an der Reling stand, verlor ich plötzlich den Halt und fiel mit voller Wucht auf meinen Hintern. Bescheuert, aber egal! Denn ich hatte wirklich irre Spaß – und mein Hintern war groß genug, den Sturz glimpflich abzufangen. Batán schrie mir etwas zu, aber ich verstand seine Worte nicht – vom Winde verweht.

Er war ein sehr guter Segler, hatte es schon als Kind von seinem Vater gelernt und nahm seit jeher an nationalen und internationalen Regatten teil. Eigentlich war er Anwalt und saß seines Erachtens viel zu viel im Büro herum, versuchte aber, sooft es ging, auf dem Meer zu sein. Mich beeindruckte das sehr.

Warum hatte ich denn nie segeln gelernt, da ich doch am Meer aufgewachsen war? Warum hatte ich eigentlich so viele andere Wassersportarten wie Windsurfen, Tauchen nie gemacht? Komisch. Aber es war doch noch nicht zu spät dafür, oder? Ich nahm mir ganz fest vor, in der näheren Zukunft einen Segelkurs zu machen.

Zum Sonnenuntergang zeigte er mir noch die Muschel- und Austernfarmen an der Küste und die Badestellen, die er als Kind mit seinem Bruder aufgesucht hatte. Ein wunderschöner wolkenloser Tag neigte sich dem Ende zu. Wind und Wellengang hatten stark nachgelassen, als wir uns wieder dem geschützten Hafen näherten, und wir machten den Motor an. Zielgenau und elegant manövrierte Batán das Segelboot an seinen Anlegeplatz im kleinen Hafen eines Vorortes von A Coruña hinein. Ich hatte leider kaum einen Blick für den gerade aufgehenden gigantischen Vollmond übrig, weil ich damit beschäftigt war, die Bootsfender rauszulassen, auf den Kai zu springen und die Anlegeleine um den Poller am Kai zu befestigten. Dann half ich beim Einholen der beiden Segel, zwar noch etwas langsam, aber es klappte ganz gut. Mein Lehrer war schließlich geduldig und nachsichtig genug mit mir. Als Dank für den gelungenen Tag lud ich ihn zum Meeresfrüchteessen am Hafen ein, wo alle anderen Segler, Hafenarbeiter und Familien aus der Gegend an einem Sonntagabend zusammenkamen und tranken und aßen.

Am nächsten Tag zog ich wieder los und wanderte eine weitere Woche an der wilden Küste Galiziens entlang. Dort war es wesentlich einsamer und landschaftlich noch spektakulärer als in Kantabrien. Insbesondere die schroffe Steilküste mit einsamen Buchten, in denen man Seelöwen und Robben beobachten konnte, und die grasgrünen Algenteppiche, die bei Ebbe zum Vorschein kamen, hatten es mir angetan. Hin und wieder kam ich an Leuchttürmen vorbei, die womöglich seit Jahrhunderten die Seefahrer davor bewahrten, an diesem schroffen Felsenparadies zu zerschellen. Augenblicklich versuchte ich, mich in die Zeit der Piraterie und der Eroberung Amerikas zu versetzen, hing romantischen Vorstellungen von tollen Abenteuern nach und genoss die Ausschweifungen meiner Fantasie. Wozu hatte ich denn so viel Zeit? Tagträumereien und Spinnereien durften, ja, mussten sein, fand ich.

In der Realität war es wohl damals ein eher extrem mühsames Unterfangen, in dieser Gegend zu überleben. Selbst heute noch findet man in den entferntesten exotischsten Winkeln der Erde einen ausgewanderten Galizier, der von zu Hause weggegangen ist. Ich jedenfalls war glücklich, diese einsame Gegend wandernd kennenlernen zu dürfen, und verkroch mich jeden Abend in mein gemütliches Zelt, während die Möwen in den Sonnenuntergang kreischten.

Irgendwann kam kurzerhand meine langjährige Freundin Mirjam aus Berlin angeflogen, nachdem ich ihr am Telefon von meiner Reise und der tollen Landschaft vorgeschwärmt hatte. Wir mieteten uns ein Auto und machten einen zweiwöchigen ziemlich geilen Roadtrip entlang der gesamten Nordküste Spaniens. Wir übernachteten an einsamen Stränden in unseren Ein-Mann-Zelten – einmal sogar auf den Rücksitzen unseres Autos, weil wir es nicht mehr ins Zelt geschafft hatten. Wir tranken Weißwein und rauchten kleine Grasjoints in homöopathischen Dosen – die sie allerdings für uns beide drehen musste, da meine linke Hand dafür nicht mehr zu gebrauchen war. Meine Feinmotorik war schon zu sehr außer Gefecht gesetzt durch Mr P.

Mirjam und ich kannten uns schon seit sehr vielen Jahren, waren Partner in der Galerie für Fotografie gewesen, hatten gemeinsam als Producer für Fotoproduktionen gearbeitet, waren aber trotz unserer innigen Freundschaft zum ersten Mal gemeinsam auf Reise. Sie war es auch, der ich vor zwei Jahren auf dem Weg zum Garbicz-Festival in Polen von meiner Diagnose erzählt hatte, bevor es überhaupt meine Schwestern oder Tammi erfuhren. Sie blieb pragmatisch und nüchtern und machte mir klar, dass sie von nun an mein »partner in crime« sein würde, meine Komplizin. Dass sie mir helfen würde bei allem, was nötig sein würde, wie zum Beispiel beim Drehen der Joints, aber nicht groß darüber sprechen würde, wenn ich nicht wollte. Einfach weiter gemeinsam Spaß haben und das Leben genießen – das war ihre Devise. Meine sowieso.

In Spanien fühlten wir uns daher ein bisschen wie Thelma und Louise, sangen auf der Autofahrt mit heruntergekurbelten Fenstern lauthals Songs unserer Playliste nach und kamen uns unheimlich verwegen vor. Irgendwie total kitschig, aber gut!

Mirjam ist auch eine wirklich gute Fotografin und ich musste während unseres Roadtrips manchmal als Muse herhalten: ihren Anweisungen folgen, stillhalten oder sonst irgendwas tun, was sie für ein gutes Fotomotiv brauchte. Meist aber dokumentierte sie unsere gemeinsame Zeit auf eine feinfühlige Art, die ich mochte und schätzte, ohne großes Aufhebens. Viele der Fotos kenne ich gar nicht, weil ich ihr Archiv nie ganz zu sehen bekam. Und das muss wirklich stattlich sein, lief sie doch immer mit mindestens drei Kameras, zwei analogen und einer digitalen, herum, die sie in ihrer großen Handtasche verstaute. Zusammen mit Tabak, Halstüchern, Filmrollen, Notizbüchern, Stiften und was weiß ich, was da alles noch drin war. Viele Dinge eben. Während des Trips machte es mich wahnsinnig, wenn ich loswollte und auf sie warten musste, weil sie diese tausend Sachen zusammenpackte, irgendwas Verlorenes suchte, alles wieder auspackte und dann irgendwo ganz woanders wiederfand. Und sie verlor oft etwas … Sie war auch viel langsamer als ich. Deshalb war sie wiederum genervt von mir, wenn ich viel zu oft und zu spontan Planänderungen vornahm und diese kurzerhand umsetzen wollte.

Doch wir gewöhnten uns an unsere Eigenheiten. Zum Beispiel brauchte sie jeden Tag warmes Essen, sonst wurde sie ungemütlich. Ich hingegen bekam schlechte Laune, wenn ich zu wenig Schlaf bekam. Einmal war ich so ungehalten, dass sie vom Weg abfuhr, direkt in einen Pinienwald hinein, anhielt und mir befahl zu schlafen. Nach einer Stunde Siesta war alles wieder gut und wir setzten die Fahrt fort.

Ich musste tatsächlich erst ein bisschen lernen, Kompromisse zu machen, war ich doch schon seit einiger Zeit gewohnt, nur auf mich allein zu hören. Es war also eine kleine Herausforderung für mich, mit jemand anderem zu reisen. Nichtsdestotrotz waren Mirjam und ich ein unschlagbares Team und ich war sehr glücklich, dass wir den Trip gewagt hatten. Schon vor einiger Zeit hatte ich beschlossen, selektiver mit Freundschaften umzugehen. Und jetzt, nach der Diagnose, wurde das Bedürfnis nach den wirklich wichtigen Freunden noch viel stärker. Ich überlegte mir gründlicher, mit wem ich wirklich Zeit verbringen wollte, trotz meines grundsätzlich großen Kommunikationsbedürfnisses mit anderen Menschen. Das war im Übrigen etwas, das ich mit anderen Parkis teilte. Viele veränderten ihren Fokus im Leben auf das Wesentliche und Wichtige, nämlich auf Familie, enge Freundschaften und die Liebe zu sich selbst.

Am Ende des Roadtrips nahm uns Batán noch einmal gemeinsam mit aufs Meer hinaus. Ich genoss jede Minute auf dem Segelboot! Ließ mir erklären, wie man überhaupt in diesen idealen Windkurs geriet, lernte die richtigen Bezeichnungen in der spanischen Sprache kennen und übernahm sogar das Steuer. Ich fühlte mich wie die Piratin Anne Bonny, diese legendäre irische junge Frau mit Hinkebein und wehendem Haar aus dem 17. Jahrhundert, die das karibische Meer unsicher gemacht hatte. Als ich wieder auf die Küste zusteuerte, konzentrierte ich meinen Blick voll und ganz auf diese besonderen Stellen mit Höhlen, Vogelbrutplätzen und wunderschönen Felsformationen, die ich vom Land aus gar nicht zu Gesicht bekommen hatte, als ich dort entlanggewandert war.

Währenddessen sprach Mirjam am Bug so lange auf Batán ein, bis er endlich alle Sachen seiner Exfrau in eine Tüte packte und später in den Müll am Hafen warf. Er wirkte wie ausgewechselt und war sehr glücklich über seinen Beschluss, das Kapitel Ehe endlich für sich abzuschließen. Daraufhin betranken wir uns die ganze Nacht mit exquisitem Whiskey in einer Jazzkellerkneipe in der Altstadt von A Coruña und feierten Batáns neuen Lebensabschnitt. Auf dem Papier geschieden war er ja bereits. Ich wiederum schloss eine Reise ab, die auf dem Jakobsweg in Santander begonnen hatte und definitiv nicht in Santiago de Compostela endete, weil ich so spontan und unvorhersehbar wie möglich hatte unterwegs sein wollen – immer auf der Suche nach dem nächsten Abenteuer, das weder mit Jakobsmuscheln noch mit Reiseführern zu tun hatte.

Die Liebe zur Natur

Island

Zum ersten Mal ärgerte ich mich sehr über meinen Hang zum Minimalismus. Ich fror bitterlich, während ich im Schneeregen über den Gletscher lief, mit Wanderstiefeln ohne Gamaschen, die bei fast jedem Schritt im Schnee einsanken, meine Beine nur durch eine dünne Yogastretchhose bedeckt. Am Oberkörper trug ich immerhin mehrere Schichten T-Shirts, einen Fleecepullover und darüber eine Goretex-Regenjacke. Trotzdem war mir arschkalt – und ich hatte nicht einmal Handschuhe mitgenommen. Es war Mitte August und die beste Reisezeit für uns Mittel- und Südeuropäer, um Island kennenzulernen, ohne zu erfrieren. Dachte ich …

Audun, mein Wanderpartner, lag weit hinter mir. Aber das war in dem Moment zweitrangig. Auch wenn ich damit gegen die allgemeine Regel der Wander-Community verstieß, auf den Partner zu warten, um sicherzugehen, dass alles in Ordnung war. Aber ich war das erste Mal mit einem anderen Menschen als mit meinem Ex-Mann Tammi unterwegs, der Roadtrip mit Mirjam zählte nicht, weil wir ja nicht gewandert waren. Und ich war sicher, dass mich die unerbittliche nasse Kälte augenblicklich erstarren lassen würde, sollte ich nur für einen Moment stehen bleiben. In Bewegung konnte ich mich wenigstens auf die

Abläufe und die Atmung konzentrieren. Audun lief eigentlich schneller als ich, machte aber immer viele Pausen, um die Natur zu genießen und sich Notizen zu machen, dabei eine Selbstgedrehte rauchend. Ich war eher langsam und konstant unterwegs, wie ein Dieselmotor im ersten Gang.

Während dieses anstrengenden Marsches auf einen Gipfel im Fjallabak-Naturreservat im zentralen Süden Islands dachte ich nicht eine Sekunde lang an Mr P. Er gab dankenswerterweise keinen Mucks von sich und ließ mich in Ruhe. Stattdessen peitschte mir der Wind den Schneeregen ins Gesicht, während ich mich auf meine Wanderstöcke verließ. Schritt für Schritt stapfte ich weiter in der atemberaubenden Natur Islands, die ich allerdings gerade nicht wirklich genießen konnte, weil die Sichtweite höchstens einen Meter betrug. Was ich jedoch sah – kurz bevor ich die Hütte am Gipfel erreichte –, war eine Erinnerungstafel mit dem Namen eines jungen Mannes, der an dieser Stelle vor zwei Jahren erfroren war. So ein Mist, dachte ich, er ist tatsächlich so nah am Ziel gestorben. Und erschrak ein bisschen über die Tatsache, wie gefährlich die Tour sein konnte, die Audun und ich gerade unternahmen.

Endlich bei der Hütte angekommen, setzte ich mich an den kleinen Gasofen und wärmte mich peu à peu auf. Die Klamotten, die ich am Körper trug, trockneten trotz der Wärme des Ofens nur langsam, die Wanderstiefel hatte ich – genau wie alle anderen Gäste – im Vorraum ausgezogen. Dort tropften sie völlig durchnässt vor sich hin.

Audun kam fünfundvierzig Minuten nach mir in der Schutzhütte an, wo wir gemeinsam mit den anderen Gästen die Nacht verbringen sollten. Sie waren überwiegend Isländer, Schweden oder Norweger. Also Menschen, die es gewohnt waren, unter diesen rauen klimatischen Bedingungen zu leben, und somit bestens ausgerüstet waren. Eine Isländerin blickte auf meine dünne Yogahose hinab und sagte lachend: »Es gibt hier kein schlechtes Wetter, nur ganz miserable Kleidung.«

Ich schämte mich ein wenig und biss die Zähne zusammen. Erinnerte mich kurz daran, wie ich vor ein paar Tagen in Berlin routiniert innerhalb von zehn Minuten meinen Rucksack gepackt und mich offensichtlich zu schludrig auf Eis und Schnee vorbereitet hatte. Jetzt hatte ich den Salat. Ach, sei's drum. Ich würde schon weiter klarkommen. Ich komme immer klar und habe schon weitaus Schlimmeres überstanden, dachte ich und biss trotzig in meinen Müsliriegel. Sonst war es relativ still in der kleinen Hütte. Viele dösten einfach nur vor sich hin, blickten aus dem vom Kondenswasser beschlagenen Fenster in den anhaltenden Schneeregen oder lasen ein Buch. Andere saßen an einem der Tische in der karg eingerichteten Hütte in der Mitte des Raumes und packten ihre Gaskocher und Essensvorräte aus. Weil es ziemlich eng war, nahm man Rücksicht aufeinander und ließ sich in Ruhe. Das gefiel mir sehr. In so dünn besiedelten Ländern wie den skandinavischen oder eben Island hat man, glaube ich, einen anderen Bezug zu Nähe und Distanz. Es gibt ja immer genügend Platz um einen herum und man respektiert daher vielleicht eher auch den Freiraum des anderen. Daher war es nachts eine kleine Herausforderung, als wir wie die Sardinen still nebeneinander in Schlafsäcken eingerollt auf dem Holzboden liegen mussten, glücklich über ein trockenes und warmes Fleckchen, während draußen der Wind und der Schneeregen unaufhörlich weitertosten. Gut, dass mich Audun überredet hatte, die Zelte zu Hause zu lassen. Nie und nimmer hätten wir auf dieser Tour zelten können, so wie ich es anfangs durchsetzen wollte. Trotzdem: Ich brauchte eine halbe Ewigkeit, um einzuschlafen. Also ließ ich die letzten Tage in Island Revue passieren und hing Erinnerungen an vergangene Wandertouren mit Tammi nach.

Als Chefredakteur und Herausgeber eines schwedischen Reisemagazins mit philosophischem Touch hatte Audun mich einige Monate zuvor gefragt, ob wir gemeinsam eine Reportagereihe über die nördlichsten, noch bewohnten Gegenden Europas machen sollten, also über die, an denen der Golfstrom vorbeizieht und die deshalb nicht unter einer Eisdecke liegen. Die Wahl auf Island fiel relativ schnell, da wir beide noch nie zuvor da gewesen waren. Kurz hatten wir auch darüber nachgedacht, nach Spitzbergen zu fahren. Doch als wir hörten, dass wir dort als Alleinwandernde ein Gewehr hätten mitführen müssen, um uns zur Not gegen hungrige Eisbären verteidigen zu können, verschoben wir diesen Plan lieber auf unbestimmte Zeit. Wir besaßen beide nicht einmal einen Waffenschein.

Der Golfstrom als Reisethema war deshalb so interessant, weil wir mit eigenen Augen sehen wollten, was für einen immensen Einfluss er auf Flora und Fauna hatte und welche starken Auswirkungen die kleinsten äußerlichen Veränderungen haben konnten. Wir nahmen die Frage von Edward Lorenz, dem Namensgeber des Schmetterlingseffekts, zu Hilfe: »Kann der Flügelschlag eines Schmetterlings in Brasilien einen Tornado in Texas auslösen?«

Als Audun und ich uns darüber unterhalten hatten, waren wir gerade an dem Vulkan mit dem unaussprechlichen Namen Eyjafjallajökull vorbeigelaufen, der 2010 einen Monat lang in ganz Europa den Flugverkehr lahmgelegt hatte. Ich zollte ihm meinen größten Respekt. Und was würde eigentlich passieren, wenn ich selbst auf einem kleinen Lavastein ein Feuer anzünden würde, das ringsum den Schnee schmelzen ließe? Würde dieses Schmelzwasser – wenn das Feuer nur lang genug brennen würde – zu einem Wasserfall werden und eine Landschaft irgendwann so stark verändern, dass eine bestimmte Tiergattung dort nicht mehr leben könnte? Wie viel Verantwortung trage ich als Mensch für meine Handlungen? Und ist es nicht bemerkenswert, wie wir uns alle so oft dabei erwischen zu sagen: »Die anderen machen es ja auch!« Oder: »Ach, was kann schon passieren?« Nein. Hier ging es nicht nur um ein ausgeprägteres Umweltbewusstsein, sondern darum, sich wirklich mit den möglichen Konsequenzen seines Handelns in der Natur auseinanderzusetzen.

Ich blickte zum Horizont und staunte weiter. Mich faszinierte diese Vulkanlandschaft ungemein, mit all diesen Kratern und Löchern im Boden, aus denen Schwefel, kochender Schlamm oder sonst irgendetwas aufstieg. Die Lavafelder, Rhyolithberge und andere geologische Elemente wie Eisen, Moos und Schwefel färbten die Landschaft in Rot, Rosa, Blau, Braun und Grün. Mir kam alles ziemlich entrückt vor, wie in einem Science-Fiction-Film. Irgendwie surreal.

Um ehrlich zu sein, hatte ich keine Ahnung von Vulkanen und Geysiren. Meine Güte, es gab so vieles, was ich nicht wusste, was ich nicht kannte und unbedingt noch kennenlernen wollte. Die Welt war so umwerfend schön, am liebsten wäre ich ununterbrochen unterwegs, um jeden Winkel der Erde zu erkunden. Was natürlich, selbst wenn ich hundert Jahre alt würde, nicht möglich wäre, klar. Aber zu wissen, wie begrenzt die Zeit für mich sein würde, machte mir in manchen Momenten doch zu schaffen. Gerade in Momenten, wenn ich so überwältigt war von der surrealen Schönheit der Natur.

In diesem Surrealen, fernab von jeder Zivilisation, waren Audun und ich die letzten Tage unserer Arbeit nachgegangen. Wäre ein Mammut oder ein flugunfähiger und ebenfalls ausgestorbener Dodo vorbeigelaufen, hätte uns das wohl nicht im Geringsten gewundert. Audun machte unaufhörlich Notizen, ich experimentierte mit Regentropfen auf einer Plastiktüte vor der Kameralinse herum und brachte unscharfe Fotos hervor, die unseren Gemütszustand wiedergaben. Es sollte ja keine gewöhnliche Reisereportage sein, sondern eher unseren sehr persönlichen Zugang zur Natur festhalten, das Momentum, in dem das normale Alltagsleben vollständig in den Hintergrund tritt. Auf diese Art und Weise konnten wir stundenlang die Zeit verbringen und unseren Gedanken nachhängen.

Auf meine Trittsicherheit im unwegsamen Gelände konnte

ich mich noch verlassen und dadurch dieser so geliebten Tagträumerei nachhängen, ohne auf jeden Schritt achten zu müssen oder doch eventuell zu stolpern. Ich funktionierte noch. Zwar war ich etwas langsamer und vorsichtiger als früher, aber ich fühlte mich immer noch in meinem Element. Ich konnte die Kraft der Oberschenkel- und Gesäßmuskeln beim Bergaufstieg spüren, die angespannte Bauch- und Rückenmuskulatur zum Einsatz bringen, die Arme für das rhythmische Versetzen der Wanderstöcke benutzen. Vor allem beim Abstieg waren die Stöcke wichtig, um die Knie zu schonen und das Gewicht auf dem Rücken vorsichtig zu verlagern. Aber was sollte ich in Zukunft machen, wenn mein Körper mir nicht mehr gehorchen sollte ohne Dopamin? Ich fragte mich, ob es doch sinnvoll wäre, die von den Neurologen empfohlenen Dopamintabletten alle paar Stunden zu schlucken, um den natürlichen Bewegungsablauf zu gewähren. Andererseits: Wie lange würde ich dann noch wandernd die Welt entdecken können? Wann würden mich die Folgen der Langzeiteinnahme dieser Tabletten, insbesondere die Überbeweglichkeit, vollkommen außer Gefecht setzen? Dann ist nämlich echt Schluss mit lustig. Aus die Maus. Ab in den Suizidwald am Fuße des Mount Fuji.

Ich war hin- und hergerissen zwischen diesen morbiden Zukunftsgedanken und meiner Faszination für die vor mir liegende tiefschwarze Vulkangesteinswüste. Audun lag mittlerweile weit hinter mir und ich war vollkommen allein. Ich entschied, mich der Gegenwart zu widmen, suchte nach Lebensspuren und fand absolut nichts. Bemerkenswert. Wie ich mich später bei den Isländern vergewisserte, lebten tatsächlich keine Insekten, Kriechtiere oder Pflanzen in der öden Wildnis. Auch sah ich keine Vögel am Himmel. Wozu auch, wenn es hier nichts zu fressen gab für sie. Ich hörte meine Schritte auf dem steinigen, kargen Boden und stellte mir vor, ich sei auf dem Mars. Mein Gemütszustand passte sich der absoluten Stille und Leere an und ich dachte irgendwann an gar nichts mehr, sondern marschierte mechanisch vor mich hin. Mr P, Dopamin, Durst oder Kälte waren mir egal. Ich löste mich in kleine Atome auf, die sich pausenlos bewegten. So wie mein Physiklehrer mir damals die Zusammensetzung der festen Materie erklärt hatte. Ich befand mich in einem Zustand der Auflösung von Raum und Zeit.

Irgendwann, es muss eine halbe Tageswanderung später gewesen sein, hatte sich die Landschaft in ein saftiges Grün verwandelt: mit moosbewachsenen Ebenen auf unterschiedlichen Höhen, zerklüfteten Felsformationen mit Wasserfällen und blumenübersäten Feldern. An einer Quelle sitzend wartete ich auf Audun, der mit strahlend blauen Augen auf mich zulief und pures Glück verströmte. Wir sprachen kaum miteinander, sondern füllten nur die Wasserflaschen auf, gruben unsere Hände in eine Tüte voller Nüsse und lächelten uns an.

Gerade die absolute Unberührtheit der isländischen Landschaft erinnerte mich sehr stark an Neuseeland. Anfang 2008 hatten Tammi und ich dort zwei Monate auf Wandertour verbracht. Ich hätte mir keine schöneren Flitterwochen vorstellen können. Wochenlang liefen wir zu zweit durch die Wildnis, bepackt mit Essensvorräten in neu gekauften Wanderrucksäcken, einem Drei-Mann-Zelt (weil Tammi so groß war, dass er gleich zwei Plätze einnahm), neuen Schlafsäcken und unseren bewährten alten Klamotten. Damals war Funktionskleidung für uns noch viel zu teuer, außerdem fanden wir sie uncool. Wir trugen stattdessen alte Bundeswehrhosen mit Seitentaschen für die griffbereite Verwahrung von Messern oder anderem Praktischen, und Fleecepullis aus einem Geschäft fürs Fliegenfischen, wo wir uns auch eine Angel gekauft hatten. Aber Letztere nützte nichts, denn all unsere Bemühungen, die superintelligenten Flussforellen dazu zu bringen, sich an dem glitzernden Haken festzubeißen, blieben erfolglos. Und das, obwohl wir mit der Zeit Profis darin waren, stundenlang bewegungslos auf die Angel zu starren und zu warten. Also ernährten wir uns von dem, was wir eingepackt hatten oder auf unserem Weg an Veganem fanden. Klares, sauberes Wasser gab es eh zur Genüge.

Manchmal marschierten wir tagelang durch dichten dunklen Wald oder liefen wilde Küstenstreifen entlang und begegneten weder Mensch noch Tier. Nur mit den nervigen Sandfliegen mussten wir uns abends herumplagen. Im Hochland trafen wir dann auf riesige Herden von Schafen, Wildpferden oder Rindern, die über den Sommer hinweg sich selbst überlassen blieben, bis sie im Herbst von den Farmern wieder zusammengetrieben wurden. Auf den gut markierten Wegen durch die charakteristischen Wälder Neuseelands staunten wir über Farne, die die Größe von Palmen erreichten. In zivilisierteren Gegenden über unfassbar große Kiwifelder. Ich bekam gar nicht genug von den Früchten, nach der langen Vitamin-C-Abstinenz. Ab und zu machten wir halt in kleinen Orten, um Wäsche zu waschen, Proviant aufzufüllen, eine Nacht in einem normalen Bett zu schlafen und online Nachrichten zu lesen oder E-Mails zu checken.

An was ich mich aber am intensivsten erinnerte, während ich in der isländischen Wanderhütte lag und darauf wartete, endlich einzuschlafen, war die Tatsache, dass wir andauernd Flüsse durchqueren mussten. Es war zum Verrücktwerden: Kaum waren wir ein paar Kilometer gegangen, standen wir schon wieder vor einem Flussbett. Neuseeland war anscheinend eines der flussreichsten Länder der Welt. Irgendwann waren wir es so leid, ständig die Wanderstiefel und -socken aus- und wieder anziehen zu müssen, dass wir sie einfach anließen. Zumal wir mit Genugtuung feststellten, dass sie während des Laufens schnell wieder trockneten.

Manchmal war die Strömung allerdings so stark, dass man barfuß und mit einem robusten Holzstock als Stütze gegen die Strömung einen wesentlich besseren Stand auf den Steinen im Fluss hatte. Mit fünfundzwanzig Kilogramm Gepäck auf dem Rücken wollte man definitiv nicht riskieren, von dem Fluss mitgerissen zu werden. Es kam auch vor, dass der Weg am Rand des Flussbetts so undurchdringlich war, dass wir sowieso nur im Wasser laufen konnten und dabei trotzdem schneller vorankamen als auf dem Trockenen. Außerdem heilten so die Macchiakratzwunden an den Beinen besser, weil kein salziger Schweiß und Dreck in die Wunden gerieten.

Ja, es hatte öfter Situationen gegeben während unserer gemeinsamen Touren durch die Wildnis, in denen es echt gefährlich wurde, zum Beispiel wenn wir uns verirrt hatten oder unvorhersehbare Wetterumschwünge auftraten. Eine der gefährlichsten Situationen hatten wir auf unserer Tour durch Slowenien im Sommer 2005 erlebt, als Tammi und ich nach ein paar Jahren der Trennung wieder zusammengekommen waren.

Es passierte während einer Flussüberquerung. Ich sank zu tief in das Flussbett ein, das Wasser reichte mir fast bis zur Hüfte. Ein sehr kritischer Moment. Denn spätestens wenn einem das Wasser bis zur Hüfte reicht, droht man bei äußerer Krafteinwirkung – in diesem Fall dem reißenden Fluss – den Schwerpunkt und somit die Balance zu verlieren. Und damit den Boden unter den Füßen. Tammi stand glücklicherweise direkt hinter mir und zog mich mit all seiner Kraft aus dem Wasser. Mit dem schweren Rucksack auf dem Rücken wäre ich sonst untergegangen wie ein nasser Sack Zement. Er hat mich vor dem Ertrinken gerettet.

Nach dem ersten Schreck war diese Rettungsaktion, glaube ich, das Romantischste, was ich je erlebt habe – abgesehen von dem Ereignis, als Tammi auf seiner Geburtstagsparty ein Jahr später, auf dem Tisch stehend, mit einem riesigen Messer in der Hand, weil er gerade den Geburtstagskuchen angeschnitten hatte, total nervös und viel zu laut sagte: »Pamela, willst du mich heiraten?« Fast alle Frauen der Partygesellschaft mussten im Anschluss erst einmal heulen und ganz viel von dem Kuchen essen. Es wurde ein rauschendes Fest bis zum Morgengrauen. Genau ein Jahr später heirateten wir.

Zu guter Letzt erinnerte ich mich an meine allererste längere Wandertour im Sommer 1995, als Tammi und ich zwei Wochen im rumänischen Transsilvanien unterwegs waren. Wir hatten zweihundert Mark dabei, einen Laib Brot, uralte, löcherige Rucksäcke und gebrauchte Doc-Martens-Stiefel mit Stahlkappen, die uns die Zehen einfrieren ließen. Schon die Zugfahrt gen Südosten war ein Abenteuer – unter all den fremden Menschen mit Waschmaschinen und Fernsehern auf ihrem Schoß oder dem Nebensitz, die von Berlin nach Ungarn, Rumänien und Bulgarien zurückfuhren. Wir stiegen in Sibiu aus und liefen – vorbei an halbfertigen Ceausescu-Betonklötzen – hoch in die transsilvanischen Berge. Noch nie hatte ich bis dahin eine solch unberührte Natur gesehen. Es war überwältigend. Hin und wieder mussten wir uns vor Wolfshunden in Acht nehmen, die die unzähligen Schafsherden sehr gewissenhaft beschützten. Einmal hielt uns einer mehr als dreißig Minuten in Schach – und biss mir trotzdem irgendwann ins Bein, weil ich unvorsichtig wurde und begonnen hatte, mich zu bewegen. Es war halt kalt in den Bergen und mein Körper drohte im Stehen einzufrieren. Bären begegneten wir zum Glück nicht, obwohl überdurchschnittlich viele dort lebten. Man berichtete uns von unzähligen Bärenüberfällen in den Bergdörfern. Und erzählte, dass sie für den Jagdspaß des ehemaligen rumänischen Diktators in Zuchtgehegen gehalten und anschließend in freier Wildbahn wieder ausgesetzt worden waren. Zumindest verstanden wir das so. Tammi mit seinen Lateinkenntnissen und ich mit meinem Spanisch – das war die richtige Kombination, um auch sprachlich irgendwie durchzukommen.

Das Einzige, was uns fehlte, war Essen. Wir waren eigentlich immer hungrig. In den Läden gab es kaum etwas zu kaufen. Und in den wenigen Restaurants, die wir auf dem Weg entdeckten, gab's nur kleine, ziemlich eklig aussehende gegrillte Würste die, mitsamt eingeschweißter Plastikhülle, serviert wurden. Das war's. Nie mehr werde ich die zwei kleinen Tomatenscheiben vergessen, die mir in einem dieser Restaurants auf einer Untertasse gebracht wurden, als ich nach einem Beilagensalat gefragt hatte … Den mitgebrachten Laib Brot mussten wir also extrem gut rationieren. Nur einmal konnten wir uns den Magen vollschlagen: in einem gigantischen Bergressort, das für die politische Elite gedacht war. Tatsächlich saß am Nebentisch Ion Iliescu, der seit dem 25. Dezember 1989 das Land regierte.

Mit Ach und Krach schafften wir es zurück nach Berlin, ohne einen Pfennig. Uns war das Geld ausgegangen, weil Tammi sich beim Geldwechsel auf der Straße hatte übers Ohr hauen lassen … Während der Rückfahrt warf uns der Schaffner in Ungarn raus, da wir kein Ticket hatten. Die abenteuerlichen Erfahrungen jedoch konnte uns keiner nehmen. Wir kamen glücklich und ziemlich abgemagert in Berlin an und dachten sofort über eine nächste Tour nach. Von da an begann meine Passion für das Wandern, der ich mein Leben lang treu geblieben bin.

Mit diesem beruhigenden Gedanken schlief ich endlich in der isländischen Hütte ein, eingerollt in meinem guten alten Schlafsack, der schon so viele tolle Touren mitgemacht hat und mich hoffentlich noch auf einigen weiteren begleiten wird. Obwohl ich natürlich weiß, dass solche anspruchsvolleren Wanderungen für mich irgendwann nicht mehr so einfach machbar sein werden. Trotzdem werde ich alles tun, um das Wandern weiterhin genießen zu können, egal auf welche Art und Weise. Selbst wenn ich irgendwann keine Kälte oder Hitze mehr vertrage, selbst wenn ich irgendwann wie verrückt zittere: Mir bleiben immer noch einfache Küstenwanderungen unter milden klimatischen Bedingungen, mit möglichst wenig Steigungen und kurzen Etappen übrig. Ich will nämlich tatsächlich so lange wandern, bis ich tot umfalle!

Als am nächsten Tag die Sonne strahlte und Audun und ich von der Schutzhütte auf dem Gipfel in das vor uns liegende Tal hinunterliefen, waren alle Beschwerden des Aufstiegs am Tag zuvor vergessen. Erneut machte mich Islands Schönheit sprachlos. Diese menschenleere Weite, diese unberührte und abwechslungsreiche Landschaft, der klare Himmel, in dem wunderschöne Greifvögel als Herren der Lüfte über uns kreisten, die Einsamkeit. Das war es, was ich so liebte beim Wandern. Das war es, was ich Angst hatte zu verlieren.

Es lagen noch vier weitere Tagesetappen vor uns bis zu unserem Ziel: einem riesigen Wasserfall, der als touristische Attraktion sowohl Tagesausflügler als auch ganze Busladungen voller Japaner mit ausgefahrenen Selfiesticks anzog. Wir liefen in einiger Entfernung hintereinander her, immer den anderen am Horizont ausmachend, sodass jeder für sich allein sein konnte. Eine buchstäbliche Gratwanderung machte ganz besonders viel Spaß, als wir, ähnlich wie auf einem dünnen Seil, einen spektakulären Grat entlanglaufen mussten, weil links und rechts die Felswand jäh nach unten abbrach. Man musste höllisch aufpassen, wohin der Fuß aufsetzte. Ein Fehltritt und man fiel in die tiefe Schlucht des Flusses. Adrenalinkick pur! Und eine wahre Herausforderung für meinen angeknacksten Gleichgewichtssinn. Die riesigen Greifvögel flogen auf gleicher Ebene um einen herum und machten furchterregende Geräusche, so als ob sie nur darauf warteten, dass man in den Abgrund stürzte.

Hin und wieder winkten Audun und ich uns von Gipfel zu Gipfel zu und versicherten uns gegenseitig, dass es dem anderen gutging. Dieser Wanderkodex gilt nicht nur unter Freunden, sondern ist generell zwischen Gleichgesinnten on the road wichtig. Man passt eben aufeinander auf.

Auch sollte man versuchen, sich in der Natur möglichst unsichtbar zu machen. Und so wenig Geräusche hervorzurufen, wie es eben geht. Am Rucksack sollte zum Beispiel nichts Unnötiges hängen, geschweige denn hin und her baumeln wie bei den Interrailern, die meist mit allem möglichen am Rucksack nur lose befestigten Zeugs unterwegs waren. Die Farbe der Kleidung sollte sich der Natur anpassen und alles Mitgebrachte zum

Einsatz kommen, sonst blieb es eben daheim. Daher wohl mein Hang zum Minimalismus …

Wenn man sich den Regeln der Natur anpasste und immer auf der Hut war so wie ein wildes Tier, wenn man also niemals töricht und unbedacht handelte, dann hatte man jedenfalls die beste Zeit seines Lebens. Dann konnte man sich eins fühlen mit der Natur. Und ich glaube inzwischen, genau dieses Gefühl ist es, was ich immer wieder suche, wonach ich süchtig bin – nicht erst seitdem ich Mr P an meiner Seite habe, aber inzwischen doch immer stärker.

Nachdem Audun und ich den Wasserfall, der einen ohrenbetäubenden Lärm machte, ausgiebig bestaunt hatten, verbrachten wir noch einen Tag in Reykjavík. Im Hafen entdeckten wir ein interessant aussehendes Fischerboot aus den 1960er-Jahren, das gerade umgebaut wurde. Neugierig folgten wir der Einladung der Besatzung, einem drahtigen Isländer und einer jungen Irin, uns in Ruhe umzusehen. Die fünf Kajüten im Bug des Unterdecks waren bereits fertig, helles Holz und tipptopp funktionierende Toiletten. Das Oberdeck war noch im Rohbau, außer der Theke, die später eine richtige Bar werden sollte. Die beiden luden uns auf einen Rum ein und erzählten, dass das ehemalige Fischerboot von einem Deutschen gekauft und gerade zu einem kleinen, aber feinen Kreuzfahrtschiff für die Arktis umgebaut würde. Ich war total begeistert. Da war sie wieder, meine Sehnsucht nach fernen, einsamen Welten. Audun und ich blieben, bis der Rum zu Ende war.

Von der Arktis träumend, liefen wir zu unserem Zimmer im Zentrum der Stadt zurück und nahmen uns fest vor, die Golfstrom-Reisereportagen im Folgejahr fortzusetzen. Aber Golfstrom hin oder her, das ewige Eis der Arktis wollte ich auf jeden Fall auch irgendwann sehen. Solange ich – und das Eis – noch existieren würden.

Rippenbruch im Paradies

Costa Rica

Diesmal flog ich nicht nach Rio, sondern nach San José in Costa Rica, um mich mit Guggi zu treffen. Es war ihre erste Reise nach Geburt der Zwillinge – und die Vorstellung, das erste Mal für länger von ihren Babys getrennt zu sein, hatte ihr natürlich zugesetzt. Aber ich hatte sie locken können mit der Aussicht, an einem richtig coolen, paradiesischen Strandort Surfen zu lernen.

Merkwürdigerweise hatte meine Schwester das Surfen für sich bis jetzt nicht in Betracht gezogen, obwohl sie doch schon seit über zehn Jahren in Rio lebte, ganz in der Nähe des kleinen Strandabschnitts Arpoador, der die Strände, vielmehr die Stadtbezirke Copacabana und Ipanema, trennte. Dort tummelte sich das ganze Jahr über die Surfgemeinde um eine Welle, die sich wegen des Aufpralls an den Felsen formte – in der Surfsprache Reef Break genannt. Auf dem Felsen selbst saßen allabendlich die Cariocas – so werden die Einwohner Rios genannt – und beklatschten gemeinsam mit den Touristen die untergehende Sonne.

Das Surfen gehörte zum Alltag in Rio und ich sah oft Väter mit ihren Söhnen durch die Stadt zum Arpoador laufen, barfuß und in Shorts, mit dem Brett unter dem Arm. Oder junge

Frauen, die mit dem Fahrrad und daran längs befestigten Surf-brettern zum Strand fuhren. Guggis Leidenschaft galt aber eher und schon seit unserer Teenagerzeit in München dem Capoeira, einem brasilianischen Kampftanz, den sie allerdings vor ein paar Jahren aufgeben musste, weil ihr Rücken nicht mehr mitmachte.

Doch Guggi liebte körperliche Bewegung fast genau so sehr wie ich. Und so würde es ihr nicht schwerfallen, nach einer Woche Surftraining so weit zu sein wie ich nach zwei Jahren. Neben ihr fühlte ich mich wie ein schwerfälliger alter Wal. War ich ja auch.

Ich hatte bewusst die Nebensaison während der Regenzeit im September gewählt, um so ruhig und gechillt wie möglich unsere Schwesternzeit verbringen zu können. Wir wollten beide keine Strandpartys mit Hunderten von Leuten – schließlich waren wir an einem sehr beliebten Ort –, um am nächsten Morgen total gerädert auf den Brettern zu stehen. Wir wollten surfen – und vor allem wollten wir Zeit zum Reden.

Freunde hatten mir von dem kleinen Ort Santa Teresa auf der Halbinsel Nicoya am Pazifik erzählt. Zwar lag er weit ab vom Schuss und war entsprechend schwer zu erreichen, trotzdem war er ein Hotspot für Israelis, Amerikaner und alle anderen Surfverrückten aus der ganzen Welt. Doch wie gesagt: Es war Regenzeit und so waren zum Glück nur wenige Ausländer da und wir lernten eher die lokalen Chicks und Boys kennen.

Für mich war's ein bisschen komisch, im Bikini zu surfen, hatte ich doch im portugiesischen Atlantik mit Neoprenanzug gelernt. Ich kam mir im Neoprenanzug einfach beschützter vor. Und tatsächlich hatte ich irgendwann Schürfwunden an Bauch und Knien wegen der rauen Oberfläche des Bretts. Außerdem waren die Wellen ganz anders als am Atlantik: noch kraftvoller und gefährlicher für uns Anfänger.

Einmal verlor ich während eines krassen Wipeouts sogar mein Brett, weil die Schnur gerissen war, die meinen rechten

Fuß mit dem Brett verband. Bei einem Wipeout wird man von einer Welle mit voller Wucht erfasst und, ähnlich wie in einer Waschmaschine, komplett durchgewirbelt, oft bis nach unten an den Meeresgrund gedrückt. Das an der Verbindungsschnur befestigte Brett wird weggeschleudert und man spürt den starken Zug am Fuß, gelangt dadurch wieder nach oben, schnappt nach Luft, sobald der Kopf aus dem Wasser ragt, zieht das Brett an der Schnur zu sich und findet so schnell wie möglich Halt daran, bevor die nächste Welle anrollt und alles wieder von vorne beginnt. Dann sollte man, so gut es geht, aus der Gefahrenzone paddeln, in der die Wellen eine nach der anderen brechen.

So sollte es zumindest sein. Ich aber war nun ohne Brett, mitten in der Gefahrenzone, weil die Verbindungsschnur wie gesagt gerissen war. Es bedarf ganz schön viel Erfahrung, nicht in Panik zu geraten, wenn man ohne Brett in die Brandung gerät mit anrollenden Wellen, die ohne Unterlass über einem hereinbrechen, und man irgendwann nicht mehr weiß, wo oben und unten ist. Nun, man muss mir wohl angesehen haben, dass ich tatsächlich in Panik geriet. Daher kam mir ein Surfer mit winzigem Superprofi-Brett zu Hilfe. Ich krallte mich an das Material, bis ich mithilfe der kleineren Wellen und von ihm ans Ufer schwimmen konnte.

Als ich völlig erschöpft am Ufer saß und auf den Wellengang blickte, dachte ich nur: »Wie gut, ich hab's geschafft.« Diese Erfahrung lehrte mich, dem Meer noch mehr Demut und Respekt entgegenzubringen. Das gehört zum Surfen unbedingt dazu, sich dessen bewusst zu sein, wie schnell man die Kontrolle verlieren und wie schnell alles vorbei sein kann. Aber auch: den warmen Regenschauer auf dem Wasser zu genießen, um im nächsten Augenblick einen doppelten Regenbogen zu bestaunen, der mit den ersten Sonnenstrahlen auftaucht. Oder – wenn man ganz viel Glück hat – die in der Ferne aus dem Meer springenden Wale zu beobachten. Darum geht es nämlich. Um das Erleben der Schönheit der Natur, während man gleichzeitig weiß, dass das Ganze nicht ganz ungefährlich ist – aber doch nicht so gefährlich, dass man aus einer brenzligen Situation nicht wieder herauskommen würde. Es geht um das Hochgefühl, endlich eine Welle richtig erwischt zu haben, sei es mit oder ohne Hilfe der Surflehrer, die einem den letzten Schub gaben, wenn das eigene Paddeln noch nicht ausreichte. Darum, bei untergehender Sonne glücklich und erschöpft auf dem Brett zu liegen und mit den letzten Wellen ans Ufer gespült zu werden.

Guggi und ich hatten uns einen Holzbungalow auf Stelzen direkt am Dschungel gemietet, waren also weitab vom Hosteltrubel. Da das WLAN-Netz vom Haupthaus nicht bis zu uns reichte, gab es glücklicherweise keine Gelegenheit, sich in unsere Smartphones zu verkriechen. Also nutzten wir insbesondere die stundenlang anhaltenden Regengüsse am Nachmittag für Gespräche über Themen, die liegen geblieben waren. Das tat gut. Sie war nun seit einem halben Jahr vom Vater der Kinder getrennt und hatte sich emotional etwas stabilisiert. Insofern war ich wesentlich bereiter, von mir und meiner gesundheitlichen Lage zu berichten, was ich ihr in den letzten Monaten nicht hatte zumuten wollen. Ich erzählte ihr von meiner zunehmend eingeschränkten Bewegungsfreiheit, von meiner Erfahrung im Eis auf Island und davon, wie ich immer wieder versuchte, Mr P zu überlisten, indem ich mich in Situationen begab, in denen ich ihn kurzzeitig außer Acht lassen konnte beziehungsweise musste. Genau das suchte ich ja auch in den Wellen Costa Ricas, nämlich den Augenblick, in dem nur noch die Instinkte zählten. Wenn der Körper alles geben muss, um nicht unterzugehen oder um unbedingt die Welle zu erwischen, dann reagiert er automatisch. Ich musste meinem Bein nicht befehlen, was zu tun war, nein. Das Bein machte einfach das Richtige. Anders war es natürlich in Portugal gewesen, als ich mir durch die Knieverdrehung das Innenband angerissen hatte. Ich hatte dem Bein befohlen, vom

Brett zu springen, als ich im seichten, ungefährlichen Wasser ans Ufer glitt, aber es hatte einfach nicht reagiert. Das fehlende Dopamin hatte die Motorik eingeschränkt, die Informationskette vom Gehirn an das Bein verzögert, nehme ich an. Es war einfach zu langsam gewesen.

Ich erzählte Guggi auch von meinem Wunsch, vorerst keine Medikamente zu nehmen, zumindest solange ich den Körper noch einigermaßen unter Kontrolle halten konnte, abgesehen von kleineren Missgeschicken. Es sprudelte alles aus mir heraus. Ich erzählte von meiner Bewältigungsstrategie, möglichst immer alles positiv zu sehen, von meinen guten Erfahrungen mit der Ernährungsumstellung und dass ich mich eigentlich so gesund wie noch nie fühlte, abgesehen von Parki.

Irgendwann begannen wir, über alternative Heilmethoden zu reden. Auch Guggi hatte ihre Befindlichkeiten, die eher psychologischer Natur waren, die sie angehen wollte. Und so recherchierten wir gemeinsam zu Heilkräutern aus dem Dschungel und riefen ihren Vater Manolo in New York an, der sich damit ein wenig auskannte. Schließlich kam er aus Ecuador und war indigener Herkunft. Er riet mir, mich für eine Zeit in den Dschungel zu begeben, mich einem Schamanen anzuvertrauen, der mit seinem Wissen um die natürlichen Heilkräfte der Pflanzen eventuell etwas bei mir bewirken konnte. Die Idee faszinierte mich. Ich hätte ja nichts dabei zu verlieren, im Gegenteil. Selbst wenn keine Pflanze anschlagen sollte, um mir Linderung der Symptome zu verschaffen, wäre ich zumindest um einige Erfahrungen reicher.

Guggi und ich interessierten uns aber vor allem für die Kunst der Meditation. Wir waren damals noch völlige Grünschnäbel auf diesem Gebiet. Da Manolo, ehemaliger Kung-Fu-Meister mit schwarzem Gürtel, viel Erfahrung damit hatte, konnte er uns einiges erklären. Er sagte, dass wir Menschen die immense Kraft unseres Unterbewusstseins bei Weitem nicht ausreichend ausschöpfen würden. Er sagte, wir sollten unseren

Geist dazu nutzen, unserem Körper, der aus dem Gleichgewicht geraten war – und nichts anderes bedeute letztendlich krank sein: ein aus dem Gleichgewicht geratener und gestresster Körper –, zu helfen und gewissermaßen zu heilen. Körper und Geist seien unmittelbar miteinander verbunden. So ähnlich hatte es mir auch der Arzt aus Indien erklärt, der Monate in einem dunklen Raum mit Yoga und Meditation verbracht hatte.

Zum Ende unseres Telefonats erinnerte mich Manolo an ein gemeinsames Erlebnis auf den Galápagosinseln vor vielen, vielen Jahren. Meine Mutter und er wollten damals – es war wohl 1979 – mit Deborah und mir – Guggi war noch nicht geboren – eine kleine Wanderung vom Ankunftsort auf Santa Cruz zum nahe gelegenen Strand unternehmen. Dafür mussten wir durch einen Wald mit gigantischen Kakteen. An die Riesenschildkröten, die sich an den Baustämmen hochhievten, um dort ihren Darm zu entleeren, und an all die anderen exotischen Reptilien erinnere ich mich noch genau. Wir waren früh aufgebrochen, aber es wurde immer später in den Nachmittag hinein – und von einem Strand weit und breit nichts zu sehen. Irgendwann war klar: Wir hatten uns im Kakteenwald verlaufen. Es blieb uns nichts anderes, als nach Lavasteinen Ausschau zu halten, die groß genug waren, um darauf zu schlafen, wir Kindern bäuchlings auf ihnen liegend. Am nächsten Morgen stellten Manolo und meine Mutter zu allem Überfluss fest, dass Deborah und ich von den Kaktusfrüchten, die wir als Durstlöscher gegessen hatten, Würmer bekommen hatten. Zunehmend erschöpft irrten wir einen weiteren Tag umher und verbrachten eine weitere Nacht auf anderen Lavasteinen zum Schutz vor gefährlichen Kriechtieren. Doch in dieser Nacht reagierte Manolo, der von seinem Kung-Fu-Meister in die Meditation eingeführt worden war. Er verbrachte die ganze Nacht sitzend, mit geschlossenen Augen, und sagte stundenlang und pausenlos ein Mantra auf. Irgendwann stand er plötzlich auf und lief mit immer noch geschlossenen Augen im Stockfinsteren los, meine Mutter mit uns Mädels dicht hinter ihm her. Bis im Morgengrauen ein Pfad vor uns auftauchte, der zu der Straße führte, von der wir gekommen waren. Er hatte uns allen mit seiner Meditation das Leben gerettet. Noch heute können wir das Mantra, ohne zu stocken, aufsagen. Das war es, was er jetzt versuchte, Guggi und mir zu erklären: Es gehe darum, die Kraft des Geistes zu nutzen. Für was auch immer …

Guggi und ich waren ziemlich beeindruckt. Immerhin praktizierten wir die nächsten Tage Yoga mit einer Gruppe in einer Hütte nebenan, mit der Meditation kamen wir aber nicht sonderlich weit. Es war wohl zu früh für uns, wir wussten noch nicht so recht, wie wir den Gedankenfluss stoppen und uns nur auf die reine Atmung konzentrieren konnten. Erst zwei Jahre später sollte mir das gelingen, mithilfe dieser Atemtechnik, durch die man dem Gehirn extrem viel Sauerstoff zuführte. Aber darüber später.

Nach einer tollen gemeinsamen Woche fuhren wir den langen Weg zurück nach San José, von wo aus Guggi nach Rio zurückflog. Ich hingegen machte mich auf den Weg gen Süden, an die Grenze zu Panama, weil ich von einem entlegenen Ort gehört hatte, dessen Linkswelle einmalig sei. Die Abenteuerlust hatte mich erneut gepackt. Und die Sehnsucht nach Einsamkeit.

Im nördlichen Nachbarland Nicaragua herrschte damals Ausnahmezustand, am Rande eines Bürgerkriegs. Aus Furcht vor einem Polizeistaat verließen viele Menschen ihre Heimat, wenn sie konnten. Als ich daher am Straßenrand eine Kleinfamilie trampen sah, nahm ich sie sofort mit. Sie befanden sich auf der Flucht aus Nicaragua nach Panama und waren seit vielen Tagen unterwegs, ohne Schlaf, Essen und Geld. Wir fuhren fünf Stunden quer durch Costa Rica, hielten am Wegesrand in Essensbuden an und kauften ausreichend Proviant für die nächsten Tage für sie ein. Vater, Mutter und Sohn holten auf der Fahrt ihren nötigen Schlaf nach. Wir unterhielten uns kaum, denn die

meisten meiner Fragen konnten oder wollten sie nicht beantworten. Am Abend ließ ich sie mit einigen Geldscheinen kurz
vor der Grenze aussteigen und sie gingen davon – ohne sich zu
bedanken oder zu verabschieden. Schlussendlich war ich heilfroh, wieder allein zu sein.

Und Einsamkeit war genau das, was mich in dem kleinen
Ort Pavones an der Südwestküste Costa Ricas erwartete. Ich
kam erst am nächsten Morgen dort an, weil man mich eindringlich davor gewarnt hatte, mich nachts ohne Straßenbeleuchtung
oder Hinweisschilder auf unbefestigten Schotterwegen und
mehreren Brückenüberquerungen zu verfahren.

Es dauerte eine Weile, bis ich eine Bleibe fand, da viele Unterkünfte während der Regenzeit geschlossen waren. Am Ende
der Straße, die entlang des Strandes führte, kurz bevor es bergauf in die indigenen Dörfer ging, entdeckte ich es dann endlich:
meinen Stelzenbungalow. Er erinnerte mich sehr an die Holzhütte meiner Kindheit am Pazifikstrand in Ecuador, wo ich mit
Deborah und meiner Mutter gelebt hatte. Die kleine Anlage aus
mehreren Bungalows, dem Haupthaus, separatem Küchen- und
Essenshäuschen und einer großzügigen Yogafläche lag zwischen
Urwald und Strand. Das Grundstück hatten vor einigen Jahren
ein paar Holländer gekauft und ein wunderbares Ressort für
den ökologischen Individualtourismus aufgebaut. Ein junges
holländisches Surferpaar kümmerte sich um die Instandhaltung
und Gästebetreuung. Das Schönste: Ich war der einzige Gast.
Konnte also meinem Bedürfnis nach Alleinsein ausgiebig frönen.

Die berühmte Linkswelle erwischte ich einige Male, weil
die Konditionen ideal für mich waren. Im Wasser sah ich einige
Frauen, die elegant auf den langen Brettern, den sogenannten
Long Boards, vor- und zurücktrippelten. Der Vorteil eines Long
Boards besteht darin, das Gewicht nach vorne, in die Mitte oder
nach hinten verlagern und damit die Geschwindigkeit des Glei-
tens beeinflussen zu können, ohne dabei eine große Welle zu
benötigen. Je größer das Brett – das heißt, je mehr Masse auf

der Wasseroberfläche liegt –, desto einfacher kann man auch kleinere Wellen reiten. Daher beginnen Surfanfänger mit ziemlich voluminösen Brettern, nicht nur lang, sondern auch breit und dick. Um ein guter Longboarder zu werden, braucht es trotzdem viel Praxis und Erfahrung. Genauso wie die Stand-up-Paddler, die sich mit einem Paddel in die Wellen begeben und wilde Wellen surfen.

Apropos Paddeln: Ich musste mich leider zunehmend mit dem Umstand herumquälen, dass mein linker Arm nicht mehr gut genug funktionierte, um gleichmäßig zu paddeln. Durch die verzögerte Reaktion des linken Arms musste ich ständig mit meiner gut funktionierenden rechten Seite gegensteuern. Sonst drehte ich mich, übertrieben gesagt, im Kreis. Auch begann der linke Arm zu zittern, wenn ich ihn überanstrengte, und ich musste Pausen einlegen. Das war aber nicht unbedingt von Vorteil, wollte ich das Aussetzen der sogenannten Sets ausnutzen. Die Wellen kommen unter normalen Umständen in gewissen Abständen, in Sets. Das heißt, in kürzeren Abständen folgen mehrere Wellen aufeinander. Dann wird es ruhiger und man hat freie Bahn. Das ist der geeignetste Moment, um hinauszupaddeln, will man die heranrollenden und brechenden Wellen vermeiden, die einen nicht vorankommen lassen.

Wie lange konnte ich mein neu erworbenes Hobby, das mich so glücklich machte, überhaupt noch betreiben? Was machte ich mir da vor, wenn ich davon träumte, irgendwann mit dem Long Board so elegant zu surfen wie die Frauen, die ich heute Morgen gesehen hatte? Solche Fragen schossen mir inzwischen immer häufiger durch den Kopf. Ich war frustriert, legte mich in die Hängematte vor meinem Bungalow und begann, mich zu bemitleiden. Was für ein Scheiß mit dieser Krankheit! Warum musste mir das passieren? Wieso musste ich jetzt schon so kämpfen mit meinem Körper?

Ich wurde immer melancholischer, sinnierte über das baldige Ende meines jetzigen Lebens und gab mich der vollständigen Verzweiflung hin. Und das an einem Traumstrand mit Palmen und Blick auf die Karibik, in einer Hängematte liegend! Musste wohl auch mal sein. Immer nur tapfer sein und sich sagen, dass ich es doch gut hätte, dass doch alles schön sei, funktioniert halt auch nicht immer.

Nach ein paar Stunden begann ich dann aber doch, mich zu ärgern über mich selbst. Ich versuchte, mich wieder zusammenzureißen. Schließlich ging es mir tatsächlich immer noch sehr gut, mein Leben war toll und ich hatte alles, was ich wollte. Vor allem: absolute Freiheit und finanzielle Unabhängigkeit.

Das Mit-mir-selbst-ins-Gericht-Gehen funktionierte. Nachdem ich noch ein paar Zeilen in mein Reisetagebuch geschrieben hatte, schlief ich einigermaßen beruhigt ein.

Am nächsten Tag ließ ich das Surfen sein und machte stattdessen einen Ausritt in den Dschungel unter Führung eines örtlichen Pferdezüchters. Ich hatte ihn ein paar Tage zuvor kennengelernt, als er mit den Holländern über eine mögliche Zusammenarbeit für die kommende Saison sprach, also über touristische Ausritte in den Dschungel. Das wollte ich mir auf keinen Fall entgehen lassen und vereinbarte sofort einen Termin mit ihm.

Das Reiten hatte ich als junges Mädchen in der Universitätsreitschule am Englischen Garten in München gelernt. Und obwohl ich als Erwachsene nicht regelmäßig ritt, fiel es mir trotzdem nicht sonderlich schwer, auf das Pferd zu steigen und es mit sanft kontinuierlichem Druck der Schenkel und Zügelführung zu leiten. Man hatte mir sowieso ein einfach zu reitendes Pferd gegeben. Es war neblig und klamm, als wir in den Dschungel ritten, aber angenehm warm dabei. Und *so* still. Schade war, dass mir wegen Mr P die Gerüche des Dschungels entgingen, denn sie hätten mich automatisch an meine vielen Wanderungen erinnert, die ich in Brasilien, Argentinien, Paraguay und Ecuador gemacht habe. Gerüche sind ja wunderbare Erinnerungstrigger.

An sich hatte ich mich ganz gut abgefunden mit dem Verlust des Geruchssinnes, aber gerade jetzt und hier vermisste ich den Geruch der modrigen Erde sehr, den Geruch der auf dem Boden faulenden Früchte und des Tierkots, den wunderbaren Duft exotischer Blumen. Stattdessen war es der während des Ritts einsetzende Regen, der mich an eine meiner Touren mit Tammi durch das Amazonasgebiet erinnerte. Ich musste daran denken, wie wir eines nachts aus dem Zelt schreckten und in Sekundenschnelle alles zusammenpacken mussten, weil es stark zu regnen begonnen hatte, während wir am Fluss campierten. Wir wussten natürlich, dass es gefährlich sein würde, am Wasser zu übernachten, weil ein Fluss ganz schnell zu einem reißenden Strom werden und alles mit sich nehmen kann, hatten aber völlig übermüdet vom anstrengenden Tag auf eine ruhige Nacht gehofft. Tja, nützte nichts. Mit Taschenlampe und Schrotflinte gegen die Pumas bewaffnet, kämpften wir uns auf eine Lichtung zu, die wir den Tag zuvor entdeckt hatten. Am ganzen Körper satte Regentropfen. Tammi und ich sahen uns an und lächelten. Wir hatten es wieder einmal geschafft, gut aus einer gefährlichen Situation herauszukommen. Auf der Lichtung standen ein paar Hütten und wir legten uns auf die Terrasse vor einer dieser Hütten und schliefen völlig unbequem und durchnässt wieder ein …

Im Dschungel von Costa Rica klarte aber gerade der Himmel auf und wir hielten an einem großen Pomelobaum und pflückten vom Pferd aus dessen vor Saft triefende Früchte, um sie eine nach der anderen zu verspeisen. Den Rest der Ernte nahmen wir mit. Da es so viel geregnet hatte und mein Pferd öfters in den tiefen Wasserpfützen bergabwärts stolperte, stieg ich ab und schlitterte mit meinen alten Joggingturnschuhen den schlammigen Weg hinunter. Als wir endlich am Strand angelangt waren, stieg ich wieder auf und wir galoppierten auf dem festen Sand während der Ebbe einfach davon, die geernteten Pomelos fest am Sattel angebunden. Was für eine Freude!

Ein paar Tage später wollte ich unbedingt allein los, in das indigene Bergdorf, das am nächsten lag, diesmal mit motorisierter Pferdestärke. Aber auf halbem Weg blieb ich mit meinem gemieteten Jeep stecken, nachdem ich bei einer fünfundvierzigprozentigen Steigung seitlich Richtung Dschungel weggerutscht war. Der kleine Junge aus dem Dorf in den Bergen, den ich mit seinen schweren Reissäcken nach Hause fahren wollte, sprang verschreckt aus dem Auto und lief bergan davon.

Es war unmöglich, den Wagen allein herauszubekommen, und ich wollte auch ein weiteres Abrutschen nicht riskieren. Also blieb mir nichts anderes übrig, als zurückzulaufen und um Abschlepphilfe zu bitten. Was mir, wie man sich inzwischen denken kann, alles andere als leichtfiel. Mein Credo war

schließlich: Ich komm allein klar! Ich brauche keine Hilfe! Tja, wie heißt es so schön? Hochmut kommt vor dem Fall …

Im Tante-Emma-Laden des Stranddorfes mobilisierte ich mithilfe einiger Geldscheine eine Truppe kräftiger Surfer mit Pick-up, die ohne großen Aufwand meine Karre aus dem Dreck zogen. Grinsend sahen sie mir dabei zu, wie ich schwitzend am Steuer saß und das Ding herausmanövrierte – und ich hasste es. Warum nur hatte ich das Gefühl, mich denen gegenüber beweisen zu müssen, ist doch total egal, dachte ich später. Immer noch verfalle ich hin und wieder in dieses Schema, insbesondere Männern gegenüber klarstellen zu müssen, dass ich eigentlich nicht auf sie angewiesen bin – und natürlich dennoch dankbar für ihre Hilfe. Und dann will ich meist auch noch gefallen und flirte mit den Kerlen. Wie bescheuert!

An diesem Abend las ich stundenlang in Hunter S. Thompsons berühmtem Buch über die Hells Angels, welches ich im Bücherregal, ein bisschen angenagt von Ratten und Kleingeziefer, gefunden hatte. Nach so viel Lektüre über wilde Motorradfahrer auf heißen Maschinen war ich mal wieder angefixt und nahm mir fest vor, doch noch so schnell wie möglich in Berlin den Motorradführerschein fertig zu machen, den ich im letzten Jahr begonnen hatte. An sich fehlte mir nur die Theorieprüfung, um den Antrag auf die praktische Prüfung zu stellen. Aber ich doofe Nuss war mal wieder zu faul gewesen. Andererseits: Höchstwahrscheinlich würde ich von einem Motorradführerschein sowieso nicht lange Gebrauch machen können, weil ja sowohl Kupplung als auch Schaltung von linker Hand und linkem Fuß bedient werden müssen. Von meiner schlechten Schokoladenseite. Also würde ich die Prüfung wohl am Ende doch nicht machen, das ahnte ich schon, während ich in Costa Rica in meinem Stelzenhaus lag. Und so würde wohl auch der Traum ins Wasser fallen, mir eine Yamaha 500 SR zu kaufen, um sie von einem Motorradfreak-Kumpel in eine kleine abgespeckte »Café Racer«-Version mit kurzem und niedrigen Lenkrad umbauen zu lassen und mich damit einer Mädelsmotorradgang in Berlin anzuschließen. 145

Seit meiner Jugendzeit stand ich auf Motorräder – und fuhr sie auch hin und wieder, illegal. Und ich liebte alte Autos, am liebsten kleine deutsche Rennsemmeln aus den Siebzigern oder amerikanische Muscle Cars aus den Sechzigern. Früher, wenn ich mal wieder nach irgendeiner Berliner Partynacht verkatert im Bett lag, konnte ich mir in Endlosschleife den Dokumentarfilm »On any Sunday« aus dem Jahr 1971 ansehen. Darin geht es um die unterschiedlichen Disziplinen des Motorradsports und um dessen damalige Protagonisten Mert Lawill, Malcolm Smith und Steve McQueen. Mit trockener Kehle und einer riesigen Tüte Chips zwischen meinen klebrigen Fingern liebte ich es, drei Kerlen zuzuschauen, wie sie mit ihren Motocross-Maschinen durch die Wüste heizten oder über die Sanddünen sprangen. Oder ich sah mir meinen Lieblingsfilmklassiker »Le Mans« über das Vierundzwanzig-Stunden-Rennen in Le Mans an. Die langen Einstellungen der Nachtfahrten im Regen auf der berühmten französischen Rennstrecke und die zeitgemäße langsame Schnittfolge mit der Begleitmusik aus den 1970er-Jahren entzückten mich. Bis ich, von Steve McQueen, Motorrädern und Rennwagen träumend, endlich einschlief.

Aber natürlich: Nicht jeder meiner Lebensträume kann in Erfüllung gehen. Ich hatte so viele Pläne geschmiedet nach dem ersten Schock der Diagnose, hatte mir so viel vorgenommen, was ich unbedingt noch alles tun wollte, bevor mich Mister Parkinson zu stark beeinträchtigen würde, eine meterlange Liste wäre es gewesen, wenn ich alles aufgeschrieben hätte – wahrscheinlich war es *zu* viel. Wahrscheinlich war ich gar nicht zu faul gewesen, um den Motorradführerschein zu machen, wahrscheinlich hatte ich intuitiv gespürt, dass das nichts mehr wird mit mir und dem Motorradfahren. Darüber dachte ich nach, nachdem ich das Hells-Angels-Buch in einem Rutsch verschlungen hatte. Überlegte, dass ich mich wohl mehr konzentrieren sollte auf mir besonders wichtige Sachen und nicht jedem Impuls nachgeben sollte. Statt erneut traurig und wütend zu werden, versuchte ich, mir klarzumachen, dass ja nicht nur ich es bin, die nicht alle Träume ausleben kann. Dass ja eigentlich jeder Mensch nicht alle Zeit der Welt hat und manche Lebenswünsche aus welchen Gründen auch immer begraben muss. Bei mir ist's halt Mister Parkinson, bei anderen vielleicht die Eingebundenheit im Familienalltag oder im Job. Der einzige Unterschied: Ich muss das jetzt schon lernen, kann nichts einfach aufschieben auf später, bei vielen anderen passiert das erst auf dem Sterbebett. Vielleicht ist es ja sogar besser, wenn man es früh lernen muss, wenn man gezwungen wird, sich Gedanken zu machen, was einem wirklich wichtig ist. Mit diesem tröstlichen Gedanken kroch ich unter das Moskitonetz meines Betts und döste langsam weg.

Wie gesagt: Alles hier erinnerte mich an meine Kindheit Ende der Siebziger in Ecuador, als wir am Strand von Atacames lebten, damals noch ein kleines Dorf mit sandigen Wegen und Lehm- oder Holzhütten. Ich genoss die Einsamkeit in der Natur, hörte dem Pazifik zu und dachte über Ereignisse aus der Kindheit nach. Ich liebte den Pazifik, den Dschungel, all das hier.

Und ich war glücklich darüber, an genau dem richtigen Ort zu sein.

Und weil ich merkte, wie glücklich ich in dieser Landschaft war, reiste ich knapp vier Monate später erneut nach Costa Rica. Es war der Tag meines vierundvierzigsten Geburtstags, als Guggi aus Rio, Joseph aus San Francisco und ich aus Berlin kommend am Flughafen in San José aufeinandertrafen. Wir hatten beschlossen, zwei Surfwochen in Santa Teresa zu verbringen. Diesmal allerdings war Hochsaison. Guggi leitete mich und unseren gemieteten Jeep durch den unübersichtlichen Verkehr ohne Hinweisschilder zum Fährplatz, der etwa drei Stunden von San José entfernt lag. Wir erwischten gerade noch die letzte Fähre, erreichten kurz vor Mitternacht total übermüdet unser Ziel und stießen mit Orangensaft auf meinen Geburtstag an.

Unsere Bleibe war der absolute Hammer: mit Privatpool, großer Küche, vielen Schlafzimmern, mehreren Bädern und einer geräumigen Terrasse. Zwei gut aussehende israelische Brüder hatten dieses Gästehaus selbst gebaut und vor Kurzem erst eröffnet. Sie wohnten auf der Baustelle direkt über uns und hatten uns die Wohneinheit zu einem fairen Preis überlassen. Überglücklich legten wir uns ins Bett und schliefen sofort ein.

Ich habe ja schon erwähnt, dass es an dem Ort während der Hochsaison vor Israelis nur so wimmelte. Anscheinend gab es dort sogar eine kleine jüdisch-orthodoxe Gemeinde, deren Mitglieder ihre traditionellen Feste regelmäßig in voller Montur am Strand abhielten. Ein Bild für die Götter. Und an dem staubigen Hauptweg, der sich durch den gesamten Ort zog, entdeckten wir eine Synagoge. Verrückt.

Unsere Vermieter waren allerdings überhaupt nicht gläubig, sondern liefen den ganzen Tag nur in Shorts und mit freiem Oberkörper herum. Sie waren professionelle Kitesurfer aus Eilat im Süden Israels. Da sie in ihrem Land relativ bekannt waren und die Aufmerksamkeit sowohl der Medien als auch der Surfanhängerschaft anzogen, hatten sie kurzerhand beschlossen, sich aus der Öffentlichkeit auf diesen letzten Zipfel der Peninsula zurückzuziehen, während die israelischen Touristen sie dort weitestgehend in Ruhe ließen.

Die Hochsaison brachte mit sich, dass alles überfüllt war. Klar. Die Strandpartys, die jungen Amerikanerinnen mit Spring-Break-Attitude, die gestressten Ticos (so nannte man umgangssprachlich die Bewohner Costa Ricas), welche die finanziell ertragreichsten Monate des Jahres ausnutzen mussten, Benzinknappheit, die sich darin äußerte, dass man nur kanisterweise an das Gemisch kam, leere Bankautomaten, eine nicht enden wollende Staubwolke auf der Hauptstraße hinter jedem Fahrzeug, da es nicht regnete – und viele laute, gut gefüllte Bars. Natürlich waren wir selbst schuld, zu dieser Jahreszeit gekommen zu sein, hatten es uns aber nicht so schlimm vorgestellt.

Wir zogen uns zurück in unser Haus am Pool und nahmen am Surfunterricht an entlegeneren Stränden teil. Guggi hing täglich am Telefon und diskutierte mit ihrem Ex-Mann wegen der bevorstehenden Scheidung. Sie war dementsprechend gelaunt. Joseph ging seinen eigenen Dingen nach. Er plante ein neues Artificial-Intelligence-Projekt mit einem ehemaligen Harvard-Studienkollegen und vertiefte sich, am Laptop sitzend, vollkommen in seine Arbeit. Ich verstand absolut nichts von all diesen Codierungsseiten, die auf seinem Bildschirm erschienen.

Und dann brach ich mir nach wenigen Tagen während eines Wipeouts zu allem Überfluss auch noch eine Rippe an. Der Schmerz kam verzögert, dann aber mit voller Wucht. Ich konnte kaum atmen, geschweige denn mich bewegen, lag auf dem großen Brett und wurde immer weiter weggetrieben von der Gruppe.

Dieselbe Rippe hatte ich mir schon einige Monate zuvor während eines Tandem-Gleitschirmflugs geprellt. Ein Kumpel aus Rio, der Gleitschirmfluglehrer war, hatte mich im Naturpark Prainha außerhalb der Stadt zu einem Ausflug in die Lüfte eingeladen. Schon vor einiger Zeit hatte ich ihm davon erzählt, dass das Fliegen für mich ein großer Traum war und dass ich mir manchmal ausmalte, bei fortgeschrittener Krankheit eben nicht mehr durch die Landschaft zu wandern, sondern über sie zu fliegen.

Nun war es endlich so weit, aber irgendwas ging schief. Ich glaube, die Thermik war es, die ihn überrascht hatte und die zum Unfall führte. Ich prallte mit meinem Brustkorb an einen Felsen, mein Kumpel auf mir draufliegend. Während der Bruchlandung verfingen sich die gefühlt Tausenden von Fäden des Schirms in einem Baum und wir brauchten ziemlich lange, um diese in der Mittagshitze an einer Schräge stehend zu entwirren. Obwohl wir versuchten, den Schreck einfach wegzulachen, war ihm sein Fehler sichtlich unangenehm. Aber ich tat, als ob nichts wäre, und war erleichtert, dass nichts Schlimmeres passiert war.

Der Schmerz war sowieso relativ erträglich. Ich machte mir keine großen Gedanken darüber und wartete ab, bis ich mich wieder ordentlich bewegen konnte. Aber schon damals merkte ich, wie wenig ich zu gebrauchen war, wenn ich mich nicht nach Lust und Laune bewegen konnte – und das trotz der Gewissheit, dass es vorübergehen würde.

Als ich nun ein paar Monate später mit schmerzverzerrtem Gesicht auf dem Surfboard lag und unter Qualen gegen den Strom an Land zu paddeln versuchte, weil ich in den Kanal abgetrieben worden war, musste ich daran denken, dass die Einschränkungen ja immer weiter voranschreiten würden und ich das immer noch nicht wahrhaben wollte. Flashback zum Bänderriss in Portugal vor eineinhalb Jahren. Schon wieder war ich lädiert. Sollte ich nicht langsam mal vorsichtiger werden? Und was mach ich denn jetzt im Surferparadies, ohne surfen zu können?

Ich wartete, bis ich wieder aus dem Kanal rauskam. Kurze Erklärung dazu: Das Wasser, das mit den Wellen an Land trifft, muss sich natürlich einen Weg zurück ins Meer bahnen. Das geschieht über einen Kanal, der sich je nach Lage der Sandbänke und Strömungen immer wieder neu formt und einen enormen Tiefensog entwickelt. Jeder gute Surfer nutzt das. Er beobachtet in Ruhe das Meer, bevor er sich ins Wasser begibt, und sucht den Kanal, um mit seiner Hilfe schneller und mit geringerem Widerstand hinauszupaddeln. Wenn man zurückmuss, ist es natürlich umgekehrt. Obwohl es an der Oberfläche des Kanals viel weniger Wellen gibt, ist es für Schwimmer, die ans Land wollen, lebensgefährlich, in den Kanal hineinzugeraten, da man gegen den Strom schwimmen muss, unter Panik die Kraft verlieren und ertrinken kann, selbst ganz nah am Ufer. Man sollte sich also lieber wieder ins Meer treiben lassen, um links oder rechts vom Kanal zurück an Land zu schwimmen oder paddeln.

Das tat ich, brauchte aber trotzdem eine halbe Ewigkeit und all meine übrig gebliebene Kraft, bis ich den Strand erreichte. Es tat so weh! Unter Tränen der Wut fluchte ich vor mich hin. Gut, dass kein Mensch in der Nähe war. Ich legte mich für eine Weile unter eine Palme, um nachzudenken, was zu tun sei. Tja, gar nichts war zu tun, außer irgendwie nach Hause zu kommen …

Die folgende Woche lag ich also hauptsächlich herum. Joseph und Guggi gingen täglich surfen und ich blieb allein zu Hause. Zwar am coolen Pool mit guter Lektüre, trotzdem genervt, weil ich auf alles Sonstige verzichten musste. Ich hasste es, vorsichtig aufstehen zu müssen, verfluchte meine Unbeweglichkeit und war frustriert. Ich hatte richtig schlechte Laune. Irgendwann war das mitgebrachte Buch ausgelesen und ich vergeudete meine Zeit auf diversen Social-Media-Kanälen. Na, das konnte ja heiter werden, wenn ich irgendwann mal dauerhaft eingeschränkt sein würde in meinen Bewegungen. Wie sollte ich denn dann mit mir klarkommen, wenn mich schon eine vorübergehend lädierte Rippe so aus dem Gleichgewicht bringt?

Und wie sollen meine Familie und Freunde mit einem solch mürrischen Nervenbündel klarkommen? Ich würde wohl noch sehr viel an mir arbeiten müssen …

Hinzu kam noch eine weitere narzisstische Kränkung, die ich in der letzten Zeit nicht unbedingt gewohnt war. Einer unserer attraktiven Vermieter, auf dessen Besuche ich mich jedes Mal freute und den ich ziemlich anflirtete, tauchte immer seltener auf, weil die Baustelle über uns fast fertig war. Er zog in ein Nebenhaus. Dort stand sein wunderschöner Rappe im eingezäunten Garten, auf dem er jeden Morgen ohne Sattel und Halfter am Strand entlanggaloppierte. Und er gab mir ziemlich klar zu verstehen, dass er lieber mit seinem Pferd zusammen war als mit mir …

Ehrlich gesagt, war ich ziemlich geknickt. Seitdem ich Single war, hatte ich mich in allerhand kurze Abenteuer gestürzt, fand meine Unabhängigkeit auch in Sachen Männern toll, genoss die Freiheit, mir wen auch immer auszusuchen – und war tatsächlich kaum jemals abgewiesen worden. Tja, jetzt war's also so weit. Und natürlich hatte ich Angst, dass es an Mr P lag, dass man mir die Krankheit inzwischen ansah, was sicherlich völliger Quatsch war. Wahrscheinlich stand er halt einfach nicht auf mich, was soll's, soll ja vorkommen und ist ganz normal. Aber die Sorge, aufgrund der Krankheit nicht mehr attraktiv zu sein, übertrumpfte meine Selbstberuhigungsversuche und ich verfiel in eine leichte Depression. Im Paradies. Am Pool. Wie unpassend …

Nach ein paar Tagen Selbstmitleid raffte ich mich endlich auf. Schluss mit Trübsalblasen. Ich kaufte mir starkes Ibuprofen gegen die Schmerzen, schluckte es mit meinem Spirulina-Kurkuma-Chlorella-Gemisch im frisch gepressten Orangensaft hinunter und beschloss, eine kleine Wanderung in das hügelige Hinterland zu machen. Weit weg vom belebten Strand, von der staubigen und lauten Hauptstraße, den Surferboys, den Partymenschen und Hippie-Yogis stapfte ich durch die Pampa und konzentrierte mich auf das Laufen, meine Allheilmedizin. Zum Sonnenuntergang war ich zurück, nicht ohne vorher an einer Finca ein sehr nettes Gespräch mit der dort ansässigen Familie über den ausbleibenden Regen geführt zu haben. Es war ein guter Tag. Ich hatte mich bewegt. Und die Schmerzen hatten sich in Grenzen gehalten.

Davon ermutigt entschied ich mich am nächsten Tag für eine längere Wanderung durch den Dschungel. Jetzt war ich erst recht in meinem Element. Ausgeglichen und glücklich. Barfuß konzentrierte ich mich darauf, meinen linken Fuß abzurollen, und behielt meine bewährten alten und zerlöcherten Turnschuhe in der rechten Hand. In froschgrünen Siebzigerjahre-Shorts und weißem Muskelshirt lief ich immer weiter den engen Pfad entlang, der mich an eine einsame Bucht führte, in der ich nackt und happy schwimmen ging.

Als ich zurück im Haus war, erwarteten mich Guggi und Joseph schon. Auch sie waren gut gelaunt. Sie hatten zum Sonnenuntergang einen Drink auf der Terrasse eines Beachclubs genommen – bis die feierwütigen Leute die Szenerie übernahmen und zu tanzen begannen. Komisch. Selbst mein Feierprofi Joseph hatte hier keine Lust auf Party. Guggi ebenso wenig. Und was für eine Ironie, dass der Booker des berühmtesten Klubs von Berlin mit strengster Türpolitik schon seit vielen Jahren zurückgezogen mit seiner Familie hier im Hinterland lebte, um zu chillen und zu surfen. Seinen Job als Booker erledigte er mittlerweile online. Das Nachtleben war vorbei.

Kurz vor Ende unserer zwei Wochen nahmen Guggi, Joseph und ich noch an einer exzellenten Iyengar-Yoga-Unterrichtstunde teil. Unser Lehrer hatte eine starke Beeinträchtigung seiner Sehkraft. Seine Augen lagen nicht harmonisch in den Höhlen, sondern traten asymmetrisch hervor, was ziemlich merkwürdig aussah. Während ich in der Asanas-Stellung verharrte, dachte ich über das Geheimnis von Attraktivität nach.

Unser Yogalehrer zum Beispiel ruhte in sich, besaß einen geschmeidigen, gestählten Körper und wirkte total zufrieden mit sich. Seine Bewegungen waren harmonisch, seine Stimme fest und selbstbewusst. Trotz seines Gesichts fand ich ihn attraktiv. Warum war es total egal, dass seine Augen nicht der Norm entsprachen? Wie entsteht Attraktivität beziehungsweise sexuelle Anziehungskraft? Ich selbst fand früher immer Männer mit kleinen Makeln, zum Beispiel mit alten Aknenarben, einem kleinen Bäuchlein, schütterem Haar, schiefer Nase oder leichter Hasenscharte attraktiv. Mir machte absolute Schönheit Angst. Ich wollte entdecken, was sich hinter der Narbe verbarg, oder suchte etwas in den klugen Augen, die bereits von Falten umrahmt waren. Merkwürdigerweise änderte sich diese Vorliebe, je älter ich wurde, und ich begann, mich für wesentlich jüngere, »makellose« Männer zu interessieren. Und oft interessierten sie sich auch für mich und ich ließ mich auf sie ein.

In Costa Rica ging ich allerdings tatsächlich leer aus. Und das war für die Genesung meiner Rippe wahrscheinlich auch ganz gut so. Da war ich nun, in der Yogastellung des herabschauenden Hundes, und versuchte, meinen Körper, so gut es ging, zu dehnen, atmete in den noch stechenden, aber deutlich abgeschwächten Schmerz in der linken Seite hinein. Mir wurde klar, dass ich mich inzwischen wesentlich stärker um mein Erscheinungsbild scherte als früher. Dass ich eitler geworden war. Warum nur? Weil ich den Schein wahren wollte? Weil ich unbedingt fit und gesund wirken wollte, um noch alles mitnehmen zu können, was irgendwie ging, bevor es wesentlich schwieriger werden würde? Ich wechselte in die Kobra-Stellung und dehnte meinen Rücken, mit dem Kopf nach hinten blickend. Zumindest hatte ich meine Flexibilität noch nicht verloren, die ich seit dem Ballettunterricht als junges Mädchen besaß. Und als ich in der Krieger-Stellung ankam und meine festen und immer noch gut funktionierenden Muskeln spürte, war ich plötzlich froh über meine Eitelkeit. Sie würde mir nämlich erlauben, so lange wie möglich fit zu bleiben und Mr P in Schach zu halten. Nicht für die anderen, nicht für die Männer, sondern für mich. Hauptsache, ich fühle mich gut. Nur für mich ganz allein. So lange es eben geht.

Wüste, Joints und Militärdienst

Israel und Ägypten

N och nie zuvor war ich in Israel gewesen. Obwohl ich doch schon seit Jahren das Bedürfnis hatte, meinen jüdischen Wurzeln väterlicherseits nachzuspüren. Nun saß ich also endlich im Flieger nach Eilat, mit aufgegebenem Rucksack, der hoffentlich alles Nötige für meine bevorstehende Wanderung durch die Wüste Negev enthielt, und war ziemlich aufgeregt. Einerseits weil ich zum ersten Mal israelischen Boden betreten würde, andererseits weil eine Wüstenwanderung nun wirklich kein Spaziergang ist.

Meine Erfahrungen mit Wüsten waren ziemlich dürftig und beschränkten sich im Grunde auf eine Sinai-Tour und eine Wanderung durch das Hohe-Atlas-Gebirge in Marokko, beide mit Tammi. Bereits Wochen zuvor hatte ich recherchiert, wo ich am besten laufen könnte im Spätherbst, denn spätestens Mitte November wollte ich raus sein aus Berlin – ohne um die halbe Weg fliegen zu müssen, da ich nur zwölf Tage Zeit hatte. Und so hatte ich einen sehr besonderen Fernwanderweg entdeckt: den Israel National Trail oder auch Shvil Israel genannt. Er zieht sich über tausendfünfundzwanzig Kilometer von Nord nach Süd, beginnend an der syrisch-libanesisch-israelischen Grenze über Tel Aviv und die Wüste Negev bis runter nach Eilat an der Grenze zu Ägypten und Jordanien. Das war's doch! Zwei Fliegen mit einer Klappe schlagen: endlich mal ins Heilige Land – und mitten im deutschen Nieselnovember in die trockene Wärme. Ich beschloss, einen Flieger nach Eilat zu buchen und durch die Wüste gen Norden zu wandern – soweit ich es eben schaffen würde beziehungsweise solange ich Lust hatte.

Um nicht zu viel Zeit zu verlieren, suchte ich mir nach meiner Ankunft in Eilat eine Jugendherberge, die direkt am Beginn des Wanderwegs lag und von der aus ich am nächsten Tag direkt starten konnte. Ich traf auf keinen einzigen Gast, weder im Gebäude noch auf dem Campingplatz im Außenbereich. Nur der Herbergsleiter erzählte mir ein wenig über meine bevorstehende Wanderung, aber er sprach ziemlich schlechtes Englisch und war daher schwer zu verstehen. Die nötigsten Informationen hatte ich mir eh bereits in Berlin besorgt. Ich unternahm noch einen kleinen Spaziergang zum von Stacheldraht eingezäunten Strandabschnitt, der nur durch die Uferstraße von der Herberge getrennt war. Die Straße verlief vom Zentrum über die Grenzstation Taba bis nach Ägypten hinein, direkt am Roten Meer an der Bucht von Akaba entlang. Es herrschte zwar nicht viel Verkehr, aber trotzdem war mir alles etwas zu urban und zubetoniert. Kein einziger Baum oder Busch war zu sehen. Im kleinen Lebensmittelladen nebenan kaufte ich reichlich Wasserflaschen ein, sonst gab es außer Chips, Schokolade und Avocados nicht viel zu kaufen, aber ich hatte sowieso Proviant aus Berlin mitgebracht. Dann baute ich mein Zelt auf steinigem Boden unter einem vertrockneten Olivenbaum auf. Ein Vorgeschmack auf die Wüste eben. Als die Sonne dann blutrot hinter den Bergen unterging, verzog ich mich ins Zelt und schlief sofort ein. Ich freute mich darauf, am nächsten Morgen das Eilat-Massiv besteigen zu können.

Nachdem ich gegen zehn Uhr losgezogen war, kam mir nach zwei, drei Stunden eine ziemlich große Reisegruppe amerikanisch-jüdischer Teenagerinnen entgegen. In einem erstaunlichen Wüsten-Outfit: Alle trugen den gleichen schwarzen Rock und dazu feine schwarze Halbschuhe. Sie erzählten mir, dass sie mit Taglit Birthright Israel unterwegs – einer NGO, die die Verbindung junger Menschen mit jüdischen Wurzeln aus aller Welt mit der Kultur Israels fördert – und gerade auf dem Rückweg eines Halbtagesmarsches seien. Der Ausblick auf dem Gipfel der Gishron Cliffs im Eilat-Massiv, von dem sie gerade herunterkamen, sei herrlich. Man sehe das Rote Meer, den gesamten Golf von Akhaba und Jordanien auf der gegenüberliegenden Seite, berichteten sie ganz aufgeregt.

Da es für mich schon steil bergauf ging und ich zehn Liter Wasser dabeihatte, war ich etwas außer Atem und brachte nur keuchend ein paar höfliche Worte hervor. Meine Bewunderung galt vor allem ihren mädchenhaften schwarzen Halbschuhen, in denen sie offensichtlich den gesamten steinigen Pfad zum Gipfel hinauf und wieder hinunter hinter sich gebracht hatten. Wie süß. Weniger süß waren dann am Ende der Mädchenkolonne die Männer mit Maschinenpistolen und dicken Patronengürteln um die Hüften, die ich erst sah, als die Gruppe sich fast komplett an mir vorbeigeschoben hatte. Sie begleiteten die Mädchen, wohl zu ihrem Schutz. Dass dieser Schutz anscheinend notwendig war, brachte mich für einen Moment aus der Fassung. So wie der meterhohe Stacheldrahtzaun an der Grenze zwischen Ägypten und dem Gelobten Land, von der immer mal wieder Schüsse zu hören waren, die ich nicht wirklich einordnen konnte. Waren es Militärübungen, die es auf beiden Seiten der Grenze regelmäßig gab? Oder wurde da wirklich scharf geschossen?

Jedenfalls war das alles ziemlich irritierend und ich war erleichtert, als sich der Wanderweg immer mehr von der Grenze entfernte und ich schließlich in einer wunderbar einsamen, kargen Landschaft landete, in der absolute Stille herrschte.

Daran erinnerte ich mich noch von meiner Sinai-Wanderung mit Tammi: an diese unvergleichliche Stille der Wüste. Unbeschreiblich. Ich weiß noch, wie ich damals, als wir – ziemlich hungrig und durstig, da wir uns verlaufen hatten – in dieser unwirtlichen, absolut stillen Landschaft so hintereinander herliefen, plötzlich an Moses denken musste, wie er durch die Wüste zum Berg Sinai lief und die Zehn Gebote aussprach. Es war das erste und bisher einzige Mal, dass ich – als überzeugte Atheistin – je eine Nähe zu dem sogenannten Göttlichen empfunden habe.

Nun also die Stille der Negev-Wüste. Und es war heiß in der Negev-Wüste. Sehr heiß. Die Sonne schien ohne Erbarmen, Schatten gab es keinen, das Laufen wurde von Stunde zu Stunde mühseliger. Ich lief steinige Berge hinauf und hinab, durch sandige Wadis auf Felsplateaus hoch und weitläufige Strecken in der Ebene, ohne zu wissen, wohin der ausgeschilderte Weg mich genau führen würde. Ich hatte weder eine Wanderkarte dabei noch Netzempfang – und das, obwohl ich mir extra eine israelische SIM-Karte besorgt hatte.

Vom Herbergsleiter hatte ich erfahren, dass viele Negev-Wanderer ihr Wasser vorher an bestimmten Stellen auf dem Weg vergruben. Aber dafür hätte ich ja vorher die Straße von Eilat Richtung Totes Meer abfahren müssen und mehrmals querfeldein Richtung Trail laufen, um anschließend wieder zum Auto zurückzukehren. Das erschien mir doch arg umständlich. Ich hätte natürlich die sogenannten Trail Angels anrufen können, die freiwilligen Helfer, die für die Wanderer das Wasser vergruben – doch ich sprach kein Hebräisch und diese nicht genug Englisch. Mit meinem bisschen Arabisch wäre ich wohl schmerzvoll angeeckt.

Aber all das wusste ich ja vorher. Stur folgte ich den orange-blau-weißen Wegmarkierungen des Trails. Orange stand für die Farbe der Wüste, Blau für das Mittelmeer und Weiß für die Berge im Norden. Das reichte mir.

Meine erste Nacht allein in der Wüste verbrachte ich auf einem Felsplateau, auf dem ich mein Zelt nur mit Steinen, die ich an die Seile geknotet hatte, am Boden befestigen konnte. Ich hatte mich gegen die wesentlich gemütlicher aussehende sandige Ebene entschieden, weil man mich eindringlich vor dem winterlichen Starkregen gewarnt hatte, der urplötzlich auftreten konnte und alles mit sich riss, was nicht felsenfest im Boden verankert war. Auch Menschen ...

Also war ich rundum zufrieden mit meiner Entscheidung, mein Zelt auf dem steinigen Felsplateau aufgeschlagen zu haben, und genoss den klaren Sternenhimmel. Nicht ohne mich hin und wieder dabei zu erwischen, mit zusammengekniffenen Augen zum Horizont zu starren, ob ich nicht doch die Schatten sich ansammelnder Wolken entdecken würde.

Mein Abendessen bestand aus Nüssen und einer Avocado. Mir kam die Idee, dass man die robuste Schale einer Avocado gut wiederverwerten konnte: nämlich zum Hinternabputzen nach dem Toilettengang. Mitten in der Wüste und bei der Notwendigkeit, meine Wasservorräte, so gut es ging, zu rationieren, fand ich diesen simplen Einfall ziemlich gut. Ein bisschen mitgenommenes Papier erledigte den Rest.

Ich weiß noch genau, wie stolz ich an diesem Abend auf mich war. Allein und autark inmitten der Wüste. Den Blick in den klaren Vollmondhimmel gerichtet. Experimentellen Elektro-Jazz direkt am Ohr, der aus der kleinen Musikbox kam, die ich bei jeder Tour in der Rucksackdeckeltasche mit mir trug. Ich liebe diese Musik, die Klänge locken mich aus meiner Komfortzone und wühlen mich innerlich angenehm auf. Ein bisschen, als hätte ich halluzinogene Drogen genommen. Mit einem irre intensiven Glücksgefühl, gemischt mit Ehrfurcht vor dem Unbekannten, dem Ungewissen, kroch ich schließlich nach einem letzten Blick in die Ferne ins Zelt und fiel in einen unruhigen Schlaf.

Am nächsten Morgen hörte ich dann den tollen Chilly Gonzales, dessen Klaviermusik ich mittlerweile auswendig kannte, denn sie hatte mich bis jetzt auf jeder meiner Touren begleitet und gehörte zu meiner Routine beim Aufstehen und Zusammenpacken. Als ich irgendwann mal ein Konzert des Künstlers in Berlin besuchte, fühlte ich mich – eingeklemmt im Konzertsaalsessel inmitten all der anderen Menschen – fast fehl am Platz. Für mich war diese Musik so sehr mit meinen Touren verknüpft, dass es sich merkwürdig anfühlte, ihr zuzuhören, ohne mit verklebten Augen den Sonnenaufgang zu beobachten, mein Zelt zusammenzupacken oder den Staub vom Rucksack abzuklopfen vor dem Aufschnallen.

Was ich jetzt tat. Nach einem kleinen Frühstück rollte ich routiniert die Schnüre des Zeltes und die Plane zusammen, setzte mein Käppi mit Sonnenschutz an Nacken und Ohren auf den Kopf, schnürte meine Schuhe fest zu, schulterte meinen viel zu schweren Rucksack und stapfte los. Ich war gut gelaunt und rundum zufrieden mit mir und der Welt.

An den nächsten zwei Tagen lief ich hinauf auf verschiedene Hochplateaus, hinunter durch sandige Wadis mit Dornenbüschen, entlang lang gezogener flacher und steiniger Ebenen und durch Schluchten hindurch mit wunderschönen Sandstein-Felsformationen links und rechts. Es erschlossen sich mir die unterschiedlichsten Varianten der Wüstenlandschaft, die mir bei Weitem nicht so vertraut war wie zum Beispiel der Dschungel oder die Landschaften der nördlichen Mittelmeerländer.

Bis ich an eine Stelle kam, die mir Kopfzerbrechen bereitete. Ich befand mich an einer Felskante und sah hinab in einen bestimmt dreihundert Meter tiefen Abgrund. Der Abstieg war nur durch eine enge Felsspalte möglich, an der Halterungsgriffe aus Eisen angebracht waren. Tja, das war kein Wandern mehr, sondern Klettern. Normalerweise ist das kein Problem für mich, aber in diesem Fall war die Felsspalte einfach zu eng.

Gleich beim ersten Versuch blieb ich in der Spalte stecken,

weil mein Rucksack mit den vielen Wasserflaschen einfach zu voluminös war. Ich hatte mich gerade mit einem Fußtritt zum nächsten nach unten gehievt, mit dem Körper an die Felswand gedrückt, als ich merkte, dass ich mich mit dem vorhandenen Platz verkalkuliert hatte und nichts mehr ging. Ich steckte fest. Mit beiden Händen zog ich mich an einem über mir befestigten Eisengriff wieder hoch – und zog und zog. Bis der Rucksack endlich nachgab und ich, völlig aus der Puste, aus der Spalte auf die Plattform kraxelte– was sehr, sehr mühsam war. Dann schnallte ich den Rucksack ab, setzte mich am Rande des Abgrunds hin, während ich nach unten sah, zündete mir eine imaginäre Zigarette an und überlegte bestimmt eine halbe Stunde lang, wie ich jetzt vorgehen sollte. Ob die Wasserflaschen heil bleiben würden, wenn ich den Rucksack einfach nach unten werfen würde? Ich dann ohne Gewicht einfach hinterher? Wenn die Plastikflaschen aufplatzen würden, müsste ich alles wieder hochsteigen, denn ohne Wasser würde ich nicht weiterlaufen können. Aber es noch mal mit Rucksack zu versuchen, wollte ich auch nicht. Erneut stecken zu bleiben war zu riskant, da es mich schon beim ersten Mal viel Energie gekostet hatte, wieder frei zu kommen. Außerdem hatte ich Angst, das nach unten ziehende Gewicht nicht halten zu können, wenn ich mich befreien könnte. Ich wollte den Rest des Abstiegs schließlich nicht im freien Fall beenden.

Es half nichts: Da ich das Terrain nicht wirklich kannte und davon ausgehen musste, dass mir diese oder eine ähnliche Situation wieder über den Weg laufen würde, beschloss ich schließlich zähneknirschend umzukehren. Ich hatte mich tatsächlich übernommen. Mission not accomplished. Was für ein Desaster! Meine gute Laune war wie weggeblasen. Obwohl mein Scheitern eigentlich gar nichts mit Mister P. zu tun hatte, spürte ich Wut in mir aufsteigen.

Vor mich hin murrend lief ich über einen ebenfalls markierten Umweg zurück zur Jugendherberge. Wenigstens nicht derselbe Weg zurück. Es war schon schmählich genug, dass ich meine Wanderung hatte abbrechen müssen.

Auf dem Zeltplatz der Herberge standen inzwischen ziemlich viele Großraumzelte herum, die von mehreren israelischen Jugendgruppen und deren Betreuern belegt waren. Ich hatte fast vergessen, wie laut Heranwachsende sein können, und machte nachts kein Auge zu. Ziemlich gerädert lief ich daher am nächsten Morgen los. Ich hatte beschlossen, das Wandern zu lassen und stattdessen in meiner restlichen Zeit am Roten Meer zu chillen und einfach nur abzuhängen. Eigentlich wusste ich noch nicht so recht, was ich vorhatte. Und da mir Eilat zu trubelig und urban war, stand ich nach ziemlich langer Warterei am Grenzübergang plötzlich auf ägyptischem Boden und suchte nach Minibussen Richtung Süden. Deren Fahrer warteten, bis sie genügend Fahrgäste zusammenhatten. Mir fiel eine Truppe von fünf israelischen Jungs und einem Mädchen auf, die gerade wild um den Fahrpreis feilschten. Ein Platz im Bus war noch frei, also beschloss ich, mich ihnen anzuschließen.

Als es endlich losging, hatte ich keine Ahnung, wohin. Ich fragte auch nicht nach. Hauptsache, weiter in den Süden zu den Stränden. Die jungen Israelis packten ihre Getränke aus, machten ihre Boombox an, aus der ein Elektrosound tönte, der mir sehr gut gefiel, und wir kamen ins Gespräch. Sie erzählten, dass sie vor nicht allzu langer Zeit ihren dreijährigen Militärdienst hinter sich gebracht hätten, mittlerweile in ihren jeweiligen Jobs arbeiteten und jetzt einfach nur abhängen wollten. Den ganzen Alltagsstress hinter sich lassen wollten. Sie quetschten mich über Berlin aus, wie es sei, dort zu leben. Die Stimmung im Bus war prächtig und wir verstanden uns super – trotz des Altersunterschieds. Über mich selbst sprach ich eher wenig, aber ich erzählte ihnen von den Klubs, über die sie schon so viel gehört und gelesen hatten, vom Berliner Alltagsleben und auch ein wenig von den legendären und verrückten 1990er-Jahren, als die Stadt als eine Art Spielplatz für junge Erwachsene gedient hatte. Sie wollten alles ganz genau wissen und saugten alle Informationen auf, die ich ihnen geben konnte.

Irgendwann schlugen sie mir vor, doch einfach mit ihnen auszusteigen: Sie hätten sich einen Ort am Meer ausgesucht, von dem sie von Freunden gehört hätten – und dessen Namen ich mir nicht einmal merkte, weil ich einfach nur happy war über die Idee. Ich wollte ja auch einfach nur »abhängen« so wie sie und es reizte mich ungemein, sie näher kennenzulernen. Ich beschloss also, mich ihnen anzuschließen, weil ich immer faszinierter war von dieser Bande, die einerseits so jugendlich ausgelassen war, wie man das erwarten würde, andererseits schon so viel Verantwortung auf ihren Schultern hatten tragen müssen. Wie anders muss es sein, das Leben und der Blick auf die Welt, wenn man unter ständiger Bedrohung aufwächst. Ein paar hatten den Trip nach Ägypten sogar vor ihren Eltern verheimlicht, um deren Sorgen vor Splittergruppen der Hamas nicht noch zu schüren, die im Norden der ägyptischen Halbinsel des Öfteren Israelis gegen Lösegeldforderungen entführten. Jedes Mal, wenn wir einen der vielen Checkpoints passierten, die auf der ungefähr zweistündigen Strecke lagen, war die Stimmung ziemlich angespannt und einer der fünf machte vorsichtshalber die Boombox aus.

Endlich angekommen, wurde um den Preis der Übernachtung mit dem Beduinenbesitzer der Unterkunft gefeilscht, die sich die Gruppe vor Ort ausgesucht hatte. Es dauerte eine kleine Ewigkeit, bis man sich einig wurde, wobei ich natürlich kein Wort von alldem verstand. Aber die Beduinen sprachen gut Hebräisch und waren demnach bestens auf die Israelis vorbereitet und absolute Meister im Feilschen. Als endlich alles verhandelt war, verteilten wir uns in Windeseile auf die Zimmer, deren Ausstattung nur aus Matratzen auf einem mit Teppich ausgelegten Boden bestand. Ich war glücklich darüber, die Einsamkeit in der Wüste gegen das Meer und das Miteinander mit einer aufgekratzten Truppe junger Israelis eingetauscht zu haben.

Nachmittags war die Bande plötzlich verschwunden und ich entdeckte sie zufällig während eines Spaziergangs in einer Strandhütte. Darin wurde – ebenfalls ziemlich langwierig – über den Kauf von Haschischbeuteln in der Größe eines Überraschungseis verhandelt. Ich hatte den Eindruck, die Beduinen waren auch auf diese Art von Tourismus gut vorbereitet. Ich selbst lief lieber zurück zu unserem Gastgeber, der, in eine Djellaba gekleidet, auf einem Teppich auf seiner Terrasse saß – vor sich auf einem niedrigen Tisch eine Kanne Tee und viele, viele Zuckerwürfel. Er bot mir eine Tasse an und ich setzte mich dazu, um mit einem seiner schmallippigen Familienangehörigen einige Runden Backgammon zu spielen. Obwohl er mir viel zu süß war, wurde immer wieder Tee nachgeschenkt – aber ich

konnte aus Höflichkeit nicht ablehnen. Man sah es den Zähnen der Männer, die wahrscheinlich noch nie eine Zahnbürste gesehen hatten, an, was der Zucker bei ihnen so anstellte. Aber alle spielten verdammt gut Backgammon und ich musste mir richtig viel Mühe geben mitzukommen.

Irgendwann bekam ich Hunger und bestellte etwas zu Essen. Zur untergehenden Sonne wurde mir ein wunderbares Couscous serviert und ich beobachtete die israelische Freundesbande, wie sie vom Strand auf mich zugelaufen kam. Sie lachten und wirkten so ausgelassen und glücklich wie junge Fohlen. Ich freute mich für sie und lächelte zurück, mit einem gut gefüllten Löffel leckeren Couscous im Mund.

Am nächsten Morgen herrschte schon wieder Aufbruchstimmung. Alle rafften ihre Sachen zusammen, auf Hebräisch wurde wild hin und her diskutiert, ich hatte keine Ahnung, worum es ging – bis wir schließlich in einem Pick-up saßen, der uns an einen Ort fuhr, dessen wundersamer Ruf ihm bei allen jungen Leuten des Nachbarlandes vorauseilte. Auf der Fahrt drehten wir die Boombox auf volle Lautstärke. Die Elektromusik aus Tel Aviv (wie ich inzwischen erfahren hatte) hallte von den Bergen links und rechts zurück, als wir diverse Schluchten durchfuhren. Es war eine absolut irre Stimmung. Alle schrien und ich schrie einfach mit. Die Jungs drehten unablässig Joints und rauchten einen nach dem anderen weg. Ich hielt mich (noch) zurück, sonst wäre ich wohl aus den Latschen gekippt. Der Pickup bretterte immer schneller den holprigen Weg entlang, eine große Staubwolke hinter sich lassend. Wir wippten mit der Federung auf und ab, hielten uns fest, wo es nur ging, an den Rucksäcken, an den seitlichen Abgrenzungen der Ladefläche. Ich weiß bis heute nicht, wie die Jungs unter diesen Umständen das Dope warm machen und verkrümeln, geschweige denn in das dünne Blättchen drehen konnten, ohne dabei alles zu verlieren. Ich versuchte stattdessen, wenigstens ein paar gute Fotos im Fahrtwind zu machen. 165

Was machte ich hier nur? Mit einer Gruppe junger Israelis, deren Mutter oder Tante ich hätte sein können, unterwegs in Ägypten, ohne zu wissen, wo ich war. Andere trafen die Entscheidungen, ich ließ mich einfach nur mitreißen. Ausgerechnet ich, die doch immer die Kontrolle über alles behalten wollte und inzwischen am liebsten allein und autark reiste. Aber es tat wirklich gut. Es war unvorhersehbar, intensiv und ziemlich abenteuerlich.

Wie gesagt: Ich hatte keine Ahnung, wohin es ging, und war demenentsprechend überwältigt, als wir an eine strahlend blaue Lagune kamen, die krasser aussah als jede photogeshopte Postkarte. Die Hütten an der Lagune waren noch spartanischer als die Unterkunft von letzter Nacht: einfache Holzkonstruktionen mit Schilfrohr- oder Palmblätterverkleidung und nicht gefegtem Lehmboden. Wir teilten uns in zwei Hütten auf, schmissen unsere Rucksäcke hinein und anschließend uns selbst an den Strand der Lagune. Hin und wieder kühlten wir uns im seichten, kristallklaren und tiefblauen Wasser ab und ließen uns auf dem Rücken liegend treiben. Auf der anderen Seite der Bucht zogen Kitesurfer ihre Bahnen, sprangen hin und wieder in die Luft, drehten sich um ihre eigene Achse, kamen elegant mit dem Brett zurück auf der Wasseroberfläche auf und pesten wieder davon. Jetzt erinnerte ich mich an die israelischen Profi-Kitesurfbrüder aus Costa Rica, meine Gastgeber, die mir einmal von »the blue lagoon« vorgeschwärmt hatten. Hier war er also, einer der beliebtesten Kitesurf-Secret-Spots im Nahen Osten. Nicht ganz so einfach zu erreichen und daher nicht übermäßig gut besucht, wie wunderbar!

Abgesehen von den Kitesurfern waren nur noch vier weitere Gäste auf dem Gelände zu sehen, das aus ein paar Hütten und einer Haupthütte mit überdachter Liegewiese aus Teppichen und vielen Kissen bestand. Dort lagen wir abends, tranken Tee, aßen einfaches, aber sehr gutes Essen, das von unserer Beduinenfamilie zubereitet wurde. Es gab mehrere Beduinenfamilien, die das Gebiet unter sich aufgeteilt hatten und von den Touristen lebten. Man bewegte sich entweder auf Kamelen oder in Pick-ups fort. Weiter südlich gab es einen kleinen Bootsanlegehafen, von dem man auf dem Wasserweg zum berühmten Tauchgebiet Blue Hole und weiter nach Dahab fahren konnte.

Ich mochte meine Reisegruppe und sie mochte mich. Ich glaube, wir fanden uns gegenseitig exotisch, da wir aus so unterschiedlichen Leben kamen. Andere Herkunft, anderes Alter, andere Lebenserfahrungen. Sie fragten mich alles nur Erdenkliche und ich gab bereitwillig Auskunft. Ich hörte ihnen zu, wie sie über ihre Unsicherheiten in Bezug auf ihre Zukunft, die Möglichkeiten ihrer Selbstverwirklichung sprachen. Nicht, dass der Wunsch nach Karriere für sie vorrangig war. Nein, sie wollten vor allem ein aufregendes und glückliches Leben führen, waren hungrig nach Erlebnissen, Abenteuern. Wollten sich verlieben, feiern, auf alle möglichen Musikfestivals gehen, besseres Englisch sprechen lernen, reisen, genügend Geld dafür verdienen, aber sich nicht dafür totschuften. Viel Individualismus. Und doch würden sie für ihr Vaterland kämpfen, wenn es denn sein musste. Man merkte schnell, wie tief verankert der israelische Patriotismus in ihnen war.

Überhaupt war das Gemeinschaftsgefühl stark ausgeprägt. Ich hatte nicht das Gefühl, dass sie viel Zeit mit sich allein verbringen würden. Sie lebten eher nach dem Motto: alle für einen, einer für alle. Und gluckten meistens zusammen. Lag es vielleicht daran, dass sie alle in einer Kibbuz-Gemeinschaft aufgewachsen waren und immer noch dort lebten? Ich stellte nur vorsichtig Fragen, da ich so neutral wie möglich bleiben und meinen eigenen Blickwinkel weitestgehend außen vorlassen wollte. Besonders mit dem Mädel führte ich intensive Gespräche. Sie erinnerte mich so sehr an meine eigene Jugend, an diese bittersüße Zeit des Erwachsenwerdens, als ich an den Lippen der Älteren hing und alles an Lebenserfahrung aufsaugte, was nur irgendwie ging. Mit meinem Mr P ließ ich sie allerdings in Ruhe. Das Thema Krankheit, gar Tod, war für sie noch so weit weg und ich wollte sie damit nicht überfahren. Zum Glück sah man mir die Behinderungen noch nicht an – zumindest wenn ich mich anstrengte, sie zu verbergen. Also verbannte ich Mr P in den Hintergrund und kiffte gemeinsam mit Gitarre spielenden jungen Leuten und Beduinen am Strand einer ägyptischen Lagune, um abends wie die Ölsardinen nebeneinander im Schlafsack einzuschlafen. Tat eh gut. THC und CBD. Wie ich später erfahren sollte, hilft Cannabis ganz wunderbar bei Parkinson. Wieder einmal wollte ich so intensiv wie möglich das Hier und Jetzt auskosten, im Hinterkopf immer die Gewissheit, dass es mit dem Spaß irgendwann vorbei sein würde.

Am nächsten Tag fuhren wir ans Rote Meer. Die fünf Jungs und das eine Mädel gingen Schnorcheln. Wie sich später herausstellen würde, allesamt auf LSD. Sie wollten wohl die glitzernd bunte Welt der Fische und Korallen mithilfe der Drogen noch glitzernder und bunter machen. Nichts ahnend sah ich ihnen vom Strand aus zu. Ich wiederum hatte keine Lust zu schnorcheln, obwohl mir die komplette Ausstattung inklusive einiger viel zu großer Schwimmflossen angeboten worden war. Lieber schrieb ich in meinem Reisetagebuch, trank heißen Tee und genoss den Anblick des Meers.

Als einer der Jungs dann ziemlich orientierungslos und verstört aus dem Wasser stieg und von seinen Freunden betreut werden musste, wurde mir klar, dass irgendwas nicht stimmte. Er wirkte total verunsichert und klammerte sich an den Arm eines seiner Freunde, der beschwichtigend auf ihn einredete. Es dauerte sicherlich drei bis vier Stunden, bis er sich aus diesem Angstzustand lösen konnte. Er hatte ganz offensichtlich einen schlechten Trip erlebt. Das kann schnell passieren mit halluzinogenen Drogen.

Andererseits: Genau dieser Junge hatte mir die Nacht zuvor von seinen Eindrücken während des Militärdienstes erzählt. Zwar war er kein Scharfschütze gewesen, aber es war offensichtlich, dass ihm seine Erlebnisse zu schaffen machten. Und nicht nur ihm, glaube ich. Der, der tatsächlich zum Scharfschützen ausgebildet worden war, versteckte sich einigermaßen gut hinter der Fassade eines lustigen Großmauls. Ein anderer, der an der Grenze zum Gazastreifen stationiert gewesen war, einer der gefährlichsten Brennpunkte der Welt, kam mir am reifsten vor. Detailliert und abgeklärt sprach er mir gegenüber von seinen Erfahrungen beim Militär. Sein LSD-Trip schien mir vor allem ein Akt der Befreiung zu sein – und keine Konfrontation mit den eigenen Dämonen wie wahrscheinlich bei dem anderen. Merkwürdigerweise sprach ich mit der jungen Frau nicht über ihre Erfahrung beim Militär. Sie hatte andere Themen, die sie weitaus mehr beschäftigten: zum Beispiel ihr großer Wunsch, ins Ausland zu gehen und dort zu studieren. Was genau, wusste sie zwar selbst noch nicht, vor allem wollte sie weg aus ihrer Heimat. Etwas anderes erleben als politische Konflikte und das eher konservative Leben in der Kibbuz-Gemeinschaft. Dort könne man nicht wirklich aus der Reihe tanzen, erklärte sie mir, der Konformitätsdruck sei groß. Sie wolle aber lieber eine Art Paradiesvogel sein.

Eine junge Frau, die noch nicht genau wusste, was sie wollte, aber wusste, dass sie etwas verändern wollte in ihrem Leben, wachsam, intelligent und neugierig auf die Welt. Was für eine schwierige Zeit! Ich erinnerte mich daran.

Ich bewunderte die jungen Israelis dafür, dass sie augenscheinlich trotz allem ihre Jugend genossen, dass sie noch so unschuldig aufs Leben blickten – obwohl sie genau diese Unschuld längst hätten verlieren können aufgrund all der Konflikte im eigenen Land. In Israel kann man, glaube ich, nicht politisch uninteressiert sein. Wie auch?

Im Vergleich zu dem, was diese jungen Israelis schon hatten erleben müssen, erschien mir jedenfalls meine kleine Krankheit unwichtig, nicht der Rede wert.

Und plötzlich, wie aus heiterem Himmel, wurde mir bewusst, warum ich auf meinen Reisen in der letzten Zeit immer wieder nach Situationen suchte, die entweder gefährlich oder wahnsinnig aufregend waren. Ich wollte meine Krankheit zunichtemachen, sie sollte buchstäblich *nicht der Rede wert* sein. Ich wollte nicht darüber nachdenken müssen, denn alles andere sollte wichtiger sein als mein Mr P. Gut nur, dass ich dafür kein LSD benötigte ...

In Dahab nahmen wir dann ein paar Tage später Abschied voneinander, in einem Ort, den ich schon bei meiner Sinai-Wanderung mit Tammi kennengelernt hatte und nun nach einundzwanzig Jahren kaum wiedererkannte. Damals gab es weder asphaltierte Straßen noch schicke Hotels wie heute, sondern nur Strandhütten und Teestuben an einem staubig-sandigen Weg. Als ich meinen neuen Freunden davon erzählte, wie Dahab damals, kurz nach ihrer Geburt, ausgesehen hatte, fiel mir erst so richtig auf, wie alt ich inzwischen war.

Bevor ich mich auf den Weg zurück nach Eilat machte, tauschten wir Telefonnummern aus, gründeten eine eigene Messenger-Gruppe, um uns später gefühlt Hunderte Fotos von den gemeinsam verbrachten Tagen zu schicken. Sie versprachen, nach Berlin zu kommen, und ich versprach, sie in ihrem Kibbuz etwa eine Stunde südlich von Tel Aviv an der Mittelmeerküste zu besuchen. Aber darum ging es nicht, das spürten wir. Sondern einzig und allein um die Dankbarkeit, dass wir eine so wundervolle, besondere Zeit miteinander hatten verbringen dürfen. Dass wir eine so unwahrscheinliche Begegnung erleben durften. Daher war es fast irrelevant, ob wir uns jemals wiedersähen, denn die Erinnerung war es, die zählte. Und sie konnte sowieso nicht wiederholt werden.

Mein gescheiterter Versuch,
Arabisch zu lernen

Ramallah

Ich war erleichtert, dass es noch hell war, als ich in der Stadt ankam, in der ich die kommenden zwei Wochen verbringen wollte.

Das Hostel lag im obersten Stockwerk eines Geschäftsgebäudes, das sich nicht leicht finden ließ, da es keine Hinweisschilder gab. Doch die Verkäufer der Marktbuden, die in der Nähe waren, halfen mir und wiesen mir den Weg. Während das einzige Einzelzimmer, das es im Hostel gab, für mich fertig gemacht wurde, sah ich mich ein wenig in der Innenstadt um und fand alles irre aufregend. Die Haupteinkaufstraße war ziemlich chic und modern. Es gab einen italienischen Eisladen, Restaurants, Teppich- und Stoffläden. Auch ein paar Modegeschäfte, in deren Schaufenster ich aber nicht so interessiert hineinsah und daher nicht mehr genau weiß, was im Angebot war. Definitiv keine La-Perla-Dessous.

Die Straße war nicht wirklich lang und sehr schnell befand ich mich in einer Gegend mit halb fertigen Gebäuden aus Sichtbeton, Wohnblöcken mit verriegelten Fenstern und herumstreunenden Hunden. Hin und wieder sah ich in einen Hinterhof hinein. Dort hing fast immer Wäsche an einer quer über den Hof gespannten Leine: bunte Acryltrikots mit Namen berühmter Fußballer, lange schwarze Hosen, Jalabas, und weiße Männerhemden mit säuberlich gestopften Löchern. Wo hängten bloß die Frauen ihre Klamotten auf?

Als ich endlich mein Zimmer beziehen konnte, musste ich feststellen, dass es keine Heizung gab – trotz der eisigen Kälte, die durch die undichten Fenster pfiff. So blieb mir nichts anderes übrig, als komplett bekleidet unter die dünne Decke zu kriechen und frierend einzuschlafen. Willkommen in Palästina. Willkommen in Ramallah.

Es war Frühjahr 2019. Ich war nach Tel Aviv geflogen und mit dem Bus weiter nach Jerusalem gefahren. Dort angekommen hatte ich an einem kleinen Kiosk in der Altstadt gefrühstückt. Ultraorthodoxe Männer hasteten mit geneigten Köpfen, ihre schwarzen Hüte haltend, die Gassen entlang, dazwischen gut aussehende, sehr selbstbewusst wirkende moderne junge Frauen, die erhobenen Hauptes umherstolzierten, als ob sie die Welt beherrschten. Was für ein Kontrast! Während ich das Treiben beobachtete, unterhielt ich mich mit dem Kioskbesitzer über den unterschiedlichen Geschmack aller Arten von Zitrusfrüchten, weil ich einen frisch gepressten Orangensaft nach dem anderen trank. Später in der Tram konnte ich meinen Blick nicht lassen von den jungen Männern, die, wippend und mit geöffneter Tora in den Händen, zwischen den anderen Fahrgästen standen, beteten und sich anscheinend von nichts ablenken ließen. Ich empfand mal wieder eine gewisse Ehrfurcht. Wieso eigentlich? Ich war doch Atheistin durch und durch. Lag es an der generellen Faszination für das Fremde, Unbekannte? Oder hatte es doch mit meinem jüdischen Hintergrund väterlicherseits zu tun? Fühlte ich mich immer noch zum Judentum hingezogen? Obwohl ich doch eigentlich kaum Ahnung hatte?

Auf meinen Reisen kreuz und quer durch die Welt war ich jedenfalls immer beeindruckt, wenn ich jüdischen Israelis begegnete. Ich mochte ihre anfängliche Schroffheit, die sich später als eigentümliche Herzlichkeit entpuppte. Das gefiel mir sehr. Ich weiß, es klingt ein bisschen komisch, aber es reizt mich, nicht ständig nett sein zu müssen. Und die direkte Art der Kommunikation vieler Israelis traf genau mein Bedürfnis, weniger Worte machen zu müssen und hin und wieder mal auf den Austausch von Höflichkeitsfloskeln verzichten zu können. Auch ihre leichte Überheblichkeit übte eine Faszination auf mich aus. Die meisten Israelis, denen ich begegnete, waren smart, besaßen eine schnelle Auffassungsgabe, gepaart mit viel Humor, die mich herausforderten. Ich liebe das! Denn ich habe festgestellt, dass man Mutterwitz und Schlagfertigkeit durchaus trainieren kann. Geht allerdings leichter im Alter, wenn schon ein wenig Wasser den Bach hinuntergeflossen ist. Nicht, dass ich gegen Höflichkeit bin. Manchmal ist es eben einfach erfrischend, sprachlich vor den Kopf gestoßen oder überrascht zu werden mit etwas, womit man nicht gerechnet hat.

Aber Israel war ja diesmal gar nicht mein eigentliches Ziel, sondern Palästina, genauer: das Westjordanland. Nicht um zu wandern, sondern um mir endlich meinen großen Wunsch zu erfüllen: Arabisch zu lernen. Ich hatte beschlossen, eine Sprachschule in einem Arabisch sprechenden Land zu besuchen, weil es in Berlin einfach nicht weiterging. Viel zu oft musste ich meinem Lehrer absagen, einem aus Syrien stammenden Flüchtling, der hin und wieder zu mir nach Hause kam, um mich zu unterrichten. Durch mein vieles Herumreisen fehlte die Kontinuität, und wenn ich mal länger in Berlin war, arbeitete ich meist zu viel, um mich auch noch auf das Lernen zu konzentrieren. Also hatte ich mich für einen Intensivkurs mit Einzelunterricht entschieden. In einem Land, das in Deutschland offiziell gar kein Land war, das ich wie fast alle Europäerinnen und Europäer nur aus den Nachrichten kannte und das zu der Zeit mal wieder in aller Munde war, weil Donald Trump entschieden hatte, die amerikanische Botschaft von Tel Aviv nach Jerusalem zu verlegen. Eine Provokation! Ich wollte das Land kennenlernen, in welchem diese Entscheidung neue Wut entfachte, wollte die andere Seite dieses fürchterlichen Nahostkonflikts sehen – soweit das einer Touristin aus Deutschland überhaupt möglich ist.

Und ja, sicher hatten auch meine Abenteuerlust, meine Sehnsucht, möglichst *nicht* das Naheliegende zu tun – in diesem Fall vielleicht einen Sprachkurs in Marokko oder Tunesien zu buchen –, zu meiner Entscheidung, als deutsche Halbjüdin im Westjordanland einen Arabischkurs zu buchen, beigetragen …

Schon vor über zwanzig Jahren, als ich zum ersten Mal in einem arabischen Land war, damals mit Tammi in Ägypten, hatte ich mich in diese für uns so fremde und eigentümliche Sprache verliebt und wollte sie unbedingt lernen. Keine Ahnung, warum, es war einfach so. Seit damals. Und ich hatte mich daran gewöhnt, es als einen Wunsch für irgendwann einmal abzuspeichern. Bis jetzt. Bis Mr P in mein Leben getreten war und ich lernen musste, alte Wünsche nicht länger aufzuschieben. Zumindest die wirklich wichtigen.

Doch, Moment. Es hatte schon vorher ein Schlüsselerlebnis gegeben, das mich merkwürdigerweise darin bestärkt hatte, Arabisch lernen zu wollen. Damals lebte ich in Madrid. Meine Nachbarschaft bestand aus alteingesessenen Kleinbürgerfamilien, Rentnern, Musikern und Tänzern der berühmten Flamencoschule, Prostituierten, Studenten in winzigen Dachgeschossen und jungen zugezogenen Arabern, die die damals üblichen kleinen Reparaturläden für Handys betrieben. In einem von diesen Läden ging ich ein und aus. Zum einen weil mein alter Nokia-Knochen ständiger Reparatur bedurfte, zum anderen weil es dort guten Kaffee und Zigaretten gab. Nach einiger Zeit kannte ich fast alle Arabisch sprechenden Jungs, die dort täglich abhingen.

Als dann am 11. März 2004 die Zuganschläge stattfanden, bei denen hunderteinundneunzig Menschen starben (der erste islamistische Terroranschlag in Europa nach dem 11. September 2001), erfuhr ich recht bald, dass genau dieser Ladenbesitzer wohl mitverantwortlich war für die Manipulation der Handys, mit denen die Sprengsätze gezündet worden waren.

Das zog mir den Boden unter den Füßen weg. Es war unbeschreiblich. Grausam. Unglaublich. Wie naiv und ahnungslos ich gewesen war. Wie vertrauensselig. Keinen blassen Schimmer hatte ich, dass es so viel Hass in meiner nächsten Umgebung gegeben hatte. Nie wieder wollte ich so ahnungslos und vertrauensselig sein, wenn ich mit anderen Menschen zu tun hatte. Und nicht zuletzt deshalb wollte ich Arabisch lernen. Nicht dass ich beim nächsten Besuch eines Handyladens hätte mitbekommen können, wann das nächste Attentat stattfinden würde. Darum ging's natürlich nicht. Aber ich wollte die Möglichkeit haben, zu verstehen, was geredet wurde. Ich wollte einfach *irgendetwas* tun. Für mich. Gegen den Schock. Gegen den Hass.

Ein paar Jahre später in Berlin tat ich dann tatsächlich etwas. Allerdings nicht, weil ich inzwischen Arabisch gelernt hätte, sondern weil ich einen arabischstämmigen Muslim aus England kennengelernt hatte. Während einer Taxifahrt hatte Tammi ihm die damalige Pop-Hymne des Dschihad auf dem Handy vorgespielt und gebeten, den Text für uns zu übersetzen. Der Taxifahrer aber geriet total aus dem Häuschen und sang lauthals mit – als wäre es irgendein Hit aus den Charts. Und das, während Tammi und ich auf der Rückbank saßen. Was für ein Wahnsinn! Aber wir ließen uns unsere Irritation nicht anmerken. Am Ende der Fahrt gab uns der Taxifahrer seine Telefonnummer und lud uns ein, mit ihm demnächst mal eine Runde Schach zu spielen.

Ich traf mich mit ihm mehrfach in einer Teestube im Wedding. Und erfuhr, dass er in London in Saus und Braus gelebt und als Personal Trainer für die Londoner High Society gearbeitet hatte. Er sah überdurchschnittlich gut aus, war gebildet, hatte jede Menge Partys gefeiert, jede Menge Sex mit vielen verschiedenen Frauen gehabt und viel Geld besessen. Doch dann begann die Religion, sein Leben zu bestimmen. Er verschenkte sein Hab und Gut, kam nach Berlin und lebte von da an ziemlich asketisch. Warum er sich für Berlin entschieden hatte, konnte er mir nicht erklären. Ich hatte so eine Ahnung, war aber nicht sicher. Mir kam es so vor, dass er als Rekrutierer von potenziellen Dschihad-Kämpfern unterwegs war. Er strahlte eine gewisse Faszination aus, der man leicht verfallen konnte. Ich rief jedenfalls nach einiger Zeit die Polizei an und ließ mich mit einem Ansprechpartner der Terrorismusbekämpfung vermitteln …

Gut drei Jahre später lief ich nun – nachdem ich mich noch ein wenig durch den israelischen Teil der Altstadt Jerusalems hatte treiben lassen – zum Damaskus-Tor. In den arabischen Teil der Stadt. Dort, in Ost-Jerusalem, befand sich der Busbahnhof, von wo es in die palästinensischen Gebiete ging. Ich verstand trotz meines sporadischen Unterrichts in Berlin immer noch kaum ein Wort, das um mich herum gesprochen wurde, und konnte nur mit Mühe die arabische Schrift entziffern, um den richtigen Bus nach Ramallah, der inoffiziellen Hauptstadt des Westjordanlands, zu erwischen.

Nach längerem Suchen konnte es endlich losgehen. Die Straße fraß sich durch eine staubige und karge wüstenartige Landschaft, der Stacheldrahtgrenzzaun zwischen Israel und dem Westjordanland war immer in Sicht. Ich kannte diese Landschaft von den unzähligen Fotos der Presseagenturen, die meine Redaktionskollegen und ich zur Verfügung gestellt bekamen, wenn es die aktuelle Nachrichtenlage erforderte. Sie in der Realität zu sehen war noch einmal etwas anderes.

Im Bus war es heiß und die Sitze, zum Teil nicht mehr richtig befestigt, bewegten sich bei jeder Kurve hin und her. Als blonde, westlich gekleidete Touristin fiel ich natürlich auf, aber keiner der Mitreisenden schenkte mir besondere Aufmerksamkeit, denn jeder war mit sich selbst beschäftigt. Es lag eine gewisse Spannung in der Luft. An der Grenze zum Westjordanland mussten alle, die nicht schon vorher ausgestiegen waren, raus und in andere Busse umsteigen. Wir warteten eine ganze Weile, bis es weiterging. Warum, konnte ich nicht herausfinden. Als wir Israel und die Check Points mit den bewaffneten israelischen Grenzsoldaten hinter uns gelassen hatten, entspannte sich die Stimmung ein wenig. Mich hatten die Israelis erst gar nicht kontrolliert, nur die Palästinenser. Klar, war ich froh darüber, schämte mich aber auch ein wenig, so privilegiert behandelt worden zu sein.

Am nächsten Morgen im Hostel in Ramallah bereitete eine sehr alte Frau, die nur Arabisch sprach, das Frühstück für die wenigen Gäste vor. Die Küche einschließlich kleinen Speisesaals befand sich im obersten Stock des halb leeren Gebäudes. Einige Etagen waren entweder nicht vermietet oder noch gar nicht fertiggestellt. Das hatte ich zufällig am Abend zuvor festgestellt, als ich mit dem Aufzug versehentlich falsch ausgestiegen war. Die anderen Gäste und ich genossen den herrlichen Blick auf die Moschee und den Obst- und Gemüsemarkt. Die breite Fensterfront war gen Osten gerichtet. Nachdem es kurz geregnet hatte, erschien im Gegenlicht der Sonne plötzlich ein wunderschöner Regenbogen direkt über der Jamal-Abdel-Nasser-Moschee, der größten im Westjordanland. Er brachte ein wenig Farbe ins Bild, da ansonsten alles betongrau oder in schmutzigem Weiß getüncht war. Man erzählte mir, dass es ungewöhnlich kalt und verregnet sei für die Jahreszeit – und ich klammerte mich an die heiße Teetasse zwischen meinen Händen. Denn obwohl ich in meinen Klamotten geschlafen hatte, war ich völlig durchgefroren aufgewacht.

Ich beobachtete das Geschehen auf dem Markt: Männer mit Kehrschaufeln, die den unbefestigten Boden von Gemüseresten befreiten, verschleierte Frauen, die Stoffballen aufrollten und wild mit den Händen gestikulierten. Was mochten sie dem

Standbesitzer wohl sagen? Dass der Stoff zu blau, zu rau oder zu durchsichtig sei? Ich verstand nichts von Stoffen, geschweige denn von traditioneller Kleidung im Westjordanland.

Es war noch ziemlich früh, als ich wohlgemut – obwohl ich immer noch fröstelte – zur Sprachschule loszog, die sich im dritten Stock eines Einkaufszentrums in der Stadtmitte befand. Ich war ein bisschen aufgeregt, aber auch voller Vorfreude. Da ich etwas zu früh angekommen war, vertrieb ich mir die Zeit, indem ich die Straßen auf und ab lief und die Menschen beobachtete. Sie waren sehr geschäftig, wie in jedem anderen Stadtzentrum auf der Welt. Lieferanten parkten die Straße zu und brachten Pakete in die Geschäfte, Ladenbesitzer dekorierten die Schaufenster neu oder stellten sich mit einer Tasse Tee vor die 178 Tür, Reinigungskräfte putzten die Fenster der Bankfilialen, eine Gruppe besser situierter und moderner junger Frauen mit großen Handtaschen, bunten Schleiern und glitzernden Handys lief zu dritt den Bordstein entlang und versperrte jedem anderen den Weg.

Trotzdem war es anders. Irgendwie merkte man, dass dieser äußerliche Schein eines Alltags, der versuchte, so normal und westlich wie möglich zu wirken, empfindlich war. Zerbrechlich. Wie ein Kartenhaus, das nach einem Windstoß in sich zusammenbrechen kann.

Nachdem ich die Treppen hochgestiegen war, nahm mich der Inhaber der Schule in Empfang und stellte mir meinen Lehrer Baschar vor, einen nervös wirkenden kleinen Mann, der anscheinend kein Wort Englisch sprach. Ich begrüßte ihn mit der üblichen umgangssprachlichen Redewendung »Ahlan wa sahlan«. Als er daraufhin sofort ohne Punkt und Komma auf mich einredete, war ich doch etwas verdutzt. Der Schulleiter hatte sich inzwischen verdünnisiert, ohne dass ich ihn um Übersetzung des Redeschwalls hätte bitten können.

Mir blieb nichts anderes übrig, als Baschar zu folgen. Wir gingen in einen karg ausgestatteten kleinen Raum, setzten uns gegenüber an einen Tisch – und er begann, weiter auf Arabisch auf mich einzureden. In einem für mich buchstäblich unfassbaren Tempo. Ehrlich gesagt verstand ich nur Wortfetzen. Jedes Mal, wenn er mich etwas fragte, mich aufforderte, etwas zu sagen, konnte ich nur mit den Achseln zucken. Er wiederholte die Sätze daraufhin etwas langsamer und noch lauter, aber ich verstand immer noch nicht. Etwas empört zwirbelte er sich den Schnurrbart. Verzweifelt versuchte ich, seinen Redeschwall zu sezieren, mich daran zu erinnern, was mir mein syrischer Lehrer in Berlin beigebracht hatte – aber es half nichts: Ich war überfordert und wurde mit der Zeit immer nervöser. Und je überforderter ich aussah, desto hektischer und lauter wurde mein Lehrer – er war wohl tatsächlich auch nervös. Eine blonde Deutsche, die nichts verstand, hatte er wahrscheinlich auch nicht alle Tage als Schülerin. Er sah im Übrigen ebenfalls überfordert aus, nämlich wenn ich Wörter auf Englisch sagte, die er wiederum nicht verstand. Wir müssen gewirkt haben wie Dick und Doof. Oder wie ein Blinder und ein Stummer, die versuchen, sich zu verständigen. Nämlich gar nicht.

In der Mittagspause ließ ich dem Rauch, der aus meinem Kopf stieg, beim Spaziergang durch die leeren Nebenstraßen mit herumstreunenden ausgemergelten Katzen freien Lauf und löschte ihn mit viel süßem Schwarztee in einer der kleinen Teestuben an der Straßenecke. Ob es ein Missverständnis bei der Buchung des Kurses gegeben hatte? Hatte ich meine Arabisch-Vorkenntnisse beim E-Mail-Wechsel mit der Sprachschule zu positiv dargestellt? Oder war mein Kopf einfach nicht mehr genug auf Zack? Eigentlich war ich doch wirklich gut im Fremdsprachenlernen, mein Portugiesisch inzwischen ziemlich gut. Ach, das wird schon werden, musst du dich halt einhören, versuchte ich, mich zu beruhigen.

Aber am nächsten Tag wurde es nicht besser. Baschar wollte mir auf Teufel komm raus alles beibringen und legte sich echt ins Zeug, aber es gab nicht die geringste Grundlage für eine Kommunikation zwischen uns beiden. Mittags fragte ich den Schulleiter, ob ich einen anderen Lehrer bekommen könnte, einen, der vielleicht nicht ganz so leidenschaftlich war und mich nicht unaufhörlich anschrie, wenn er merkte, dass ich nichts verstand. Meine Bitte blieb unerfüllt, denn: Es gab niemand anderen.

Ein bisschen frustriert saß ich abends im Hostel und versuchte mich an den Hausaufgaben, die darin bestanden, Verben zu konjugieren, neue Vokabeln zu lernen und damit Sätze zu bilden. Währenddessen trank ich unaufhörlich heißen Tee und fror mir trotzdem den Arsch ab.

Am dritten Abend hatte ich genug von der einsamen Friererei und machte mich auf die Suche nach einer Bar am anderen Ende der Stadt, von der ich gehört hatte. Deren Besitzer hatte eine Zeit lang in Berlin gelebt und war mit einem Bekannten von mir befreundet. Die ziemlich versteckt gelegene Bar besaß einen Kamin und vor allem: Sie schenkte Alkohol aus, genauer gesagt: Whiskey. Und das war genau das, was ich jetzt brauchte: einen guten Whiskey, eine Selbstgedrehte zwischen den Lippen und ganz in meinem Element zu sein als Barfly. An der Theke bediente eine Deutsche, die für eine der vielen NGOs in der Stadt tätig war, jedoch nach einem halben Jahr vor Ort noch kein Wort Arabisch sprach. Schade, ich hatte gehofft, ein wenig üben zu können.

Der Barbesitzer setzte sich hinzu und stellte mir ein paar Fragen zu Berlin, da er schon länger nicht mehr dort gewesen war. Auch auf Deutsch. Es kam – wie fast immer im Nahen Osten – schnell zu einer aufgeheizten politischen Diskussion mit einem weiteren Gesprächspartner an der Theke. Der entzog ich mich nach einer Weile lieber, um in Ruhe den zweiten Whiskey am warmen Feuerofen trinken zu können. Ich wollte mich in Bezug auf einen Konflikt, der seit 1948 keine friedliche Lösung gefunden hat, nicht um Kopf und Kragen reden. Wer war ich, irgendwelche halbinformierten Meinungen darüber abzugeben, wer wie wann falsch gehandelt hatte und handelte? Das Verhältnis zwischen Israel und Palästina war einfach zu kompliziert und ich hatte viel zu wenig Ahnung, um wirklich Position beziehen zu können.

Und doch: Als ein Gast auf der anderen Seite des kleinen Raums mit steinernem Tonnengewölbe plötzlich zu seiner Gitarre griff und anfing, die palästinensischen Widerstandslieder, die im Hintergrund vom Band liefen, zu begleiten, merkte ich, dass ich irgendwie gerührt war. Eine Art romantisierendes Widerstandsgen machte sich in mir breit. Berauscht vom trockenen Whiskey in der Kehle fühlte ich mich auf einmal wie in einer Ernest-Hemingway-Geschichte über den Spanischen Bürgerkrieg. Und das, obwohl ich dessen Bücher eigentlich immer wieder empört beiseitegelegt hatte, weil mich der chauvinistische Ton eines weißen Mannes, der mit den Fäusten auf seine Brust trommelt, nervte.

Vor vielen Jahren hatte ich mich einmal völlig naiv in ein journalistisches Abenteuer gestürzt, das meinem merkwürdigen jugendlichen Faible für Widerstandsgeschichten, für Menschen, die alles aufgeben für eine Sache, die auch ethische Grenzen überschreiten, geschuldet war. Ich hatte in der Redaktionskonferenz *Der Zeit* – kurz nachdem sie mich dort festangestellt hatten – vorgeschlagen, eine ehemalige PLO-Terroristin für die Rubrik »Ich habe einen Traum« zu interviewen. Zu dem Zeitpunkt war sie gerade als Kronzeugin gegen Monika Haas, die ehemalige RAF-Terroristin, im Gespräch.

Die Redaktion nahm meinen Vorschlag erstaunlicherweise an und beschloss, mich nach Oslo zu schicken. Dort lebte Souhaila Andrawes, die 1977 als Fünfundzwanzigjährige an der Entführung der Lufthansa-Maschine »Landshut« beteiligt gewesen war und als Einzige der vier Terroristen den Einsatz der deutschen GSG 9 in Mogadischu überlebt hatte. Sie wurde in Somalia zu zwanzig Jahren Haft verurteilt, kurz darauf aber in den

Irak abgeschoben. Nach einer Odyssee durch zahlreiche Länder erhielt sie 1991 politisches Asyl in Norwegen, wurde dann aber 1995 – ein Jahr nach dem Friedensnobelpreis für Jassir Arafat und Jitzhak Rabin – nach Deutschland ausgeliefert, wo sie in Hamburg zu zwölf Jahren Haft verurteilt wurde. Aber schon ein Jahr nach dem Urteil erhielt sie die Erlaubnis, ihre Strafe in Norwegen abzusitzen, wo sie 1999 aus gesundheitlichen Gründen vorzeitig aus der Haft entlassen wurde.

Mich hatte die Geschichte dieser Frau fasziniert. Sie hatte ihr Leben dem gewaltsamen Befreiungskampf von Palästina gewidmet. Ihre Heimat hatte ihr also mehr bedeutet als ihr eigenes Leben. Und sie hatte – obwohl sie den Terrorakt überlebt hatte – einen sehr hohen Preis dafür gezahlt. Ich als radikale Individualistin, die sich noch nie hatte vorstellen können, irgendetwas für wichtiger zu nehmen als das eigene Leben, die schon immer fand, man sollte sich vor allem um sich selbst und seine Familie kümmern, wollte das verstehen lernen. Was war das, was Menschen dazu trieb, einer Idee, einer Sache, einer Religion, einem Land oder was auch immer sein doch so kostbares Leben zu opfern? Wollte wissen, was aus einer solchen Person wird, wenn ihr Lebensziel – in diesem Fall ein palästinensischer Staat – nach Jahrzehnten immer noch nicht in Reichweite war, wie sie heute dachte und fühlte, was in ihr vorging.

So flog ich also im Jahr 2000 nach Oslo und traf mich mit Souhaila Andrawes, die gerade aus der Haft entlassen worden war, in einem Hotelzimmer. Ich selbst war damals erst fünfundzwanzig Jahre alt (also so alt wie die Palästinenserin bei der Entführung der Lufthansa-Maschine), total aufgeregt, unprofessionell, naiv und emotional. Ihre Anwältin, die das Treffen arrangiert hatte, staunte nicht schlecht, als sie mich zur Tür des Hotelzimmers hereinkommen sah: Mit einer so jungen Gesprächspartnerin hatte sie nicht gerechnet. Nach einer höflichen Begrüßung schaltete ich das Aufnahmegerät ein und ließ sie reden. Knapp zwei Stunden sprach sie über ihre Geschichte, über ihr Leben, aber vor allem: über Gerechtigkeit. Über ihren Traum, dass endlich Gerechtigkeit herrschen würde. Auch Gerechtigkeit ihr gegenüber. Sie erzählte, wie es sie immer noch aufwühlte, dass ihr ehemaliger Chef und PLO-Anführer Jassir Arafat, für dessen Ideologie sie gekämpft hatte, 1994 den Friedensnobelpreis in Oslo in Händen gehalten hatte, während sie nur einige Straßenblocks entfernt im Gefängnis saß. Arafat hatte sie zwar im Gefängnis besucht, zusammen mit seiner Frau, doch sie habe gemerkt, in welch unterschiedlichen Welten sie und er inzwischen unterwegs waren. Wofür also habe sie ihr halbes Leben geopfert?

Der Artikel wurde übrigens nie gedruckt. Weil sich Helmut Schmidt als damaliger Mitherausgeber *Der Zeit* explizit dagegen ausgesprochen hatte, einer ehemaligen Terroristin ein Forum zu bieten. Zumal er selbst zu dieser Zeit den Einsatz der GSG 9, der damals frisch gegründeten Eliteeinheit der Bundespolizei, angeordnet hatte. An die mögliche politische Wirkung eines solchen Artikels hatte ich nicht gedacht. Dazu war ich wie gesagt viel zu naiv gewesen. Aber ich war nicht geknickt, sondern einfach nur froh darüber, dass ich die Gelegenheit bekommen hatte, Erfahrungen zu sammeln und einer Person zu begegnen, die mich persönlich sehr interessiert hatte.

Nun, neunzehn Jahre später, nachts in einer Bar in Ramallah, wollte ich nicht noch einmal so naiv sein. Ich konnte schließlich nicht im Ansatz nachvollziehen, wie es Menschen in einem Land geht, das unter anderem in Deutschland nicht einmal als eigener Staat anerkannt ist. Also hielt ich mich raus aus den politischen Diskussionen.

Als ich mich endlich genügend aufgewärmt hatte, beschloss ich, zum Hostel zurückzulaufen. Ein wenig angetrunken und glücklich darüber, nicht eines der üblichen Restaurants für westliche Touristen aufgesucht zu haben, schlich ich gegen Mitternacht allein durch die unbeleuchteten Straßen der Stadt und

kam mir ziemlich wagemutig vor. Hin und wieder begegnete
ich Männern, die mich erstaunt und neugierig ansahen. Ich tat,
was jede Frau in meiner Situation instinktiv macht, nämlich den
Blick zu senken und den Schritt zu beschleunigen.

Zurück im Hostel war ich dankbar für mein Einzelzimmer
und kroch sofort unter die dünne Decke ins kalte Bett. Ernest
Hemingway hätte in meiner Situation wahrscheinlich einfach
alle aufgeweckt und aufgefordert, die mitgebrachte Whiskeyfla-
sche mit ihm zu teilen. Ich hingegen dämmerte ziemlich schnell
weg – nicht ohne noch kurz daran zu denken, dass ich vergessen hatte, meine Zähne zu putzen. Tja. Ziemlich langweilig – zumindest im Vergleich zu Hemingway ….

184 Nach einer Woche beschloss ich, den Arabischunterricht zu beenden, da ich weder Fortschritte machte noch irgendein Anzeichen dafür sah, dass mir Baschar entgegenkommen würde. Seit
Tagen dasselbe Lied: Er schrie mich auf Arabisch an, wenn er
merkte, dass ich nichts verstand, und ich schrie auf Englisch zurück, bis wir irgendwann beide hochrote Köpfe hatten. Es war
frustrierend.

Nachdem ich dem Chef der Sprachschule mitgeteilt hatte,
dass ich den Kurs vorzeitig beenden würde, fiel mir ein Stein
vom Herzen und siehe da: Am letzten Tag begann mich die
Schreierei zu amüsieren. Ich brüllte nicht mehr zurück, sondern
lächelte einfach, wenn ich nichts verstand. Und da passierte es:
Baschar lächelte zurück. In diesem Moment verstanden wir uns
endlich – allerdings ohne Worte.

Statt Arabisch zu büffeln, begab ich mich auf ausgiebige Er-
kundungstour und lief, trotz der eisigen Kälte, tagelang durch
die gesamte Stadt. Auch schön. Bei einem fliegenden Händler
kaufte ich Wollmütze und Handschuhe und kehrte alle paar
Stunden in Teestuben ein, die besonders viele Varianten arabischen Süßgebäcks anboten. Um eine Shisha-Pfeife zu bitten,
traute ich mich nicht und so saß ich bei Tee, Baklava und ge-

füllten Dattelkeksen in der Ecke und beobachtete so unauffällig wie möglich das Treiben um mich herum. Wie gerne hätte ich mich in die Unterhaltungen eingemischt, einen kleinen Scherz gemacht oder einen freundlichen Satz gesprochen zu dieser sehr dünnen jungen Frau mit wachen Augen, die einen riesigen Honigkuchen mit mehreren Sahneschichten an der Theke abholte, mir ein schüchternes Lächeln zuwarf und schnellen Schrittes wieder verschwand.

Ich ärgerte mich ein bisschen über mich. Schon wieder war ich gescheitert bei einer Mission. Nicht, dass ich erwartet hatte, nach ein paar Tagen fließend Arabisch zu sprechen, aber zumindest hatte ich gehofft, ein wenig Small Talk führen oder kurzen Gesprächen folgen zu können. Schließlich war ich es gewohnt, vor allem in Ländern unterwegs zu sein, deren Haupt- oder Zweitsprache ich gut beherrschte, wie Französisch, Spanisch, Englisch – und inzwischen eben auch Portugiesisch. Das ermöglichte mir, ziemlich schnell Berührungspunkte zu finden mit den Menschen, die mir begegneten, in die Gemeinschaft einzutauchen beziehungsweise mich innerhalb kürzester Zeit an sie anzupassen. Mich anzupassen hatte ich aufgrund der vielen Umzüge und Schulwechsel schon als Kind gelernt. Wichtig dabei war nur, das Eigene nicht wegzuschieben, sondern miteinzubringen. Also niemals als roter Fleck in einer roten Farbmasse zu verschwinden, sondern in einem, sagen wir mal, orangefarbenen Bereich zu bleiben. Manchmal versuchte ich es als knallgrüne Komplementärfarbe, aber das ging häufg schief und ich blieb Außenseiterin. Doch das war meist auch nicht schlimm, weil es in einem anderen Ort ja die nächste Chance einer gelingenden Farbeingliederung gab.

Außerdem verstärkte sich durch Mr P eh immer mehr das Gefühl bei mir, tatsächlich Außenseiterin zu sein. Und je weiter die Krankheit fortschritt, desto besser kam ich damit klar, aus der Menge herauszustechen. Nicht, dass ich meine körperlichen Unzulänglichkeiten genossen hätte, wenn ich zum Bei-

spiel an der Supermarktkasse stand und die Scheine nur mühsam und langsamer als normal aus dem Portemonnaie holen
konnte. Oder wenn die Autos meinetwegen länger warten mussten, weil es dauerte, bis ich endlich auf der anderen Seite der
Straße ankam, während sich Blicke der Verwunderung, warum
ich nicht schneller ging, in meinen Rücken bohrten. Aber das
Schöne war: Mir waren diese Blicke zunehmend egal, sie prall-
ten an mir ab wie Speerspitzen aus Plastik. Denn die Position als
Außenseiterin hatte ja auch etwas Gutes: Sie gab mir endgültig
die Freiheit, zu tun und zu lassen, was ich wollte. Wie eine Art
Hofnärrin, der Kritik und Verurteilung zum größten Teil erspart
blieben oder auch einfach nur am Arsch vorbeigingen ...

Dass ich mich zunehmend als Außenseiterin fühlte, half
mir vor allem, mich selbst nicht so wichtig zu nehmen und meiner jeweiligen Umgebung, den Menschen, der Landschaft, mehr
Aufmerksamkeit zu schenken. Und das war es ja, was ich wollte.
In Ramallah fiel mir die Ablenkung von mir selbst und meinen Problemen besonders leicht, da mir einfach alles fremd war,
nicht nur die Sprache. Und natürlich waren es diesmal auch die
speziellen Umstände eines Krisengebietes, die mich einigermaßen davon abhielten, mich mit mir selbst zu beschäftigen oder
irgendwelche Ansprüche zu erheben. Das war es wohl, warum
ich mich in der letzten Zeit immer wieder auf die Suche nach
einer anderen Realität als meiner eigenen begab, einer Realität,
in der es anderen Menschen objektiv schlechter ging als mir:
der unermüdliche Versuch, gegen die Gefahr des Selbstmitleids
anzukämpfen. Ich bewunderte die Menschen, die versuchen
mussten, unter ziemlich widrigen Umständen ein normales Leben zu führen. Viele Mittel standen ihnen dafür nicht zur Verfügung. Dabei galt Ramallah noch als besonders weltoffen und
angenehm. Im Gegensatz zum Gazastreifen, wo man als Touristin gar nicht erst hineingelassen wurde. Ramallah war zum einen *das* Einkaufsparadies in Palästina, zum anderen hatte die
Stadt aufgrund der vielen NGOs einen fast internationalen Flair.

Insbesondere deutsche Organisationen fand man an fast jeder Straßenecke. Jede nur erdenkliche deutsche Stiftung war hier vertreten.

Mir aber hatte es besonders der Obst- und Gemüsemarkt angetan. Die Ware sah so was von biologisch-dynamisch aus! Und wurde in üppigen Mengen angeboten. Jeden Tag schlenderte ich ausgiebig die Stände entlang, kaufte mir hier und da etwas Obst, stellte mich an irgendeine Ecke, aß die ungewaschenen Kirschen und beobachtete dabei die grobschlächtigen Hände der Bauern, die schreiend und gestikulierend ihre Ware an den Mann oder die Frau brachten.

Abends, im unbeheizten Gemeinschaftsraum des Hostels, schrieb ich dann ein wenig in mein Reisetagebuch: über die von schwerer Arbeit gezeichneten Hände der Bauern auf dem Markt – und über die depressive Stimmung, die mich seit einigen Tagen dann doch befallen hatte, weil ich den Sprachunterricht frühzeitig beendet hatte. In Wahrheit wollte ich weg aus Ramallah. Nach Hause in mein warmes Bett, in meine beheizte und großzügige Altbauwohnung, die in einem Kiez lag, der mittlerweile ziemlich gentrifiziert war – wozu ich natürlich selbst beigetragen hatte. Ein bisschen ärgerte ich mich darüber, dass ich mich wie eine verwöhnte Göre verhielt und, anstatt die Kälte einfach wegzustecken, vor mich hin jammerte. Reiß dich doch zusammen, verdammt noch mal, versuchte ich, mich zurechtzuweisen. Andererseits: Was sollte ich in dieser Stadt schon noch tun? Normalerweise hätte ich meinen Rucksack gepackt und wäre losgewandert. Aber ich hatte nichts dafür dabei, außer einem kleinen Rollkoffer. Und es war sooo kalt. Auch mögliche Museumsbesuche oder Ausflüge nach Jericho und andere Orte im Westjordanland erschienen mir daher keine besonders attraktive Aussicht.

Es half nichts, die Entscheidung, früher abzureisen, war gefallen. Ich schob die Schuld auf Mr P. Er hatte für mich entschieden. Wegen der Kälte.

Für die Rückreise hatte ich einen Abendflug gewählt, damit ich genügend Zeit hatte, vom Westjordanland nach Tel Aviv zu kommen. Und das war eine gute Entscheidung, denn es dauerte eine halbe Ewigkeit im stockenden Verkehr über die Grenze zu gelangen. Buswechsel, Stacheldraht, Schikanen seitens des israelischen Militärs, Maschinengewehre und angespannte Stimmung.

Am Flughafen wurde es noch ungemütlicher. Nach der obligatorischen Erstbefragung, woher ich komme und wie und mit wem ich meine Zeit verbracht habe, wurde ich in einem separaten Bereich geschlagene vier Stunden festgehalten, immer und immer wieder am ganzen Körper kontrolliert und zu meinem Aufenthalt in Ramallah befragt. Natürlich war mir klar gewesen, dass ich besonders kontrolliert werden würde. Aber den dutzendfachen Bodycheck verstand ich nun wirklich nicht. Es waren mehrere junge Frauen in Uniform, die mich in allen möglichen Varianten von oben bis unten abtasteten. Bis ich die Attraktivste unter ihnen fragte, ob sie eigentlich Spaß dabei empfände. Doch sie und ihre Kolleginnen blieben unhöflich und arrogant. Was mich fast ein bisschen anmachte. Als das Abtasten an den Beinen fast schon einer Massage entsprach, machte ich einen Witz und entlockte ihr ein unverschämtes Lächeln.

Einmal verlor ich jedoch die Fassung und schrie die Frauen an, als sie aus meiner eh schon völlig durchwühlten Reisetasche die Kurkuma-Chlorella-Spirulina-Zimt-Koriander-Pulvermischung und Vitaminpräparate nahmen und achtlos wegschmissen. Ich hatte das Gefühl, dass sie ihre Macht auskosteten, obwohl sie nur halb so alt waren wie ich. Sie hatten wohl schlichtweg die Vermutung, ich sei eine politische Aktivistin, die Israel nur zur Durchreise in arabische Länder nutzte. Schließlich waren in meinem Pass noch die wenige Monate alten Stempel des Grenzübergangs in den Sinai zu sehen. Und als ich ihnen den Grund für meinen Ramallah-Aufenthalt erklärte, erwiderten sie mit völligem Unverständnis, warum ich denn nicht in Jordanien oder in Marokko Arabisch lernen würde.

Eine Stunde, bevor meine Maschine startete, war die Prozedur endlich vorüber und ich tauschte wutentbrannt meine restlichen Schekel ein – in der festen Überzeugung, dass ich nie wieder nach Israel reisen würde. Doch als ich schließlich im Flieger nach Berlin saß, wissend, dass ich in meinem Kiez nur mit den im angrenzenden Park herumlungernden Drogendealern konfrontiert war, sah die Welt schon wieder anders aus. Ich war nun einmal eine weiße Frau aus einem friedvollen westeuropäischen Land mit einer überteuerten Mietwohnung, die nicht wusste, was es bedeutet, in einem Land voller Konflikte und Bedrohungen zu leben, in einem Land, von dem andere sagen, es solle wieder von der Landkarte verschwinden. Und die sich den Luxus erlaubte, sich und ihren Mr P in alle möglichen und unmöglichen Situationen zu bringen, um ihre unstillbare Abenteuerlust zu befriedigen. Shalom.

Wilde Jugend auf einer Insel

Formentera

Es war glühend heiß und der beste Aufenthaltsort eindeutig der Pool. Meine beste Freundin Tamsin verbrachte mit ihrem Mann und ihren drei Töchtern den Sommer zu Hause: im Elternhaus auf Formentera. Ich war für zehn Tage hinzugestoßen, weil Tamsins Mutter Geburtstag hatte und ich unbedingt alle Mitglieder meiner geliebten Wahlfamilie wiedersehen wollte. Denn in diesem Zuhause habe auch ich einen großen Teil meiner Jugend verbracht. Ich kannte jeden Winkel, jeden Zitronenbaum, jede noch so kleine Veränderung, die von Vater Bill, dem Architekten, vorgenommen worden war. Im Laufe der letzten zwei Jahrzehnte waren immer mehr Anbauten für neue Räume und Terrassen, ja, sogar ein Pool hinzugekommen. Und trotzdem fehlte es jetzt an Platz. Tamsins jüngerer Bruder Tavis hatte sich mit seinen Kindern und seiner Frau im Haus der verstorbenen Großeltern in nächster Nähe einquartieren müssen, weil ich zusammen mit Tamsins ältester Tochter in seinem Kinderzimmer schlief.

Die Nuklearkatastrophe von Tschernobyl im April 1986 hatte wie gesagt weitreichende Folgen für mich gehabt. Nachdem sich heftige Regenfälle, die die radioaktiven Stoffe aus der Atmosphäre wuschen, über Süddeutschland ergossen hatten und wir Kinder laut Messungen eines Geigerzählers beziehungsweise laut meiner Mutter wie verrückt strahlten, hatte sie kurzerhand beschlossen, München zu verlassen und nach Formentera zu ziehen.

Ich erinnere mich noch genau an den ersten Schultag im Hauptort der Insel, damals noch San Francisco Javier genannt – bevor vor vielen Jahren in Katalonien und den Balearen Katalanisch als offizielle Sprache eingeführt worden war. Man hatte mich neben ein französisches Mädchen gesetzt, das mir helfen sollte, wenigstens irgendetwas im Unterricht zu verstehen, da ich mein Kinderspanisch aus Ecuador in München schnell wieder verlernt hatte, aber in der sechsten Klasse des Münchner Gymnasiums mit dem Französischunterricht begonnen hatte. Tamsin – wie ich elf Jahre alt – saß am anderen Ende des Raums und wir begutachteten uns aus der Ferne. Es war schnell klar, dass wir von nun an die Pausen miteinander verbringen würden, gehörten wir doch als die einzigen strohblonden Mädchen der Klasse irgendwie zusammen. Die Französin kam schon bald nicht mehr in die Schule. Sie zog, soweit ich mich erinnere, zurück nach Paris, weil ihre alleinerziehende Mutter zu viele Joints geraucht hatte auf der Insel und »clean« werden musste. Ich weiß noch, wie cool ich damals diesen Ausdruck »clean werden« fand, denn ich hatte noch keine Ahnung, was er bedeutete.

Tamsin und ich wurden beste Freundinnen. Ihre Eltern stammten aus Wales und Schottland und waren schon Ende der 1960er-Jahre auf die Insel gekommen. Ich verbrachte sehr viel Zeit in dieser eher besser situierten Familie, lernte, Englisch zu sprechen und Chocolate Brownies zu backen. Ihr Zuhause war kein altes Bauernhaus mit dicken Mauern, kleinen Fenstern, ohne fließend Wasser oder Strom, so wie bei uns und den meisten anderen Inselbewohnern. Nein, es war wesentlich moderner und dank Strom und fließend Wasser wesentlich bequemer. Immer gab es einen vollen Kühlschrank – und drei Mahlzeiten am Tag.

Bald schon war ich kein Gast mehr, sondern wurde behandelt wie ein Familienmitglied. So als wäre ich Tamsins Schwester. Und das genoss ich sehr, brauchte ich doch hin und wieder einen Ausgleich von meinem eigenen, unkonventionelleren Familienleben, in dem ich sehr früh viel – heute weiß ich: zu viel – Verantwortung hatte übernehmen müssen.

Selten kamen wir Schwestern zum Beispiel pünktlich in der Schule an. Das erste Bauernhaus, das wir bewohnten, lag zwar nur eine halbe Stunde zu Fuß von der Schule entfernt. In den Folgejahren wohnten wir jedoch weiter weg und waren auf den Schulbus angewiesen, der uns Kinder vom Land aufsammelte, um uns nach San Francisco zu fahren. Da wir oft zu spät zur Bushaltestelle kamen, weil meine Mutter sich nicht wirklich darum kümmerte, dass wir pünktlich loskamen, mussten wir entweder stundenlang laufen oder trampen. Es war lustig, wie neugierig die Touristen waren, als sie Deborah, Guggi und mich in ihren gemieteten Fiat Pandas aufgabelten. Irgendwie waren wir »Aussteigerkinder« eine Attraktion und sie fragten uns Löcher in den Bauch, wie es denn so sei unter »Hippies« zu leben. Aber wir waren meist nicht sonderlich gesprächig, denn Touristen fanden wir als »local kids« der Insel ziemlich uninteressant. Sie waren vor allem dazu da, unsere selbst gebackenen Chocolate Brownies zu kaufen, die wir jeden Sonntag auf dem sogenannten Hippiemarkt feilboten. Deborah musste dabei oft als Fotomotiv herhalten, weil sie so wahnsinnig schön aussah. Manchmal fand sie das nicht so toll – dann verzog sie sich mit Guggi irgendwohin zum Spielen. Also saß ich allein herum, auf der Apfelsinenkiste vor dem selbst gebauten Tischchen, und wartete, bis alle Kuchenstücke verkauft waren.

Mit Tamsin ging ich nicht auf den Hippiemarkt, sondern auf den Tennisplatz, wo uns ihr Vater Tennis beibrachte. Außerdem liebten wir es, Tanzchoreografien zu Songs von Madon-

Allein am Strand von Pavones,
Costa Rica, September 2018

Surfgang vor dem Rippenbruch,
Costa Rica, September 2018

Wanderung auf dem Shvil in der Negevwüste in Israel,
November 2018

Ankunft mit einer
Gruppe junger
Israelis an der
Blauen Lagune
im Sinai,
November 2018

Unser zweites Bauernhaus in
Porto Saler, Formentera, 1987

Mein heiß geliebter Ford Consul Coupe '72,
Formentera 2000

Zeltaufbau am Strand der Südostküste,
Sardinien im September 2019

Schreiben auf der
Terrasse von Deborahs
Holzhaus in Polen,
Juni 2020

Ausflug nach Brandenburg kurz nach Ankunft aus Rio, Osterwochenende 2020.
Übung des Gleichgewichtssinnes

Mirjam, Joseph und ich nach einem abend-lichen Surfgang bei schlechtem Wetter, Portugal 2020

Herbstschwimmen,
Playa de Illetas,
Formentera im November 2020

Ausflug auf dem
Piratensegelboot
eines Freundes,
Formentera im
Oktober 2020

Regelmäßiger Yogaunterricht auf der Terrasse eines geschlossenen Strandrestaurants, Formentera im November 2020

Meine ehemalige Mobylette Campera aus der Jugendzeit, Formentera im Oktober 2020

Deborah und ich isoliert im Paradies während des Lockdowns, Formentera 2020

nas erstem Album einzustudieren, gingen joggen oder bastelten uns Zigaretten aus Rosmarin, die wir kaum paffen konnten, weil sie so stark waren. Manchmal aßen wir aus Neugierde Ameisen oder sonstige Kleintiere oder warfen uns gegenseitig Igelwürmer an den Kopf, die wir vom Meeresboden aufsammelten. Sie sahen nämlich aus wie große schwarze Gurken oder Penisse. An manchen Nachmittagen stießen Deborah und Tavis, Tamsins jüngerer Bruder, hinzu. Dann verkleideten wir uns mit Klamotten aus den 1960er- und 1970er-Jahren, die wir in den Truhen der Erwachsenen fanden. Mit Ghettoblaster auf den Schultern, aus dem ein Michael-Jackson-Song nach dem anderen dröhnte, liefen wir – von oben bis unten in den schrillsten Klamotten gekleidet – in der Mittagshitze an den Strand. Die Taschen voll geklauter Weintrauben von Doña Marías Feldern – 193 eines uralten Mütterchens mit knarzender Stimme und Wünschelrute – gingen wir lauthals »I'm bad« oder »Beat it« mitsingend auf die armen Touristen zu, die nackig am Strand lagen und eigentlich nur ihre Ruhe haben wollten. Für ein paar Peseten verkauften wir schnell jede einzelne Traube, weil die zumeist deutschen und britischen Touristen uns so schnell wie möglich loswerden wollten – by the way: Kein Spanier würde jemals mittags an den Strand gehen. Während die Franzosen eher belustigt dreinschauten und uns erst einmal den »Moonwalk« tanzen ließen, bevor sie uns Geld gaben. Damit kauften wir uns dann die heiß ersehnten Süßigkeiten, entledigten uns, völlig verschwitzt, der vielen Klamotten und sprangen ins Meer. Ja, es war wirklich eine tolle Kindheit!

Später, als ich ein Backfisch war, meine Hormone verrücktspielten und ich mich mal wieder mit meiner Mutter gestritten hatte, verkroch ich mich hin und wieder allein in einem verlassenen Ziegenstall. Oder bei Regen in einem benachbarten alten Bauernhaus, das Freunden aus Deutschland gehörte und nur über die Ferienzeit bewohnt war. Im Sommer schlief ich oft einfach im Freien auf einer alten Matratze, die auf dem Anwesen unter einem Baum lag. Manchmal zog ich am Wochenende los, um andere Jugendliche in einem ziemlich weit entfernten Touristendorf zu treffen, wo es Bars und Diskotheken gab. Wir rauchten, spielten Billard und tranken Cola. Nicht immer stand mir ein Moped zur Verfügung, also musste ich trampen oder laufen. Gerade der Nachhauseweg, wenn kaum noch Autos, die mich hätten mitnehmen können, unterwegs waren, konnte sich locker über zwei Stunden hinziehen – in der absoluten Dunkelheit, da ich meist querfeldein lief, über alte Steinmäuerchen kletterte und mich durch Weinfelder und Pinienwälder schlug.

Schon damals merkte ich, wie wohl ich mich in der Natur fühlte. Dort konnte mir nichts passieren. Auf Formentera gab es weder giftige Schlangen noch gefährliche Raubtiere, nur ein paar Spinnen, die zwischen den Sabina- und Wacholderbüschen ihre Netze auswarfen. Irgendwann kannte ich jede Pflanze, jeden Busch und jede Wurzel. Lernte von meiner Mutter, welches Kraut als Aufguss gegen Magenunwohlsein half. Badete in frisch gepflücktem Rosmarin und Thymian, die gegen jegliche Art von Entzündungen halfen, verwendete den Saft der Aloe-Vera-Pflanze, die inzwischen heimisch war auf der Insel, für eine schnelle Wundheilung. Unser Essen bestand zum größten Teil aus lokalem Gemüse und Obst, das auf den Äckern der Bauern wuchs. Wobei wir Kinder keineswegs immer bezahlten. Die Bäuerin nebenan ärgerte sich jedes Mal, wenn ich mich im Herbst über ihre Tafeltrauben hermachte. Aber es gab eh genügend Traubenfelder auf der Insel. Und Roques, der wilde Salat, heutzutage auch Rucola genannt, wuchs im Winter und Frühjahr sowieso überall in rauen Mengen. Wie auch wilder Spinat oder Spargel. Und Feigen- und Maulbeerbäume, Nisperos, Kaktusfrüchte – wobei Letztere wegen der vielen feinen Stacheln echt schwer zu essen waren.

Die Bauern benutzten den Kaktuswald neben unserem Haus allerdings weniger als Nahrungsquelle, sondern als Toilette. Die mannshohen Kakteen boten einen guten Sichtschutz und nach getanem Geschäft vergrub man's einfach mit einer Schaufel mittendrin. Denn in vielen Häusern gab es damals noch weder fließendes Wasser noch Strom. Auch bei uns nicht. Wir schöpften das Wasser zum Kochen mit einem Eimer aus unserer Zisterne, standen während des Duschens – das darin bestand, uns einen Eimer Wasser über den Kopf zu schütten – in einer riesigen Schüssel, in der wir das Duschwasser auffingen und anschließend zum Geschirrspülen, Klamottenwaschen oder für die Toilettenspülung benutzten. Denn wir hatten zum Glück ein Toilettenhäuschen im Garten, zwar ohne Spülung, aber immerhin mit einer Kloschüssel zum Hinsetzen. Unsere Lichtquellen bestanden aus Kerzen, Öl- oder Gaslampen, als Heizung nutzten wir den Kamin.

Ja, wir lebten alles andere als luxuriös, hatten uns ziemlich umgewöhnen müssen nach unserer Schwabinger Altstadtwohnung mit all ihren Errungenschaften der Moderne, aber wir Kinder fanden's toll. Im Winter stellten wir einfach unsere riesige Schüssel vor den Kamin und badeten im durch die Kaminhitze aufgewärmten Wasser mit frischen Salbeiblättern. Abends verkrochen wir uns mit Wärmflaschen in die klamm-kalten Betten und wachten am nächsten Morgen mit sichtbarem Atem in der Luft auf.

Aber der Winter dauerte ja nicht sehr lang. Sobald es Frühjahr war, verbrachten wir den ganzen Tag und im Sommer oft auch die Nacht im Freien. Das Haus bekam jedes Frühjahr einen Neuanstrich mit in Wasser aufgelöstem Kalkpulver. Ich liebte es zu streichen, solange ich keine Spritzer von der Kalkmischung in die Augen bekam, denn das brannte höllisch! Hin und wieder benötigte auch die Zisterne eine Desinfektion mit einem Schuss Kalkpulver, weil damit die Bakterien der Eidechsen getötet wurden, die durch die Regentraufe in die Zisterne gefallen und ertrunken waren. Irgendwie gewöhnten wir uns so sehr an die Umstände, dass wir es weder vermissten, einen Lichtschalter zu betätigen oder eine Toilettenspülung zu benutzen, noch einen

Fernseher anzumachen. Es war halt völlig normal und gut, so wie wir lebten. Und falls ich doch mal das ein oder andere vermisste, ging ich einfach zu Tamsin nach Hause …

Die einzige auf der Insel ansässige Kuh gehörte übrigens der Familie eines Nachbarjungen und Klassenkameraden. Er hatte ein Auge auf mich geworfen und brachte uns daher jeden Abend eine Flasche frischer Kuhmilch. Wenn wir nicht da waren, stellte er sie auf der Terrasse ab. Im Sommer wurde die Milch aber so schnell sauer, dass uns oft nichts anderes übrig blieb, als Käse daraus zu machen. Wir gossen die geronnene Milch in einen Strumpf und ließen sie einige Tage an unserem Mandelbaum hängen, bis sie zu einem cremig-sauren Käse wurde, mischten wilde Kräuter unter – fertig war ein wunderbarer Frischkäse.

Meine Mutter war beliebt auf der Insel. Sie war die coole schöne Frau mit den drei coolen Töchtern. Und so bekamen wir ziemlich viel Besuch. Sie war immer sehr großzügig mit allem, was sie hatte, bekochte jeden sehr phantasievoll, der vorbeischaute. Oder man trank gemeinsam Rotwein vor dem Kamin und hörte dabei Van Morrison oder Joni Mitchell. Wenn in der Früh unser Méhari Jeep nicht ansprang, kümmerte sich meist ein guter Freund darum – bis unsere französische Plastikwanne mit dem Zweizylindermotor wieder funktionierte. Unser VW Kombi diente – bevor er irgendwann von der Polizei konfisziert wurde, weil meine Mutter ihn nicht umgemeldet und keinen Einfuhrzoll entrichtet hatte – vor allem als eine Art Partymobil. Denn irgendwo gab es immer eine Party, zu der meine Mutter wollte – und wir Kinder schliefen auf der Rückbank mit Kissen und Decken ein, wenn die Erwachsenen bis tief in den Morgen den Jam Sessions mit E-Gitarre und Percussion zuhörten.

Die allerersten Ausländer waren bereits Ende der 1950er-Jahre gekommen, als alles noch total ursprünglich war und die Insel bei den Spaniern einen ziemlich schlechten Ruf hatte. Während der Franco-Diktatur hatte man nämlich viele Dissidenten auf die Insel verbannt. Die meisten Ausländer aber waren tatsächlich als Touristen gekommen, die einfach für immer blieben.

Bis in die 1970er-Jahre hinein war Formentera nur mit einem einzigen größeren Boot von Ibiza aus zu erreichen. Jeder kannte diese weiß gestrichene Fähre aus Holz, die den Namen Joven Dolores trug, seit 1965 im Dienst war und nicht mehr als drei Autos transportieren konnte – und die erst Anfang der 2000er-Jahre als Ausflugsboot endgültig in Rente ging. Eins der Autos, das die Joven Dolores auf für heutige Verhältnisse abenteuerliche Art und Weise transportiert hatte, ein schicker Oldtimer aus den 1930er-Jahren, rostete jahrzehntelang an einer Weggabelung neben einem Steinmäuerchen vor sich hin, gleich in der Nähe der Ruine, in der das israelische Künstlerpaar gelebt hatte, das Besitzer dieses Schmuckstücks gewesen und schon vor langer Zeit gestorben war. Der andere Israeli der Insel, Aaron, ebenfalls bildender Künstler und totaler Frauenschwarm, war eine Zeit lang mit meiner Mutter zusammen. Er arbeitete mit dem wunderbar riechenden Wurzelholz der Wacholderbüsche und formte daraus faszinierende Skulpturen, zumeist abstrakte Frauenkörper. Dickie, ein weiterer Künstler, der Skulpturen aus Wurzelholz fertigte, war ein jüdisch-amerikanischer Vietnamkriegsdienstverweigerer aus Chicago, der jahrzehntelang nicht zurück in die Staaten konnte, ohne Gefängnis wegen Fahnenflucht zu riskieren. Sein Sohn Roddy lebt inzwischen in Berlin und meine Schwester Deborah hat seine Neuköllner Wohnung übernommen. Family Business eben …

Es gab unzählige (Lebens-)Künstlerinnen und Künstler auf der Insel, alle waren ganz besondere Menschen, die mich mit ihrem lässigen Lebensstil geprägt haben. Die Schriftsteller aus Madrid, die sich jeden Tag zum Kaffee in der Bar trafen, Zeitung lasen und den Nachmittag mit Gin Tonic einläuteten. Die Malerin, die kein Auto besaß, sondern zu jeder Jahreszeit und Witterung mit einem alten Damenrad unterwegs war. Fahrräder waren sowieso anfänglich *das* Verkehrsmittel, bis man sich

Renaults 4 kaufte, Citroëns Méhari oder natürlich die Citroëns Ente. Ich liebte den Geruch dieser Autos! Mit einem R4 lernte ich Auto fahren, als ich mit vierzehn mit meinem gleichaltrigen Nachbarn Zai – dessen Name zwar indisch klang, der aber britischer Herkunft war – den Wagen seiner Eltern stibitzte und jede Menge Ärger dafür bekam. (Obwohl gar nichts passiert war …)

Es gab unter den Zugezogenen Yogalehrer, Masseurinnen, Intellektuelle, Dichterinnen, Filmregisseure, Fotografinnen, Architekten, Juristen – oder auch einfach nur Leute, die sehr gut kochen und mit geschlossenen Augen Joints drehen konnten. Paul, der ein britischer Punkrocker war und das musikalische Programm für den örtlichen Radiosender verantwortete. Bob, der für mich damals uralt wirkende amerikanische Schriftsteller, der die mehrsprachige Bücherei leitete. Lena, die blonde Schwedin, die ihre Beatnikzeit in Paris verbracht hatte und feines Garn zu wunderbaren Teppichen weben und Außergewöhnliches aus Wolle stricken konnte und dies auf dem Hippiemarkt verkaufte. Sabina, eine deutsche Freundin meiner Mutter, die mir von all ihren Freundinnen am liebsten war und die ich später immer als Erste besuchte, wenn ich auf die Insel zurückkam. Sabina war sehr belesen und erzählte mir oft von den vielen Ländern, die sie bereist hatte. Sie verkaufte selbst gebackenes deutsches Brot und war auch kunsthandwerklich ziemlich geschickt, womit sie gutes Geld verdiente. Außerdem spielte sie Gitarre und sang dazu mit ihrer wunderbar tiefen Stimme George Gershwins »Summertime«. Dann gab es noch eine Familie, die mit ihrem Wartburg aus der DDR bis hierher geflüchtet war, eine reiche Amerikanerin, die von dem Erbe ihres Vaters lebte und auch viele andere Leute damit ernährte, ein deutscher Ex-Knacki und ein baskischer Ex-Drogendealer. Alles spannende Menschen, die aus unterschiedlichen Gründen ihr altes Leben zurückgelassen hatten, manche freiwillig, manche gezwungenermaßen, um in einer neuen, selbst gewählten Gemeinschaft ein anderes, ein besseres Leben zu beginnen. Es war eine eingeschworene

Gemeinschaft: Jeder und jede passte so gut wie möglich auf die anderen auf. Kriminalität gab es keine, kein Mensch verschloss sein Haus oder Auto. Gemeinsam feierte man Silvester in der berühmten Kneipe *Fonda Pepe* und schluckte in den letzten zwölf Sekunden vor Mitternacht bei jedem Gongschlag eine Weintraube. Wenn man zwölf Trauben in zwölf Sekunden schaffte, würden die Neujahrswünsche in Erfüllung gehen – so sagte es die Tradition. Nach durchgefeierter Nacht fuhr man dann raus nach La Mola, dem einzigen Hügel der Insel, und genoss den ersten Sonnenaufgang des neuen Jahres.

Und auch wenn die internationale Community eher unter sich blieb, meist freundlich, manchmal auch argwöhnisch beäugt von den Einheimischen, kannte man selbstverständlich jeden Einzelnen der Alteingesessenen. Jeden Bauern, der die alten Bauernhäuser vermietete, jede Bäuerin, die, in traditioneller Tracht gekleidet, selbst getrocknete Feigen und frische Eier verkaufte, jeden Lehrer oder Lehrerin, die uns Kinder unterrichteten, Polizisten, Apotheker, Geschäftsinhaber. Man lernte Spanisch, versuchte, die Inseltradition zu ehren – und existierte nach dem Motto »Leben und leben lassen« meist entspannt nebeneinander her.

Natürlich entwickelten sich mit der Zeit auch enge Freundschaften zwischen Einheimischen und Zugezogenen, manche heirateten sogar und bekamen Kinder. Auch wir verbrachten Schul- und Freizeit mit den Kindern der Einheimischen, wir sprachen schließlich alle dieselbe Sprache, nämlich Spanisch und Catalán. (Inzwischen habe ich leider verlernt, Catalán zu sprechen, aber ich verstehe zum Glück noch relativ viel.) Sicher, es gab kulturelle Unterschiede, Unterschiede in Fragen der Erziehung, das machte uns Kindern jedoch nichts aus. Letztendlich waren wir eine Gemeinschaft, speziell wenn es zum Beispiel in sportlichen Wettkämpfen darum ging, sich gegen die Nachbarinsel Ibiza zu behaupten. Da waren wir alle zusammengeschweißte Formentereños.

Klar, es war nicht immer alles rosig. Das ein oder andere von uns zugezogenen Kindern lief doch arg vernachlässigt herum dank all der »Errungenschaften« antiautoritärer Erziehung, es gab zu viel Alkohol und Drogen und manch gefährliche Depression. Dennoch, wir Hippie- und Aussteigerkinder, deren Eltern aus allen möglichen Ländern kamen, genossen die Verbundenheit in dieser so außergewöhnlichen (Welt-)Gemeinschaft. Diese besondere Erfahrung können wir bis heute mit niemand anderem als uns selbst teilen. Daher kehren wir fast alle möglichst jedes Jahr zurück, um uns wieder wie damals zu fühlen. Wenn wir uns dann treffen, geht's oft zu wie in Babylon: Englisch, Spanisch, Französisch, Deutsch wild durcheinander, manchmal selbst in einem einzelnen Satz, je nachdem, welche Wörter gerade geeigneter waren. Heute leben wir in alle Winde verstreut, mit oder ohne Kinder, in Großstädten oder auf dem Land. Kaum einer ist auf der Insel geblieben. Dafür war der Horizont einfach zu beschränkt. Die kleinste der vier Baleareninseln ist schließlich gerade mal neunzehn Kilometer lang und an der breitesten Stelle nicht mehr als einen Kilometer breit.

Trotzdem: Einige meiner Generation überlegen inzwischen, komplett zurückzukehren. Und auch wenn sich die Dinge seit den 1980er-Jahren natürlich fundamental geändert haben, alles ziemlich chic und auch relativ teuer geworden ist, sich die Anzahl der Zugezogenen verdreifacht hat: Vielleicht komme auch ich hierher zurück, wenn ich mich lange genug »ausgewildert« habe. Wenn ich genug habe von der ganzen Reiserei und der Suche nach Abenteuern. Hier weiß ich, dass ich mich zugehörig und aufgehoben fühle. Wenn ich zum Beispiel gefragt werde, woher ich komme, sage ich normalerweise: »Berlin.« Aber wenn ich merke, dass jemand wirklich interessiert an meinem Leben ist, antworte ich immer häufiger: Formentera. Ja, die Insel ist tatsächlich der Ort, der mich am meisten geprägt hat, obwohl ich schon an so vielen anderen gelebt habe. Sie ist meine Heimat. Vielleicht schließe ich mich also tatsächlich irgendwann den anderen an und kehre zurück zu meinen Wurzeln.

All diesen Gedanken und Erinnerungen hing ich gerade nach, als ich am ersten Tag nach meiner Ankunft versuchte, meine alte Laufroute zu bewältigen – nachdem ich mich mit viel indischem Dopaminpulver im frühen Five o'Clock Tea gedopt hatte. Die Sonne knallte noch ordentlich auf den Schädel, aber bald war ich in dem schönen Pinienwald, der sich kaum verändert hatte. Gut, dass die Behörden es bis jetzt untersagt hatten, die sandigen Wege in Asphaltstraßen umzuwandeln, wie an so vielen anderen Stellen der Insel. Das tat auch meinem Laufen gut. Ich musste zwar einige Male innehalten, meine beanspruchte Hüfte kreisen und vor allem den unteren Rücken strecken – es war trotzdem wunderschön, auf der alten Route unterwegs zu sein, die ich als Jugendliche so häufig mit Tamsin gelaufen war. Zufrieden mit mir joggte ich langsam zurück zum Haus und 201 sprang mit den Kindern in den Pool.

Am frühen Abend schlenderte ich mit Sue, Tamsins Mutter, zum Strand. Zur Feier des Tages – es war ihr Geburtstag – hatte sie ihren Stock, den sie seit ihrem schlimmen Bandscheibenvorfall brauchte, zu Hause gelassen. Also hakten wir uns beim Gehen unter, stützten uns gegenseitig und brachten uns auf den neuesten Stand, was unsere körperlichen Einschränkungen anging, und natürlich auch in Sachen neuester Inseltratsch. My second mom – so nannte ich Sue. Sie war es, die ich aus dem Surfhostel in Portugal angerufen hatte, als ich zunehmend verzweifelt all die ausgedruckten E-Mails meiner Mutter über Parkinson las, die ich zuvor ungelesen gestapelt hatte. Sue hatte mich beruhigt und mir alle möglichen Ratschläge gegeben, nicht nur zur Ernährungsumstellung. Sie hatte selbst – nach ihrem Bandscheibenvorfall vor vielen Jahren, durch den sie fast im Rollstuhl gelandet wäre – ihr Leben komplett verändern müssen. In den 1980er-Jahren war Tamsins Mutter ein Tennisass gewesen, eine Windsurferin, verdammt attraktiv und athletisch – dass das alles nicht mehr möglich war, muss ein einschneidendes Erlebnis für sie gewesen sein. Uns verband also nicht mehr nur die Vergangenheit, sondern auch das Schicksal der körperlichen Versehrtheit.

Während wir den Strand entlangliefen, bereitete ihr Mann zu Hause die spezielle Geburtstags-Paella vor. Und es war noch jede Menge zu tun, bevor die gesamte Familie und jede Menge Freunde zum Dinner einfallen konnten. Also machten wir uns auf den Rückweg.

Draußen wurde gerade die lange Festtafel auf der Veranda gedeckt, der Wein entkorkt, die Aperitifs vorbereitet. Es war Anfang Juli und Sues Geburtstag seit jeher eine Gelegenheit, ein großes Dinner mit vielen Gästen zu veranstalten. Viele der Gäste, die jetzt peu à peu eintrudelten, lebten zwar nicht das ganze Jahr auf der Insel, verbrachten aber zumindest den Sommer hier, meist in ihren eigenen Häusern, von denen viele Bill gebaut hatte. Sie kamen schon seit Jahrzehnten aus Paris, Berlin, London, Edinburgh oder New York und brachten ihre Kinder und mittlerweile sogar Enkel mit. Ich kannte fast alle.

Die Paella mit Muscheln, Gambas, Hühnchen und grünen Bohnen wurde serviert. Wasser wurde nachgeschenkt, bevor es mit dem kalten Rosé weiterging. Es dauerte wie immer ewig, bis fertig gegessen war, weil wir uns alle so furchtbar viel zu erzählen hatten. Irgendwann verzogen wir »Kinder« uns in die Küche und spülten das Geschirr. Früher wäre an Geschirrspülen nicht zu denken gewesen, denn da fuhren wir natürlich fast jedes Mal noch ins Dorf und hingen die ganze Nacht mit Freunden und ehemaligen Klassenkameraden ab. Aber inzwischen hatten fast alle selber Kinder, waren müde und blieben mit den Oldies zu Hause. Ich selbst war an dem Abend sogar so hundemüde, dass ich mich zu meiner Patentochter Alma ins Bett legte, noch bevor die letzten Gäste nach Hause gefahren waren.

Am nächsten Tag verzichtete Sue wegen ihrer Probleme mit der Balance darauf, mit uns allen einen Ausflug mit Bills kleinem Segelboot zu machen. Ich hingegen wollte unbedingt mit –

auch wenn ich mich etwas ängstlich und verunsichert an der Reling festhalten musste. Einfach freihändig auf dem Boot zu stehen – diese Tollkühnheit, die ich noch vor einem Jahr bei dem Segeltörn an der Nordküste Spaniens gewagt hatte – war längst Vergangenheit. Stattdessen hangelte ich mich vorsichtig mit ausgebreiteten Armen und ausgestrecktem Hintern an der Reling entlang, musste ich doch den Schwerpunkt ausgleichen. Die Kinder lachten über mich und ich lachte einfach mit. Na ja, in Wahrheit zitterte ich innerlich …

Wir fuhren von der Lagune, in der das Boot vor Anker lag, in Richtung Cap de Barbaria, entlang der zum größten Teil unter Naturschutz stehenden und fast unbewohnten Felsküste. Nur hin und wieder sah man ein paar Häuser, die sich in Form und Farbe harmonisch der Landschaft anpassten und die überwiegend von Bill entworfen und gebaut worden waren. Wir ankerten in der Nähe des sogenannten Full Moon Beach, eines Klippenstrands mit wellenartigen Felsformationen aus Sandstein. Hier hatten früher tolle Vollmondpartys stattgefunden – daher der Name.

Wir sprangen vom Boot und schnorchelten herum. Wie gerne hätte ich ein paar Seeigel aus den Höhlen in den Felsen unter Wasser entnommen, um sie später vorsichtig quer aufzuschneiden und die extrem leckeren Eier der weiblichen Exemplare mit den Fingern auszulöffeln. So wie wir es früher immer gemacht hatten. Aber die Seeigel waren in der Gegend leider überfischt und standen mittlerweile unter lokalem Artenschutz.

Nachmittags fuhren wir zurück zur Lagune und sammelten auf dem Weg Tamsin ein. Sie hatte ein wenig allein sein wollen, war dabei stundenlang die Küste auf und ab gekrault und wartete nun an der Piscina natural, dem natürlichen Swimmingpool, auf uns – eine weitere felsige Bucht, von wo aus wir als Jugendliche die tollkühnsten Sprünge ins tiefe Wasser gewagt hatten. Total verrückt, dass wir damals von den höchsten Felsen einfach ins Meer gesprungen waren – ohne genau zu wissen, ob sich

Felsen im Wasser befanden. Wie viele Unfälle hat es bei so was wohl gegeben? Wir hatten einfach Glück gehabt, dass uns bei all dem Leichtsinn nichts passiert ist.

Jahrelang bin ich auch ohne Helm auf dem Moped über die Insel gebrettert. Oder ich ließ mich mit dem Fahrrad von einem Mopedfahrer ziehen. Das war eine Gaudi! Einmal bügelte es mich dabei bei voller Geschwindigkeit tatsächlich nieder. Meine gesamte linke Körperhälfte rutschte meterlang den Asphalt entlang. Schrammen über Schrammen, die aber dank Aloe Vera schnell verheilten. Genauso wie die Brandstellen an Fuß und Unterschenkel, nachdem man aus Versehen am heißen Auspuff kleben geblieben war, als man den Ständer auszog.

Ja, ich muss zugeben: Ich vermisse diese jugendliche Unbekümmertheit immer noch. Dieses Mir-gehört-die-Welt-und-mir-kann-niemand-was-Gefühl. Und bis heute ist trotz Mr P »Vernunft« nicht meine Priorität. Klar, vernünftiger zu werden, vorsichtiger – das ist wohl der Lauf des Lebens, auch ohne Krankheit. Aber ganz ehrlich: Ist es nicht auch furchtbar langweilig?

Die Lagune, in der wir schließlich am frühen Nachmittag wieder vor Anker gingen, birgt übrigens etwas Besonderes: In ihr lebt ein Mikroorganismus, mit dem in der Krebsforschung schon einige Erfolge erzielt werden konnten. Ein Pharmaunternehmen aus Madrid, das sich der Meeresbiologie verschrieben hat, darf diesen Organismus aus der eigentlich unter Naturschutz stehenden Lagune extrahieren und damit experimentieren. Für dieses Pharmaunternehmen hat Tamsin als studierte Biologin viele Jahre gearbeitet. Natürlich hat die Krebserkrankung eines engen Familienmitglieds erheblichen Einfluss auf ihre Jobwahl gehabt. Es ist ja nicht so selten, dass Forscherinnen und Forscher einen persönlichen Grund für ihre Arbeit haben. Wer weiß: Vielleicht knackt ja eines Tages einer meiner Zwillingsneffen den Code dafür, wie man Nervenzellen nachwachsen lassen kann. Damit wäre Parkinsonpatienten, aber auch so vielen anderen Menschen mit Alzheimer, MS, Querschnittslähmungen und vielem mehr geholfen. Der Nobelpreis wäre ihm sicher. Mal sehen. Guggi und Deborah wünschen sich das auf jeden Fall ganz arg.

Aber zurück zu Tamsin. Sie ist eine starke und tolle Frau, die kaum etwas aus der Fassung bringt. Klar, hatte auch sie betroffen reagiert und war traurig, als ich ihr von meiner Diagnose erzählte, nicht zuletzt, weil wir ja gleichaltrig waren und immer wieder Pläne geschmiedet hatten, was wir alles gemeinsam unternehmen wollten. Aber schnell hatte sie auf Pragmatismus umgeschaltet und überlegt, ob das britische Pharmaunternehmen, für das sie inzwischen arbeitete, gerade eine passende Studie am Start hatte, in die ich aufgenommen werden könnte. Die Familie hält eben immer zusammen, sowohl die biologische als auch die selbst gewählte!

Dieses Wissen beruhigt mich inzwischen ungemein. Immer wenn es mir schlecht geht und ich verzweifelt bin, versuche ich, an meine Familien zu denken und dass sie mich nicht im Stich lassen werden. Ich muss an die Sätze meines Parkinson-Buddies, des Buchautors und Journalisten denken, der mir gleich am Anfang geraten hatte, ich solle mich nicht abkapseln und alles im Alleingang machen, ich solle mich von der Einsamer-Wolf-Attitüde verabschieden. Inzwischen weiß ich, dass er recht hatte, und ich finde es fast komisch, wie furchtbar schwer es mir gefallen war, meinen eigenen Schwestern von meiner Krankheit zu berichten.

Abends gingen meine Wahlfamilie und ich ins Dorf, nach Sant Francesc. Seit Jahrzehnten findet dort jeden Samstag vor der alten Kirche das Jazzkonzert *Jazz en la Plaza* statt. Die Bar stellt ausreichend Stühle auf den Platz und man trifft alle Insulaner auf einen Tratsch, kennt man doch das Repertoire der Musiker zur Genüge. Deborah, Guggi und ich sind als Kinder und junge

Erwachsene immer mit einem Strohhut von Stuhl zu Stuhl gegangen und haben Münzen für die Band eingesammelt. Schließlich war der Schlagzeuger einige Jahre unser britischer Stiefva-
ter gewesen, sein eineiiger Zwillingsbruder und demnach unser
Stiefonkel spielte Trompete und Geige. So wuchsen wir mit viel
Jazzmusik auf, speziell von Miles Davis. Wahrscheinlich rührt
daher meine Leidenschaft für experimentelle Musik. Ich selbst
habe leider kein Musikinstrument gelernt. Ich weiß noch, wie
ich mir als Teenager eines Tages ein Altsaxophon borgte, mit
dem ich mich in den ausrangierten Passat Kombi vor dem Kak-
teengarten setzte und verzweifelt versuchte, durch das dünne
Holzblättchen am Mundstück irgendeinen Ton herauszubrin-
gen. Das war's mit meinem Versuch, ein Instrument zu lernen.

Heute bereue ich es, nicht selbst Musik machen zu können. Vielleicht sollte ich mir das Gitarrenspiel beibringen lassen.
Es wäre ideal für das Training der Fingerfertigkeit meiner linken Hand, die extrem nachgelassen hat. Auf der Computertasta-
tur tippe ich nämlich zu neunzig Prozent mit der rechten Hand.
Und den Rat, täglich mit einem Rosenkranz zu trainieren, habe
ich faule Socke bis heute nicht in die Tat umgesetzt. Tja. Bekäme
ich Gitarrenunterricht, wäre ich gezwungen zu üben. So wie
bei dem Holzkeulenschwingen, das ich unter Ansporn meines
Personal Trainers betrieb. Mal sehen, ich überlege es mir. Ach
Mensch, ich habe noch so viel vor!

    Außer den Motorradführerschein zu beenden. Das habe ich
mir wirklich endgültig abgeschminkt. Zu gefährlich für mich.
Klar, es gibt inzwischen behindertengerechte motorisierte Zwei-
räder, aber ich stehe halt auf die alten, coolen Maschinen. In
diesen Dingen hat mich meine Eitelkeit nicht verlassen. *Noch*
nicht. Wie soll das nur werden, wenn ich einmal einen Rollator
brauchen sollte?

    Naja, vielleicht könnte ich mich ja sogar mit dem anfreun-
den, wenn ich ihn mit ein wenig Kitsch verzieren würde. Und
dann laufe ich herum wie so ein Freaky Weirdo! Ich musste an

meinen froschgrünen Ford Consul Coupé ‹72 denken, den ich mit Anfang zwanzig für 1000 DM in Berlin gekauft, durch halb Europa nach Madrid kutschiert und später nach Formentera verfrachtet hatte. Das Armaturenbrett war komplett mit bunten Plastikmatchboxautos zugeklebt und das Lenkrad mit knallgrünem Plüsch umbunden. Zu der Zeit war Grün sowieso meine Lieblingsfarbe und ich hatte all meine Klamotten, selbst die Unterwäsche, grün gefärbt. Mit Freakyness kenne ich mich also aus. Wird halt nur schwierig, wenn man dabei mitleidige Blicke ertragen muss …

Der grüne Consul landete übrigens irgendwann auf Formenteras Schrottplatz, da der aufgrund der salzigen Meeresluft rostige Unterboden nicht mehr zu retten war. Aber den fünfmonatigen Sommer, den Deborah, Guggi und ich 1998 mit ihm auf Formentera verbracht haben, werde ich niemals vergessen. Wir waren jung und wild, tollkühn und feierwütig, jobbten in Cafés oder putzten Häuser, die an Touristen vermietet wurden. Und pennten nachmittags am Strand, weil die Nächte viel zu aufregend waren, um sie zu verschlafen. Aber vor allem waren wir die drei coolen Schwestern der Insel, auf das Innigste verbunden und voller Abenteuer und Flausen im Kopf.

Das Jazzkonzert war inzwischen zu Ende. Ich hatte viele bekannte Gesichter gesehen und Nettigkeiten ausgetauscht, mich auf den neuesten Stand gebracht. Und Dutzende Fragen beantwortet: »Ja, Mama geht's gut.« – »Ja, Berlin ist die tollste Stadt in Europa!« – »Nein, ich habe mich scheiden lassen.« – »Ja, Deborah ist verliebt!« – »Ja, Guggi ist jetzt Mutter von Zwillingen und wird so schnell nicht nach Formentera kommen …«

Zu dem Zeitpunkt wussten viele der Hiergebliebenen bereits von meinem Dauerbegleiter Mister P. Ich selbst war also in gewisser Hinsicht Klatsch und Tratsch der Insel. Keiner sprach mich direkt darauf an, aber ich hatte den Eindruck, sie wollten mir dennoch alle ganz viel Empathie und Solidarität entgegenbringen, weil sie mir jede Einzelheit über all ihre nur erdenklichen eigenen Krankheiten oder Zipperlein mitteilten. Es war wirklich krass. Auf eine gewisse Art und Weise sogar lustig, wie sie mir ungefragt die schrecklichsten Gebrechen erzählten, in der Annahme, ich könne sie jetzt ja verstehen. Dennoch: zu viel Information auf einmal. Und was sollte ich darauf schon antworten?

Wahrscheinlich ist das im Alter so, dass man sich austauschen und sich gegenseitig Mut machen möchte oder gemeinsam darüber lachen will. Keine Ahnung. Diese Art von Solidarität hatte ich bis jetzt eigentlich nur mit den Parkinsonbetroffenen geteilt, die ich kennengelernt hatte. Tja, jetzt gehörte ich also auch noch auf eine ganz spezifische Weise zu meinen Aussteigereltern und -freunden, die mich hatten aufwachsen sehen. Zu den Oldies but Goldies. Eigentlich ganz schön. Und ja, vielleicht ende ich ja wirklich einmal hier bei ihnen.

Parki-Buddies

Sardinien

September 2019. Der frühmorgendliche Flug aus Berlin steckte mir noch in den Knochen, als ich in der wunderschönen Altstadt Cagliaris den ersten Kaffee trank. Ich beobachtete die kleine Hochzeitsgesellschaft, die soeben aus der gegenüberliegenden Kirche gekommen sein musste und eine Flasche Schampus nach der anderen an der Theke bestellte, an der ich saß. Es war elf Uhr vormittags. Kleine, pummelige Jugendliche, in zu enge Anzüge und Kleider gequetscht, saßen in der Ecke und starrten auf ihre Smartphones. Die schüchterne Braut verschwand unter Tüll und der stolze Bräutigam zündete sich eine Zigarette nach der anderen an, während die Brauteltern und andere Verwandte sich draußen unter den Schatten spendenden Arkaden versammelten und herzlich umarmten. Sie schienen gelassener zu sein als das Brautpaar und sahen wesentlich eleganter aus mit ihren Hüten, Handtaschen und grau melierten Haaren.

Ich bestellte mir noch einen weiteren Kaffee ohne Milch und Zucker, setzte mich in die letzte Ecke an der Theke, um nicht im Weg zu sein mit meinem Rucksack und total unpassenden Wander-Outfit. Schließlich war es etwas eng in der Bar und der Hochzeitsfotograf sollte freie Sicht ohne störende Elemente haben. Er schenkte mir daraufhin ein nickendes Lächeln, bevor er sich wieder seiner Arbeit widmete.

Bevor ich aufbrach, wünschte ich den frisch Vermählten alles Gute. Ich bin wirklich sehr glücklich darüber, verheiratet gewesen zu sein. Und trotzdem froh, mich nicht mehr damit auseinandersetzen zu müssen.

Mit ausreichend Wasser, Nüssen, Trockenbrot, Limetten, ein paar Nektarinen, Magnesium, Vitamin-B12-Pillen und zwei Powerbanks für mein Handy im Gepäck marschierte ich los, ließ mich vom öffentlichen Bus aufgabeln und am Stadtrand von Cagliari wieder ausspucken. Schnell ging's einen kleinen Hügel hinauf, anfangs auf schilfbewachsenen Wegen an Tümpeln und Bächen vorbei, weiter oben dann durch ein Buschwäldchen. Es gab auf Sardinien sowieso keine durchgehend markierten Wege, sondern nur ein paar Teilstrecken an der gebirgigen Ostküste der Insel, die von Bucht zu Bucht führten. Dahin wollte ich auf jeden Fall auch noch, aber erst einmal sollte es unter Zuhilfenahme meiner GPS-App querfeldein Richtung Norden gehen.

Es tat irre gut, wieder *on the road* zu sein. Wie eigentlich immer! Dieses spontane Ausreißen aus Berlin mit Zelt und Nüssen im Rucksack in einem Sechs-Uhr-Flug war fast schon zu einem Ritual für mich geworden. Im Frühjahr war ich bereits spontan nach Menorca geflogen und hatte auf einem markierten Küstenweg namens *Cami del Cavalls*, also dem Weg für Pferde, die gesamte Insel umrundet. Jetzt also Sardinien. Eigentlich hatte ich vorgehabt, endlich mal einen Teil der Sechsundsechzig-Seen-Wanderung in Brandenburg in Angriff zu nehmen, denn ich war noch nie länger als zwei Tage am Stück wandernd in der Umgebung von Berlin unterwegs gewesen. Aber dann gewann doch wieder die Aussicht aufs Mittelmeer. Die Tatsache, dass es gerade bei solchen Kurztrips wesentlich ökologischer und ökonomischer wäre, einfach mit der S-Bahn aus dem Speckgürtel

Berlins ins Grüne zu fahren, war mir damals noch nicht so wichtig wie heute – Fridays for Future sei Dank …

Das Besondere an meinem Sardinientrip war, dass ich überhaupt nicht wusste, wo ich landen würde. Sonst bereitete ich mich auch bei meinen Spontanfluchten immer ein wenig vor und suchte mir online die Routen heraus, aber diesmal sollte es einfach querfeldein gehen. Alles unvorhersehbar also.

Wie an diesem ersten Nachmittag, als ich plötzlich stundenlang durch komplett verbrannten Wald lief. Ehemalige Waldbrände waren schließlich nicht im GPS vermerkt – und es war definitiv schon zu spät für den Abstieg ins Tal. Also baute ich mein Zelt auf dem schwarzen Boden auf und befestigte die Seile an großen Steinen, die ich heranschleppte, weil ich es nicht schaffte, die Heringe in die verbrannte, total feste Erde zu rammen. Die Baumstämme standen wie Skelette in der Gegend herum. Hin und wieder sah man einen robusten grünen Busch, der es irgendwie geschafft hatte zu überleben. Entweder waren sie Glückspilze oder so tief verwurzelt wie Weisheitszähne. Keine Ahnung. Diese zähen Büsche erinnerten mich ein wenig an mich selbst. Wahrscheinlich weil auch ich mich als ziemlich zäh empfand. Immer noch. Mein Freiheitsdrang und mein konstanter Wunsch, an die eigenen Grenzen zu gelangen, hatten noch nicht nachgelassen. Ich schaute auf meine Hände und Beine, die völlig rußverschmiert und zerkratzt waren, und bedankte mich für meine Rossnatur. Bei wem auch immer …

Nach ein paar Schluck Wasser aus der bewährten NVA-Flasche und einem kargen Abendmahl aus Nüssen und Mandarinen schien es fast, als würde sich die Natur für meinen Dank erkenntlich erweisen: mit einem Sonnenuntergang, der verstörend schön war. Die blutrote Sonne vor den schwarzen Baumskeletten betörte mich so sehr, dass ich den Blick erst abwenden konnte, als ich von der Dunkelheit eingenommen war. Dann erst kroch ich, immer noch rußverschmiert, in mein Zelt.

Die nächsten Tage traf ich kaum eine Menschenseele, nur ein paar Sarden, die hoch zu Ross unterwegs waren (und zwar ohne Sattel). Ich betrieb Mundraub auf den Tomatenfeldern, aß mich satt an den reifen Feigenbäumen am Wegesrand, bat um Wasser an einsam gelegenen Gehöften – bis ich auf eine kurvige Straße stieß, auf der ich die Ostküste ein Stück hochtrampte bis zur nächsten Bushaltestelle. Es war Mittag und ziemlich heiß, als ich in einem kleinen Küstenort ausstieg, rechts und links davon eine atemberaubende Steilküste.

Während ich einen Salat am Hafen aß und dabei dem Treiben der Boote zusah, die die Tagesausflügler von den Buchten abholten, bemerkte ich eine Gruppe älterer Leute in Klettersteigausrüstung, mit Wanderstöcken und sonnengegerbten Gesichtern. Sie waren gerade aus einem der Boote gestiegen. Ich ging zu dem Wanderführer, der um einiges jünger war, und fragte, wo sie herkämen. Die Antwort war abzusehen: vom *Selvaggio Blu*. Das »Wilde Blau« ist eine der berühmt-berüchtigsten Trekkingrouten Europas: Steilküste, dazwischen kleine Buchten, imposante Felswände, keine Wegmarkierungen. Nur alte Hirten- und Schmugglerpfade führen durch die Landschaft. Man braucht einen guten Orientierungssinn und eine Ausrüstung zum Abseilen, außerdem sollte man fit genug sein, für vier bis fünf Tage lang ausreichend Essen und Wasser, Zelt und Schlafsack mit sich herumzuschleppen und damit immer wieder rauf und runterzuklettern. Ich hatte beschlossen, diese Tour nicht allein zu machen, aber auch keine Lust gehabt, mich einer organisierten Gruppe anzuschließen.

Als ich die fitten Alten sah, die glücklich und etwas durchgerockt an der Hafenmole standen, war ich dann doch ein bisschen neidisch. So fit wie die will ich im Alter auch sein, dachte ich – und vergaß für einen Moment meinen Parki, der mich höchstwahrscheinlich daran hindern wird, so alt zu werden, geschweige denn beweglich zu bleiben. Da wurde mir erst klar, wie sehr Mister P immer präsent war – auch wenn ich mir einbildete, ihn verbannt zu haben aus meinen Gedanken. Also genoss ich jetzt das unbeschwerte Vor-mich-hin-Träumen umso mehr und malte mir aus, wie mein Alter ohne Parki vielleicht sein würde.

In der Realität zurück füllte ich meine Wasserflaschen auf und machte mich auf den Weg in die nächste Bucht, wo ich etwas versteckt mein Zelt aufbaute und den Tageskletterern zusah, die bis in die Dunkelheit hinein am Felsen hingen. Am nächsten Morgen lief eine Schwimmerin in Neoprenanzug an mir vorbei. Sie zog eine Boje hinter sich her, mit der sie ins offene Meer hinauskraulte. Die knallorangefarbenen kleinen Bojen sind wichtig für Ausdauerschwimmer, falls sie einen Krampf bekommen und sich ausruhen müssen, aber auch um die Boote zu warnen. Ich hatte so Lust, ihr einfach nachzu- schwimmen! Doch ich war nicht besonders gut im Kraulen, geschweige denn hätte ich ein bis zwei Stunden durchgehalten. Das sollte sich zwar ändern während meiner Zeit in Rio ein halbes Jahr später. Aber an diesem Morgen an der sardischen Ostküste blieb mir nur, in Bewunderung zu schwelgen für diese Schwimmerin, die bestimmt schon um die sechzig war, braun gebrannt und sehnig. Wie bei den Wanderern gestern packte mich der Neid. Obwohl: Meine Gefühle gingen eher in Richtung »Will ich unbedingt auch!«. Immer wenn ich etwas sehe, was Genuss bereiten könnte, will ich es meist auch unbedingt ausprobieren. Wenn ich schon anfällig bin für eine der sieben Todsünden, dann ist's wohl eher die Wollust und nicht so sehr der Neid.

Als die Schwimmerin nur noch ein Punkt am Horizont war, packte ich mein Zeug zusammen und lief in die Berge hoch. Vorbei an Macchiagewächs in eine Art Geröllwüste. Hier war ich wieder allein. Hatte aber trotzdem Netzempfang und sah, dass mir ein Freund eine Chat-Nachricht geschrieben hatte. Es war Scot, ein Amerikaner, der in Hongkong lebte. Der Mann, den ich letztes Jahr in Sri Lanka während einer Ayurveda-Kur hätte treffen sollen. Unser Wiedersehen war aber ins Wasser gefallen, weil er die Reise wegen eines Skiunfalls in Kanada hatte absagen müssen. Wir hatten uns bereits vor einiger Zeit im Netz kennengelernt und führten eine Art virtuelle Fernbeziehung. Getroffen hatten wir uns nur ein einziges Mal, im Frühjahr 2018 in New York, weil er dort wie ich zu Besuch gewesen war. Die Distanz machte uns aber nicht besonders viel aus. Auch in der virtuellen Welt konnte man sich kennen- und schätzen lernen, Weggefährte sein auf Reisen, die man getrennt unternahm.

Gerade schrieb er mir aus einer Klinik in Hongkong, während er wegen seiner Krebserkrankung eine Bestrahlungstherapie über sich ergehen lassen musste. Bis vor Kurzem war Scot supersportlich und aktiv gewesen, hatte genauso wie ich viel Wert auf seine Freiheit, Unabhängigkeit gelegt, seine Kinder waren bereits erwachsen und seine Ehe beendet. Und nun plagten ihn Gedanken über die Verwundbarkeit und Endlichkeit des Lebens, Gedanken an den Tod. Und er kämpfte mit seiner *Bucket List*, die immer länger wurde, weil er sich nicht entscheiden konnte, was er noch alles machen und erleben wollte.

Das kannte ich ja alles zur Genüge und wir tauschten uns ausgiebig darüber aus. Seit er krank war, fühlten wir uns noch mehr zusammengehörig, trotz des nur sporadischen Kontakts aus der Distanz. Unsere Freundschaft war wirklich besonders und schön – obwohl er seinen für diesen Herbst geplanten Berlinbesuch aufgrund der veränderten Situation mit Chemo- und Strahlentherapie erneut hatte absagen müssen. Ein Jahr später – Scot war wegen der politisch brisanten Lage in Hongkong zurück in den Staaten – würde der Berlinbesuch übrigens wieder ausfallen, weil US-Bürger wegen des COVID-19-Virus nicht in Europa einreisen durften. Es war wie verhext, wir sollten uns einfach nicht wiedersehen, sondern weiterhin virtuelle Liebhaber bleiben.

Hier auf Sardinien setzte ich mich jedenfalls in den Schatten eines Baumes, als ich seine Nachricht sah, schrieb zurück und wir chatteten eine Weile hin und her. Später am Abend, als ich in einer einsamen Bucht lag, telefonierten wir ausgiebig miteinander. Mir kam diese Bucht so bekannt vor, dass ich mir einbildete, hier schon einmal gewesen zu sein. Auch die Vertrautheit mit Scot, dieses Verständnis füreinander, ohne sich groß erklären zu müssen, kam mir bekannt vor. Ich empfand plötzlich ein wunderbares Gefühl der Nähe. Hm, vermisste ich eventuell etwas? Vermisste ich etwa die Liebe? Eigentlich hatte ich ja bereits einen Boyfriend: den ewig treuen Mister P – aber wollte ich auf Dauer wirklich nur ihn? Nun ja, ich hatte, glaube ich, einfach mal wieder Lust auf ein bisschen Romantik.

Die Folgetage lief ich von Bucht zu Bucht. Immer über die Berge, hoch und wieder runter – bis die Route zum *Selvaggio Blu* führte und ich lieber dem ausgetrockneten Flusslauf ins Landesinnere folgte. Wieder Trampen bis zur nächsten Bushaltestelle, wieder Bus zu einem Städtchen in Küstennähe. Dort kaufte ich Vorräte ein und lief gegen Abend in einen riesigen Pinienwald hinein, der sich kilometerweit am Strand entlangzog. Er war wie ein natürlicher Campingplatz, in dem ich fast allein mit meinem Zelt war, denn die Tagesausflügler waren schon weg.

Da die Nebensaison begonnen hatte, es außerdem mitten in der Woche war, war auch am nächsten Morgen kein Mensch weit und breit zu sehen und ich konnte nackt ins kristallklare Meer springen. Unter strahlend blauem Himmel schwamm ich parallel zum Strand entlang. Herrlich! Aber ich hatte nicht genügend Sonnencreme für den ganzen Körper dabei und verzog mich daher mit meinem weißen, längst ausgefransten Käppi mit Nacken- und Ohrenschutz schnell wieder unter die schattigen Pinien. Tammi fand immer, ich sähe mit dem Käppi aus wie Dumbo, der fliegende Elefant. Nun ja, beim Wandern war ich eben nicht eitel. Das Käppi schützte und kühlte halt ungemein.

In der Nähe gab es einen wunderschönen Strandkiosk, der von zwei coolen Mädels geführt wurde, und ich verbrachte den ganzen Tag in einer Hängematte zwischen zwei Palmen, an deren Stämmen Steckdosen verlegt waren. Ich fühlte mich pudelwohl, während Powerbanks, Smartphone und Musikbox aufgeladen wurden. So wohl, dass ich die Tinder-App anschmiss und rumdaddelte. Ich hatte Lust darauf, Leute in der Nähe kennenzulernen. Das funktionierte manchmal gerade auf Reisen ganz gut, wenn man sich die Zeit nahm und ein wenig suchte. Und es musste nicht immer mit eindeutigen Absichten sein.

Tatsächlich matchte ich mit einem Franzosen mit griechisch klingendem Namen, der zwanzig Kilometer entfernt in einem Bergdorf war und gerade als Trekkingführer arbeitete. Wir telefonierten kurz, waren uns sofort sympathisch und verabredeten uns für den nächsten Morgen an meinem Strand. Dort mieteten wir zwei Seekajaks und paddelten am Pinienwald und der wilden Steilküste entlang zu einer tollen Bucht, die man nur vom Wasser aus erreichen konnte. Das Kajaken war für mich eine Superabwechslung zum Wandern, zwar anstrengend, aber gut für meine Arm- und Rückenmuskulatur. Allerdings zitterte meine linke Hand nach einer Weile ziemlich stark wegen der ungewohnten Inanspruchnahme. Gut, dass jeder in seinem eigenen Kajak saß und Alexis nichts davon mitbekam. Nach so kurzer Zeit wollte ich nicht erklären, was mit mir los war. Nicht, dass ich mich schämte. Dieses Gefühl der Scham war längst vorbei. Aber ich blieb vorsichtig, fremde Menschen mit meiner Krankheit zu konfrontieren. Ich wusste nicht, wie sie reagieren würden – und oft war die ausgelassene Stimmung dann sofort im Eimer.

Alexis und ich hatten einen echt unbeschwerten Tag. So unbeschwert, dass wir spätnachmittags beschlossen, gemeinsam in sein Hotel im Bergdorf zu fahren, mitsamt meinem Rucksack. Ich genoss die erste heiße Dusche nach sieben Tagen und lud ihn zum Fischessen ein. Wir mussten nur ein bisschen im Zickzack durch das Dorf laufen, weil er auf keinen Fall Mitgliedern seiner Reisegruppe begegnen wollte, um keine neugierigen Fragen beantworten zu müssen.

Als wir nach dem leckeren Essen und sardischem Wein durch die dunklen und unebenen Gassen ins Hotel zurückliefen, bemerkte Alexis schließlich meinen etwas unsicheren Gang und fragte, ob alles in Ordnung sei. Daraufhin klärte ich ihn so knapp wie möglich auf und es änderte sich glücklicherweise nichts an seinem Interesse für mich. Im Gegenteil, er fand mich irgendwie noch interessanter. Sagte er zumindest. Und es stimmte ja: Es war nicht das erste Mal, dass mir jemand mehr Aufmerksamkeit oder sogar Bewunderung entgegenbrachte, wenn er von meinem Mister P erfuhr. Trotzdem: Mir war es meist lieber, ihn für mich zu behalten, solange es eben ging.

Am nächsten Morgen schlich ich mich an Hotelrezeption und Frühstücksraum, wo gerade die Reisegruppe saß, vorbei, da ich beschlossen hatte, mit dem ersten Bus an die flache West- küste zu fahren. Auf zu neuen Abenteuern.

Während der Fahrt rief mich Jörg an, einer meiner Parki-Buddies, den ich über meinen Blog kennengelernt, aber bis jetzt noch nie persönlich getroffen hatte. Jörg war gerade als Gast auf einer Parkinsonkonferenz in Nizza und erzählte mir ausführlich von seinen Eindrücken. Sein Neurologe nahm an der Fachkonferenz als Gastredner teil und hatte ihm eine Einladung besorgt. Jörg wollte immer auf dem neuesten Stand sein, was die Entwicklungen in der Forschung anging.

Er war nur ein paar Jahre älter als ich, aber schon wesentlich weiter fortgeschritten in seinem Degenerationsprozess und auf die kontinuierliche Dopamineinnahme in Form von L-Dopa-Tabletten angewiesen. Wir tauschten uns seit einiger Zeit regelmäßig über unsere Parki-Erfahrungen aus und vor allem: Wir brachten uns gegenseitig zum Lachen, indem wir uns von unseren Unzulänglichkeiten erzählten. Das tat echt gut, weil so ein befreiendes Sich-über-sich-selbst-lustig-Machen mit Nichtbetroffenen einfach nicht möglich war.

Jörg war Unternehmer und ständig unterwegs so wie ich.

Bei Langstreckenflügen hatte er sich inzwischen angewöhnt, bei der Airline um behindertengerechte Behandlung zu bitten, da er hin und wieder Bewegungsaussetzer hatte und in den sogenannten Freezing-Modus verfiel. Dann stand er einfach in der Gegend herum und konnte sich nicht bewegen, bis die Verkrampfung nachließ. Aber manchmal sorgte diese Vorsichtsmaßnahme auch für Missverständnisse. Einmal, so erzählte er mir, sei er am Flughafen in Tokyo viel zu spät am Flugsteig angekommen. Aber nicht etwa langsam und schwerfällig, sondern quickfidel rennend. Die Flugbegleiterinnen seien stinksauer gewesen, weil er als Passagier mit Behindertenstatus auf der Liste stand und sie den Einstieg deshalb nicht hatten abschließen können. Behinderte ließ man nicht zurück. Aber nach jemand mit Behinderung sah Jörg gerade so gar nicht aus, als er frisch gedopt Richtung Gate rannte. Er hatte halt einfach kurz zuvor eine Pille geschluckt …

Einige Monate nach unserem Telefonat zwischen Sardinien und Nizza würde er mich in Berlin besuchen. Nach einem Essen im Restaurant musste er ganz dicht hinter mir herlaufen, um auf die Straße zu kommen, in kleinen, die Füße über den Boden schleifenden Schritten, so wie eben der typische Parkinsonschritt aussieht. Er brauchte mich als eine Art Pacemaker, allein hätte er den Raum nicht durchqueren können. Draußen benutzte er ausziehbare Walkingstöcke für die Balance – und dann stieg er einfach so in seinen VW-Bus ein und fuhr los, als ob nichts sei. Denn das Autofahren funktionierte einwandfrei. Tja, keiner kann wirklich nachvollziehen, was wir da so treiben, wir Parkis! Deshalb tat es gut, endlich mal mit einem Parki-Buddy unterwegs zu sein.

Trotzdem traf es mich, Jörg so zu sehen, wohl wissend, dass mich in der Zukunft Ähnliches erwarten würde. Nämlich die unweigerlich eintretende weitere Degeneration. Aber ich konnte und wollte meine Augen davor nicht länger verschließen. Ich wollte mich endlich mental darauf vorbereiten.

Die Stöcke hatte ich auf jeden Fall schon mal, immerhin. Leider nicht ausziehbar. Aber musste ich mich tatsächlich schon so bald abhängig machen von den Tabletten? Alle drei bis vier Stunden eine Pille schlucken, weil ich mich sonst nicht richtig würde bewegen können? Fuck! Fuck! Fuck! Ich konnte mir regelrecht selbst dabei zusehen, wie ich vor diesem Gedanken flüchtete. Später, später ...

Einen anderen Parki-Buddy, lustigerweise ebenfalls ein Jörg, lernte ich über meinen Masseur Simon kennen. Simons Massagen hatten nichts mit Wellness zu tun, im Gegenteil: Sie waren die reine Tortur. Aber genau das brauchten wir Parkis ja. All unsere Versteifungen, verursacht durch unnatürliche Bewegungsabläufe, die unsere Probleme kompensierten, musste er wieder weich kriegen. Und so bearbeitete er uns erbarmungslos – unter großem Gestöhne und konzentrierter Atmung gegen den Schmerz. Aber es funktionierte, zumindest bis zum nächsten Massagetermin.

Auch Jörg, der Zweite, und ich verstanden uns auf Anhieb. Er ist Partner einer großen Anwaltskanzlei in Berlin und ein absoluter Macher. Ziemlich schnell hatte er mich für sein großes Projekt, die Gründung einer Stiftung für Menschen mit Parkinson, gewonnen. Ich konzipierte ein bisschen mit, half beim Networking. Wegen Corona musste die offizielle Präsentation der Stiftung mit großem Event und allerlei öffentlicher Aufmerksamkeit aber leider verschoben werden.

Auch wir riefen uns regelmäßig an, um zu quatschen, brachten uns auf den jeweils neuesten Stand und vertrauten uns gegenseitig sogar sehr persönliche Dinge an. So als ob wir uns schon ewig kennen würden. Wir wurden zu Komplizen im Kampf gegen Parki. Obwohl man letztlich allein im Ring steht, tut es gut, wenn der andere zusieht und einen anfeuert. Oder auch beschwichtigt, wenn man sich über die eigenen Unzulänglichkeiten aufregt. Ich tue das manchmal. Mich zum Beispiel über meine Langsamkeit aufregen. Dann versucht Jörg, mich zu beruhigen, sagt, ich solle nicht so streng mit meinem Körper sein.

Jörg ist ein absoluter Optimist und glaubt fest daran, dass in ein paar Jahren die Forschung etwas finden werde, um die Degeneration aufzuhalten. Immer wieder versuchte er, auch mich davon zu überzeugen, dass es bald eine Lösung geben würde. »Bald« war zwar relativ, aber Jörg ist, wie gesagt, ein Kämpfer und Macher. Ich hingegen nahm meine Situation eher hin und versuchte, das Beste daraus zu machen, mit dem, was schon da war: mit viel Naturmedizin, Yoga und noch ohne Dopa-Tabletten. Ich habe keine Lust, darauf zu warten, bis irgendjemand eine Lösung präsentieren würde, will mich auch nicht zu sehr abhängig machen von wahrscheinlich trügerischen Hoffnungen. Ich finde, mir bleibt nur, das zu tun, was ich selbst beeinflussen kann.

Die Busfahrt quer über die Insel zog sich und gegen Abend musste ich sogar noch in einen Zug umsteigen. Als ich endlich in Oristano, einem Städtchen im mittleren Westen Sardiniens, ankam, war es bereits zweiundzwanzig Uhr und ich hatte Schwierigkeiten, eine Bleibe zu finden, waren doch fast alle Hotels und Pensionen ausgebucht. Irgendwann entdeckte ich aber eine kleine, wunderbare Pension mit Garten, mitten in der Altstadt! Der Besitzer bat mich gleich in die Küche herein, wo seine neunzigjährige Mutter mich mit einer sardischen Zwiebelsuppe und selbst gebackenem Brot empfing. Sie sprach bewusst langsam, aber ich konnte sie trotzdem kaum verstehen, da sie tiefsten sardischen Dialekt sprach. Die herzliche Gutenachtumarmung mit ihren zarten Ärmchen brauchte hingegen keine Worte.

Ihr Sohn händigte mir den Schlüssel zu einem großzügigen Appartement auf der gegenüberliegenden Straßenseite aus, das voller alter Bauernmöbel war und mich begeisterte. Ich war so müde, dass ich noch nicht einmal duschte, sondern mich gleich in das knarzende Doppelbett begab, das ich allerdings erst von tausend Kissen und Überdecken befreien musste. Bevor mich der Schlaf überfiel, schob ich mir nur noch schnell meine Zahnschiene gegen das Zähneknirschen in den Mund. Licht aus. Aus die Maus.

So gerne ich eine Weile in dieser wunderbaren Pension geblieben wäre – am nächsten Tag machte ich mich wieder auf den Weg. Schließlich hatte ich mir vorgenommen, die flache Westküste hochzulaufen, und mir blieb nur noch eine knappe Woche bis zu meinem Rückflug. So schulterte ich erneut meinen Rucksack, fuhr per Anhalter ans Meer und los ging's.

Je weiter ich lief, desto einsamer wurde es. Ich kam nur hin und wieder an geparkten Wohnmobilen vorbei, Riesendingern mit französischen Nummernschildern, unter den Vordächern Ehepaare im Rentenalter auf Campingstühlen in der Abendsonne sitzend. Meist in gleichfarbigen Jogginganzügen, mit praktischem Kurzhaarschnitt und ähnlichem Körperumfang. Man konnte zum Teil nicht unterscheiden, wer Mann und wer Frau war. Sie sahen sehr glücklich und zufrieden aus, winkten und riefen mir lächelnd etwas auf Französisch zu.

Tja, diese Erfahrung der altersweisen, mit allen Wassern gewaschenen Rentnerehe werde ich wohl nicht mehr machen. Sowohl wegen Mr P als auch wegen meiner Entscheidung, unabhängig und allein sein zu wollen. Auch okay. Alles hat sein Für und Wider.

Als ich mittags am Meer angekommen war, hatte ich in einem Restaurant nämlich die genau gegenteilige Beobachtung gemacht. Neben mir hatte ein deutsches Ehepaar in meinem Alter gesessen, das sich nichts zu sagen hatte. Zumindest interpretierte ich ihr dröhnendes Schweigen so. Kann auch sein, dass sie nur keine Lust auf Konversation hatten, aber auf mich wirkten sie unglücklich. Der Vater aß stumm vor sich hin, schaute weder auf noch verzog er eine Miene. Die Mutter mit gebücktem Rücken, müden Augen und einem Kleinkind auf dem Schoß, schnitt dem älteren Kind neben sich wortlos das Schnitzel klein.

Und ich war heilfroh, nicht an ihrer Stelle zu sein, sondern allein und ungebunden – auch wenn das bedeutete, hin und wieder die Liebe zu vermissen oder die Chance zu verpassen, irgendwann als Teil eines altersweisen Rentnerpaares glücklich und zufrieden vor meinem Wohnmobil zu sitzen …

Nach ein paar Tagen an der Küste entlang, über buschige Hügel, vorbei an Ruinen, die aussahen, als stammten sie noch aus der Zeit der Phönizier, an lang gezogenen menschenleeren Sandstränden, kleineren Buchten mit Tageausflüglern unter Sonnenschirmen und auf Klippen sitzenden Anglern, erreichte ich schließlich wieder einen riesengroßen Pinienwald. Ich hatte ihn bereits als grüne Fläche auf meiner App gesehen und freute mich über etwas schattigere Wandertage. Die Sonne und auch die Sandfliegen hatten mir doch etwas zu schaffen gemacht und im Wald war es kühl und ruhig. Ich lief und lief, schaute kaum auf, sondern gab mich meinen Gedanken hin, wie ich es liebte. Obwohl: In Wahrheit ging es darum, gar nichts mehr zu denken. Einfach mechanisch vor sich her zu laufen, sich möglichst nicht mehr darauf konzentrieren zu müssen, gleichmäßig zu laufen wegen des Unterschieds von linkem und rechtem Fuß. Abschalten. Still im Kopf werden. Weder genießen noch sich beschwerlich fühlen. Einfach gar nichts.

Dann plötzlich, wie aus dem Nichts, tauchte vor mir die Auffahrt zu einem Fünf-Sterne-Golfressort auf. Weder meine GPS-App noch irgendwelche Hinweisschilder hatten mich vorgewarnt. Ich beschloss hineinzugehen, um etwas zu trinken.

Obwohl ich mit meinen verwaschenen Shorts, meinem kurzärmeligen T-Shirt, den zerkratzten Beinen, löcherigen Turnschuhen und dem verstaubten Rucksack auf dem Buckel furchtbar verwildert und dreckig ausgesehen haben muss, wurde ich von der Hotelmanagerin an der Rezeption sehr freundlich empfangen. Sie würdigte meine äußerliche Erscheinung keines Blickes, sondern sah mir direkt in die Augen, während sie mir den

Weg an die Poolbar wies und den Rucksack zur Aufbewahrung entgegennahm. Was für ein formvollendeter Service. Am Pool bestellte ich eine große Flasche Sprudelwasser. Ein paar Minuten später kam der Kellner mit dem Wasser zurück – und mit einem Teller mit geräuchertem Schinken, Pecorino-Käse, Oliven und einem Korb frischem Brot. Es war sein Geschenk. Er fragte mich nach meiner Wanderung und fand es toll, dass ich so verwildert aussah. Stolz erklärte er, er sei richtiger Sarde, wild und naturverbunden – während er sich die Fliege zurechtrückte.

Ich war entzückt und beschloss, mir ein Zimmer zu nehmen. Leider war alles ausgebucht, außer einem Luxusbungalow für vier Personen. Was soll's, ich hatte es mir verdient, fand ich. Die Rezeptionistin nahm meine Visakarte, gab mir den Rucksack zurück und hieß mich herzlich willkommen. Wahrscheinlich liegt darin der wahre Unterschied zwischen einem Zwei-Sterne- und einem Fünf-Sterne-Hotel: nämlich ausnahmslos alle Gäste gleich zu behandeln, egal, wie sie daherkamen.

Die Dusche mit Regenwaldduschkopf in meinem Bungalow war der Knaller. Ich wusch schnell ein T-Shirt und meine einzige Hose aus dünnem Leinen, die meine Beine bedeckte, durch, um beim Abendessen nicht mehr ganz so verwahrlost auszusehen, und trocknete sie mit einem Föhn. Als es dunkel wurde, setzte ich mich wieder an den Pool und genoss Fisch, sardischen Weißwein und eine Zigarette zum Abschluss. Luxus pur. Ich hatte mich ein wenig abseits gesetzt, sodass ich ungeniert die anderen Gäste beobachten konnte, ohne unhöflich zu wirken. Ich erfand Geschichten zu ihnen, malte mir ihr Leben aus. Wie privilegiert sie waren. Sie wirkten, als wäre ihnen dieser Luxus eines Fünf-Sterne-Hotels mit angrenzendem Golfplatz und Privatstrand eine Selbstverständlichkeit. Ich für meinen Teil genoss den Luxus ungemein, als ich mich in das Doppelbett mit gestärktem und schneeweißem Leinen legte und die Matratze im richtigen Winkel nachgab, im Gegensatz zu meiner Isomatte, auf der ich jede Unebenheit des Bodens spürte.

Am folgenden Vormittag sollte der Pool mein einziger Aufenthaltsort sein. Gut, dass ich einen einigermaßen schicken Bikini im Fünzigerjahreschnitt à la Esther Williams mitgenommen hatte: mit breitem Bund, der die gesamte Hüfte mitsamt Cellulitis bedeckte und im derzeitigen Modetrend lag. So fiel ich nicht besonders auf unter all den reichen Damen, die mit teurem Schmuck behangen ihre Margaritas schlürften und sich ein Clubsandwich nach dem anderen an den Pool bestellten. Ich selbst aß Äpfel von der Rezeption, ließ mich in den seichten Pool hineingleiten, schwamm und tauchte ein paar Runden und döste bei Easy-Listening-Musik – ich nannte sie auch Fahrstuhlmusik – auf der herrlich bequemen Sonnenliege. Der italienische Ausdruck »dolce far niente« (die Süße des Nichtstuns) passte wie P & P, also Pamela & Parkinson, ideal zu diesem Vormittag. Mr P machte sich nämlich gerade auf Schritt und Tritt bemerkbar. Auch in dieser Hinsicht passte ich ganz gut zu den meist betagteren Gästen, denen man ihre körperlichen Zipperlein bei jedem Aufstehen von der Liege und jedem Einstieg in den Pool ansah. Ich fühlte mich rundum wohl.

Am Nachmittag packte ich mein Zeug und ließ mich von einem der Küchenjungen, der gerade seine Schicht beendet hatte, in seinem Auto zum nächsten Städtchen mitnehmen und begab mich zur Busstation Richtung Süden. Ich hatte nämlich noch eine Verabredung an diesem Abend, eine ganz besondere: Nicole, mein neuester Parki-Buddy aus München, wartete auf mich mit ihrem Mietauto an einer Bushaltestelle in der Nähe von Santa Margherita di Pula, südlich von Cagliari.

Nicole hatte mich vor knapp einem halben Jahr direkt aus einer Münchner Klinik kontaktiert, nachdem ihr die Diagnose gestellt worden war. Bei ihr war es anfangs nicht so eindeutig gewesen wie bei mir, die Ärzte brauchten viele, viele Untersuchungen wegen einer etwas atypischeren Form der Erkrankung. Aber nun war es leider klar: Sie litt an Parkinson.

Als Frau eines Münchner Jungendfreundes kannte sie meinen Blog und so lag es auf der Hand, dass sie mich anrief – auch wenn unser letztes Treffen viele Jahre zurücklag. Wir waren gleichaltrig und befanden uns im gleichen Stadium, hatten die gleichen Symptome. Mit einem Schlag wurden wir Schwestern, Verbündete, Komplizinnen – wenn auch zunächst nur am Telefon und im Chat.

Nun hatte sich Nicole kurzerhand eine Auszeit von ihren zwei kleinen Kindern und ihrem Ehemann genommen, um einen Strandurlaub auf Sardinien zu machen, und mich eingeladen, zwei Nächte in ihrem Ferienbungalow zu übernachten. Und da war sie nun, im Mietwagen an der Bushaltestelle, auf mich wartend. Wir fielen uns in die Arme. Es war verrückt, jemandem gegenüberzustehen, an dem man die gleichen Symptome beobachten konnte. Die Flasche Weißwein, die wir leerten, als wir im Bungalow angekommen waren, kippte uns beide so sehr aus den Latschen, dass wir lachend in den Schlaf humpelten.

Den nächsten Tag verbrachten wir natürlich am Strand. Im tiefen Sand zu laufen tat gut, die Unterschenkel und Sprunggelenke wurden beansprucht. Außerdem sah man uns dadurch den Parki-Gang nicht so an. Wir wollten zwar, dass die anderen möglichst wenig von unseren Handicaps mitbekamen, wir selbst beobachteten uns gegenseitig aber mit Argusaugen und beschrieben uns genau, was man uns so ansah. Das hatten wir vorher miteinander verabredet und wir versuchten, es mit Humor zu nehmen. Schlimm war allerdings die Erkenntnis, dass wir uns selbst jeweils total falsch eingeschätzt hatten. Jede dachte, es gehe ihr selbst besser als der anderen, man würde weniger sehen als bei der anderen. Stimmte aber gar nicht. Diese Feststellung hat uns beide umgehauen. Wir sprachen über Tablettenvarianten, über Muskelantagonisten, über die komplizierte Operation am offenen Gehirn, bei der ein Hirnschrittmacher zur Tiefenstimulation implantiert wird. Im Wachzustand. Ich erzählte ihr von meinem allerersten Parki-Buddy, dem Journalisten und Autor, der diese OP schon hinter sich hatte. Es hat fast ein ganzes Jahr gedauert, bis er sich von dem Eingriff erholt hatte, aber jetzt ging es ihm gut. Die OP war sein letzter Ausweg gewesen, weil er an einem Punkt angelangt war, an dem gar nichts mehr ging: Freezing, Stolpern, Überbeweglichkeit, Schlaflosigkeit. Lebensqualität gegen null. Er war im Fachjargon »austherapiert«, da keine Tabletten mehr anschlugen.

Er und ich hatten uns vor ein paar Monaten wieder zur Mittagspause in der Nähe meines Verlags getroffen. Damals war ich besonders schlecht drauf und heulte mich hemmungslos bei ihm aus. Ich musste gerade damit klarkommen, dass ich so langsam geworden war beim Gehen und dass ich mich nicht nur offiziell als Behinderte hatte einstufen müssen, sondern dass man mir die Behinderung nun tatsächlich auch ansah. Akzeptieren, dass es kein Zurück gab. Er hingegen saß mit einer bewundernswerten Gelassenheit da, weil er all das und noch viel mehr schon durchgemacht hatte, und nahm mich einfach nur in den Arm.

Das alles erzählte ich Nicole nun während unseres Strandspaziergangs. Gut, dass wir beide gerade eher pragmatisch drauf waren und optimistisch in die Welt blickten. Wobei sie als Mutter von zwei kleinen Kindern verständlicherweise wesentlich besorgter um die Zukunft war als ich. Sie hatte Angst, sich nicht genügend um die Kinder kümmern zu können, und ihre Ehe mit meinem Jugendfreund war auch etwas angeschlagen. Obwohl es sauwindig war und die Sonnenschirme ständig umfielen, kehrten wir zurück zu unseren Liegen, cremten uns ein und redeten in der prallen Sonne weiter und weiter. Wir blieben bis kurz vor Sonnenuntergang. Irgendwann ließ der Wind nach, unser Redebedarf auch. Also schwiegen wir entspannt nebeneinander her und hingen unseren Gedanken nach. Ich dachte darüber nach, dass Nicole noch stärker sein musste als ich, schon allein wegen der Kinder. Ich war froh, ganz offen über alles geredet zu haben, merkte aber auch, dass es mich angestrengt hatte. Merkte, dass ich begann, mir auch selbst ernsthaftere Gedanken um meine

Zukunft zu machen, die ich normalerweise vor mir herschob. Wahrscheinlich braucht's die richtige Dosis solcher Gespräche, wie wir sie gerade geführt hatten. Zu viele davon schienen mir auch nicht gut, weil sie mich vom Leben im Jetzt abhielten. Und das war doch das Einzige, was zählte, fand ich – gerade wenn man mit so einem Scheiß-Buddy wie Mister P zu tun hatte.

Und so war ich besonders froh, dass Nicole und ich den Tag in einem tollen Restaurant bei einer leckeren Fischplatte, viel Wein und viel Spaß bei Gesprächen ganz ohne Mister P ausklingen ließen.

Am nächsten Morgen verpasste ich meinen Flug zurück nach Berlin. Weil ich zwar in der Nähe des Gates herumsaß, aber völlig versunken war ins Schreiben meines Blog-Eintrags. Man wurde ja nicht mehr ausgerufen, wenn man nur mit Handgepäck unterwegs war. Als ich viel zu spät aufschaute, war der Einstieg beendet. Da half auch keine Diskussion mit dem Bodenpersonal. Man ließ mich einfach zurück.

Denn ich hatte noch nicht diese Sonderstellung wie mein Freund Jörg, weil mein Behindertengrad aktuell nur dreißig Prozent betrug und daher nicht für einen Behindertenausweis ausreichte. Ich war also offiziell noch gesund. Wunderbar …

Das Virus

Rio de Janeiro

228 Anfang März 2020: Am Tag meiner Ankunft in Rio wird der erste Fall der COVID-19-Infektion in Berlin bekannt gegeben. Schlag auf Schlag überrollt die Corona-Pandemie die Welt. Ende Februar hatte es einen ersten Fall in São Paulo gegeben, in Rio werden wir täglich darauf warten, dass auch hier das Virus ankommt.

Aber die Ausmaße waren noch nicht abzusehen. Auch mir war nicht klar, was da auf uns und die Welt zukommen würde, obwohl ich gerade erst in Sri Lanka gewesen war und dort in den Nachrichten schon konfrontiert worden war mit dem Schrecken der Epidemie, der Asien erfasst hatte. Tja, der Optimismus ist eine kaum unterzukriegende Überlebensstrategie von uns Menschen, scheint mir. Daher hatte ich mir nichts dabei gedacht, den Flieger nach Brasilien zu nehmen, und freute mich einfach nur auf Guggi und die Zwillinge.

Ich war erstaunt, wie viel ich in meinen Rollkoffer für Handgepäck hatte verstauen können, und kam mir vor wie Mary Poppins, als ich bei meiner Schwester Guggi all die neuen Kinderklamotten, Schuhe und Bücher für die Zwillinge zum Vorschein brachte. Sie waren inzwischen zweieinhalb Jahre alt und ich fand sie natürlich großartig, stolze Tante, die ich war.

Am nächsten Tag, als ich in das Appartement in der Nähe zog, das ich für den gesamten Monat März angemietet hatte, packte ich schließlich mein eigenes Zeug aus: die ayurvedische Medizin aus Sri Lanka, all die Pülverchen, Nahrungsergänzungsmittel, Vitamin-Pillen, das CBD-Öl – und diesmal auch ein paar schöne Klamotten. Guggi hatte sich nämlich bei meinem letzten Besuch beschwert, dass ich herumrennen würde wie eine sich selbst vernachlässigende geschiedene Mittvierzigerin aus Berlin-Kreuzberg – die ich ja auch war – und dass sie sich schämen würde für meinen Look.

Guggi selbst sah immer aus wie aus dem Ei gepellt. Ausgiebig pflegte sie ihr schwarzes Haar, das fast bis zum Hintern reichte und so dicht wie Rosshaar war, hielt ihren Körper fit mit Schwimmen und Jiu-Jitsu-Training, ihre Haut trotz Sonnenschutzcreme immer schön gebräunt und die Zähne so weiß und gerade wie die einer Hollywoodschauspielerin. Im Land der Schönheit muss man halt auf sich achten.

Also versuchte ich, mir Mühe zu geben. Ich hatte während der Ayurveda-Kur in Sri Lanka sowieso einige Kilo abgenommen und die neuen Klamotten standen mir ganz okay. Aber eigentlich wollte ich vor allem meinem neuen Plan, mich nur noch vegetarisch beziehungsweise fast vegan zu ernähren, treu bleiben und weiterhin ganz viel Yoga praktizieren. Tatsächlich hatte ich es während meines kurzen Zwischenstopps in Berlin geschafft, weder zu trinken und zu rauchen noch zu feiern. Und ich hatte die Zeit effizient genutzt, um zu arbeiten und alles Nötige gewissenhaft zu erledigen, bevor es auf unbestimmte Zeit wieder fortgehen würde. Und Unbestimmtheit traf – wie sich herausstellen würde – exakt den Nerv der Zeit …

Ich war zufrieden mit meiner winzigen Bude in dem Stadtbezirk Copacabana, nur einen Häuserblock entfernt von Guggi und den Zwillingen. Genauer gesagt: Wir wohnten in dem kleinen Bereich zwischen Copacabana und Ipanema, der »Copanema«

genannt wird. So wie man in Berlin den Kiez zwischen Kreuzberg und Neukölln als »Kreuzkölln« bezeichnet. Wir befanden uns in der *Zona Sul*, also der südlichen Zone der Sechs-Millionen-Metropole – wobei die reale Einwohnerzahl aufgrund der vielen nicht registrierten Einwohner der Favelas, die sich auf den vielen Hügeln der Stadt verteilten, weitaus höher liegen wird. Von meinem großen Doppelbett aus, das direkt am Fenster stand und den ganzen Tag von der Sonne beschienen wurde, hatte ich einen direkten Blick auf eine dieser Favelas. Hin und wieder hörte ich nachts Schüsse, die mich weckten. Es fiel mir schwer, mich an dieses Geräusch zu gewöhnen. Aber so war es nun mal hier: Konflikte zwischen kriminellen Banden wurden mit Gewalt ausgetragen. Die rivalisierenden Banditen waren bis an die Zähne bewaffnet mit allem, was auf dem Markt zu bekommen war – bezahlt durch Einnahmen aus dem Drogengeschäft. Und die Appartements in unmittelbarer Nähe zu den Hügeln wie zum Beispiel meins waren billiger, weil die Gefahr größer war, einen fehlgeleiteten Schuss abzubekommen. Ich war also darauf vorbereitet, mich schnell unter das Bett zu kauern, wenn ich nachts Streitereien mit Schreien und Schüssen auf den leer gefegten Straßen direkt vor meiner Haustür hörte. Wie gesagt: Das war normal. Und ich musste mich daran gewöhnen, ob ich nun wollte oder nicht. So wie fast alle anderen Menschen in Rio auch.

Noch gab es einen Alltag. Morgens ging ich meist rüber zu Guggi und den Zwillingen, um gemeinsam zu frühstücken, mittags aß ich in einem der vielen günstigen Restaurants, in denen die arbeitende Bevölkerung Rios ihre Mittagspause verbrachte, nachmittags genoss ich – wenn wir nicht irgendwas mit den Kindern unternahmen – den großen Luxus, in meinem Bett am Fenster zu sitzen und an meinem Buch zu schreiben, den Laptop auf den Knien. Klar, die Rückenschmerzen ließen nicht lange auf sich warten. Mit Yoga, Liegestützen oder Rückendehnungsübungen versuchte ich dagegenzuhalten. Joggen ging leider nicht mehr, weil ich meinen linken Fuß inzwischen überhaupt nicht mehr abrollen konnte und durch das Kompensieren meine Hüfte immer mehr schmerzte. Nicht nur die Hüfte tat weh, auch der Verzicht auf etwas, das ich mein Leben lang so gerne gemacht hatte. Aber egal, es ging weiter. Immer weiter. Musste ich mir halt etwas Neues suchen.

Und in Rio gab es dieses Neue glücklicherweise fast direkt vor meiner Nase. Denn die Stadt machte ihren Bewohnern ein tolles Angebot: Viermal die Woche um sechs Uhr morgens – also bevor der große Trubel losging – stellte sie in der Bucht von Copacabana, in der Nähe der Militärbasis, zertifizierte Schwimmlehrer zur Verfügung, die jedem, der wollte, fast kostenlos das Kraulschwimmen im offenen Meer beibrachten. Auf Paddelbrettern zogen sie zwischen ihren Schülern hin und her, gaben Anweisungen und korrigierten die Technik.

Mein Leben lang hatte ich mir gewünscht, richtig kraulen zu lernen. Ich war immer eine Brustschwimmerin gewesen. Hatte als Jugendliche an Wettbewerben teilgenommen: Formentera-Team gegen Ibiza-Team, einmal war ich sogar die schnellste gewesen. Im Kraulen war ich jedoch eine absolute Niete. Ich verausgabte mich ohne Ende, wühlte planlos im Meer herum, schluckte dabei viel zu viel Wasser und musste mich irgendwann wie vollgesogenes Treibholz an den Strand spülen lassen, wo ich dann all das salzige Wasser auskotzte. Warum nur konnten alle anderen stundenlang und superelegant den Strand entlangkraulen und anschließend federnd und ohne außer Atem geraten zu sein aus dem Wasser steigen? Was machte ich falsch?

Nun endlich, mit fünfundvierzig Jahren, bekam ich die Gelegenheit, der Sache auf den Grund zu gehen. Was für ein Glück! Bereitwillig ließ ich mich also von den jungen brasilianischen Schwimmlehrern herumkommandieren, die, auf ihrem SUP-Brettern stehend, jeden kleinen Fehler sahen und uns unablässig korrigierten. Mich wiesen sie immer wieder darauf hin, meinen linken Arm kraftvoller zu benutzen, weil ich ständig nach rechts abdriftete. Tja, leichter gesagt als getan. Sie wussten ja nichts von meinem Begleiter Mister P., der vor allem meine linke Seite beeinträchtigte.

Aber egal. Hauptsache, ich kraulte. Die Anweisungen waren wirklich hilfreich und irgendwann konnte ich eine Stunde durchkraulen, ohne mich zu verschlucken. Zwar war ich immer die Letzte am Ziel, zwar driftete ich weiterhin ab, aber das war mir wurscht. Ich war einfach nur happy, dass ich endlich wusste, wie's geht – und besonders mit den älteren brasilianischen Damen, die Teil der bunt gemischten Schwimmtruppe waren, hatte ich während der Verschnaufpausen an den Bojen im Meer jede Menge Spaß. Bis die Strände gesperrt und alle sozialen Aktivitäten eingestellt werden mussten, weil das Virus in Brasilien angekommen war …

Doch vorher konnte ich noch regelmäßig eine Eckkneipe besuchen, in der all die Nachtschwärmer der Gegend ihr letztes Bier tranken. Nach dem Schwimmen kehrte ich dort kurz ein und genoss an der Theke zwei Tassen Kaffee. Es war herrlich – die gesamte Bandbreite von Partypeople aus dem Bezirk tummelte sich dort: Transvestiten, Drogendealer, Hipster, Expats aus Europa, ganz normale Arbeiter – außer Leuten aus der reichen Oberschicht waren alle da und amüsierten sich. Letztere hatte ich kurz beim Yogaunterricht mit meiner Schwester kennengelernt. An einem Sonntag, als die Kinder beim Vater waren, überredete ich Guggi zum Bikram-Yogaunterricht. Ältere, sehr gut aussehende Damen dehnten ihre Körper auf den Matten vor uns. Trotz Yogakluft sah man ihnen ihren Reichtum an – und bei genauem Hinsehen auch diverse ästhetisch-chirurgische Eingriffe. Guggi und ich schwitzten uns fast bis zur Bewusstlosigkeit, während wir versuchten, anstrengende Körperpositionen einzunehmen und gefühlt stundenlang zu halten. Und das bei siebenunddreißig Grad. Es war die Hölle. Nach dem Unterricht flüchteten wir mit hochrotem Kopf auf die Straße, kauften eine Kokosnuss nach der anderen und schlürften sie leer. Unseren Plan, noch den Einkauf auf dem Wochenmarkt zu erledigen, konnten wir vergessen. Stattdessen schleppten wir uns zu meinem Lieblingsstrandabschnitt und kollabierten unterm Sonnenschirm.

Ich liebte diese kleine, von Felsen umrahmte Bucht zwischen Ipanema und Copacabana, die etwas abseits von den lauten und meist völlig überfüllten langen Sandstränden lag. Dort blieben die fliegenden Händler fern, die lautstark ihre Waren anpriesen und einfach über einen drüberstiegen, wenn nicht genügend Platz für den Durchgang vorhanden war. Und die oft nicht verstehen konnten, dass ich in der brüllenden Mittagshitze keine Lust auf Caipirinha oder gegrillten Käse hatte. Ganz zu schweigen von den Shrimps am Spieß, die meist schon stundenlang hin und her getragen worden waren. Wie gesagt: Ich bevorzugte das Strandleben an der *Praia do Diabo*, dem Teufelsstrand, wie er wegen seiner tosenden Brandung und sehr starken Strömung genannt wurde. Dort konnte ich in Ruhe den Profisurfern zusehen und das Miteinander der Stammgäste bestaunen, deren Durchschnittsalter weit über dem Rentenalter lag und die trotzdem unaufhörlich Strandtennis spielten. Die Platzhirsche belagerten die rechte Ecke der Bucht: mit unzähligen Sonnenschirmen, Klappstühlen, Surfbrettern, Kühlboxen und Gettoblastern, aus denen laute Musik dröhnte. Man fühlte sich wie in verschiedenen Outdoor-Wohnzimmern. Hin und wieder shazamte ich eines ihrer Lieder oder kaufte ihnen eine Kokosnuss ab.

Klar, es gab wesentlich einsamere Strände, aber die lagen alle außerhalb der Stadtgrenze und man hatte nicht immer Zeit, die Mühen des stockenden Verkehrs auf sich zu nehmen. Der Teufelsstrand hingegen war gut zu erreichen – und wie gesagt: Ich fühlte mich dort zwischen all den Familien und Surfern pudelwohl. So wie langsam, aber sicher überhaupt in Rio. Von Besuch zu Besuch hatte ich mich – trotz all der Probleme mit Kriminalität, Drogen und Armut – immer mehr in die sogenannte *Cidade maravilhosa*, die wundervolle Stadt, verliebt.

Seitdem klar gewesen war, dass ich wegen meiner Neffen öfter in Rio sein würde, hatte ich fleißig Portugiesischunterricht genommen. Er war speziell für spanische Muttersprachler ausgerichtet: weniger Grammatik- und Vokabelbüffelei, mehr Konversationsübungen. Und knapp drei Jahre später beherrschte ich die Sprache tatsächlich ganz ordentlich, was das Gefühl, in Rio eine Art weiteres Zuhause gefunden zu haben, verstärkte. Ich hatte im Lauf der Jahre sogar schon einige Freunde gewinnen können. Zum Beispiel den Journalisten, der bei *O Globo* arbei-

tete, einer konservativen Tageszeitung, die im größten Verlag Lateinamerikas erscheint, und der mich immer mit den neuesten Informationen über Brasilien versorgte. Oder der Kletterer, der davon lebte, Klettertouren für Touristen zu organisieren, und mich ab und an zum Zuckerhutfelsen mitnahm und mich zum Klettern antrieb. Was mir viel Spaß machte – nicht zuletzt, weil man außergewöhnliche Aussichten auf die Stadt genießen konnte, wenn man im Felsen hing. Immer wieder schickte er mir Fotos von seinen Exkursionen, wenn ich sonst wo auf der Welt unterwegs war – so hielten wir regelmäßigen Kontakt.

Oder der Gleitschirmfluglehrer, mit dem ich die Bruchlandung am Felsen erlebt und mir dabei die Rippe geprellt hatte. Der Masseur, mit dem ich vor zwei Jahren die Karnevalswoche verbracht hatte und der mittlerweile mit seiner deutschen Freundin in Berlin lebt. Die italienische Schmuckdesignerin, die mit ihrem brasilianischen Freund im Künstler- und Bohemeviertel Santa Teresa wohnte und tolle Partys schmiss. Die peruanische Filmemacherin, die ebenfalls in Santa Teresa lebte – als WG-Bewohnerin in einer dieser eleganten und wunderschönen Villen aus der Kolonialzeit, mit Hängegärten am Felsen und Terrassenblick auf die Favela – und die mich ebenfalls zu jeder Party einlud. Der Brasilianer, der wegen seines an Alzheimer erkrankten Vaters aus Zürich zurückgekommen war, perfektes Schwyzerdütsch sprach und auf Rollerblades zwei Meter Körpergröße erreichte. Die Geologin, alleinerziehende Mutter zweier Töchter, die gegenüber dem weltberühmten Maracaná-Fußballstadion lebte und versucht hatte, mir das Skaten beizubringen, als ich noch nicht so leicht die Balance verlor.

Der Stadtbezirk Santa Teresa, in dem viele meiner neuen Bekannten wohnten, zieht sich wunderschön im hügeligen und herrlich grünen Hinterland der Strände entlang. Prächtige Artdéco-Gebäude säumen die Kopfsteinpflasterstraßen; elegante Kolonialvillen und Herrenhäuser mit prachtvollen Gärten sind zu bestaunen; die älteste Straßenbahn der Welt rattert durch die engen, kurvigen Gassen; Bars, Restaurants und Galerien machen die Gegend zum tollen Ausgehviertel. Und last but not least: Dass Rio de Janeiro eine Stadt mitten im Regenwald ist, wird in Santa Teresa besonders offensichtlich. Manchmal meint man, den Pflanzen beim Wachsen zuhören zu können.

Früher war Santa Teresa ein Wohnviertel der Reichen, inzwischen sind die Mieten recht billig wegen der angrenzenden Favelas – und die Reichen längst weggezogen. Abends muss man auch hier ein Auto- oder Motorradtaxi nehmen, um Überfälle zu vermeiden. Im Dunkeln wäre es zu gefährlich, allein durch die Straßen zu laufen.

Außer zur Karnevalszeit. Da gilt der Ausnahmezustand. Und ich meine nicht den offiziellen, vom Tourismusbüro der Stadt organisierten Karnevalsumzug im eigens dafür gebauten Sambódromo oder die Karnevalspartys an der Strandpromenade der Copacabana, zu denen die vielen Touristen strömten, die zu dieser Jahreszeit die Südstadt eroberten. Nein, ich meine Hunderte von Straßenfestivals in der gesamten Stadt, deren Teilnehmer eine ganze Woche lang abends und nachts feiern, selbstverständlich tagsüber nicht zur Arbeit gehen, in den verrücktesten und einfallsreichsten Kostümen durch die Gegend ziehen, Musik machen, viel zu viel trinken, Babys zeugen – und nicht zuletzt ihre Stadt genießen, ohne ständig vorsichtig sein zu müssen wegen der Kriminalität auf den Straßen, da die Menschenmassen davor schützten oder zumindest das Risiko stark herabsetzten. Speziell in den Gegenden rund um Glória, Lapa und Santa Teresa. Aber auch das tagsüber geschäftige Zentrum mit Banken, Museen und Geschäftsgebäuden, das nachts normalerweise eine No-go-Area war, quoll während der Karnevalstage total über vor feiernden *Cariocas*, wie die Einwohner von Rio heißen.

Also zog auch ich vor zwei Jahren mit meinen Bekannten, dem Masseur aus Santa Teresa und seiner Wohngemeinschaft, los. Am Hauptplatz des Glória-Viertels trafen wir weitere Freunde. Dieser Platz mit kleiner Parkanlage war ein traditioneller Sammel- und Treffpunkt, von wo aus man mit ausreichend Wasserflaschen, Alkohol und Glitter in den Haaren gemeinsam um die Häuser ziehen konnte. Man sah die verrücktesten, oft selbst gemachten Verkleidungen. Fast alle Tiere des Dschungels und Film- oder Comicfiguren waren vertreten. Auch manch Provokatives war dabei. So lief zum Beispiel ein muskulöser junger Mann – in rot beschmiertem weißem Leinentuch und zum Halbmond geformtem Pappmaché um Kopf und Körper gewickelt – als benutzte Damenbinde herum. Ich war fasziniert. Eine ganze Gruppe von als Streichhölzer Verkleideten zog an uns vorbei, manche unbenutzt, andere bereits abgebrannt. Ich selbst trug mein altbewährtes Matrosenoutfit mit schneeweißer Leinenwickelhose, blauem Ringelshirt und weißen Matrosenkäppi. Also im Vergleich ziemlich langweilig, aber ich hatte nichts anderes dabei und wollte eh nicht sonderlich auffallen.

Den ganzen Tag liefen wir durch die vollen Straßen, die für den Verkehr gesperrt waren. Tanzten zur Musik von vorbeiziehenden Musikern, löschten unseren Durst abwechselnd mit Wasser und Caipirinhas, die von fliegenden Händlern am Straßenrand verkauft wurden. Aßen Kleinigkeiten an mobilen

236

Essenständen, zum Beispiel gefüllte Teigtaschen oder gekochte Maiskolben, denn es war viel zu heiß für richtige Mahlzeiten – und die Restaurants waren eh total überfüllt.

Nach ein paar Tagen beziehungsweise Nächten war ich fix und fertig. Alle Knochen taten mir weh und ich war todmüde. Mein weißes Outfit war mittlerweile grau gecheckt vor Dreck und Essensresten. Auf dem Heimweg salutierte ich einem abgebrannten Streichholz, das auf einer Parkbank lag und sich ausruhte. Er rief mir hinterher, ich solle ihn zur Erfrischung mit ins Meer nehmen. Ich konnte nicht mal mehr schlagfertig darauf antworten und machte mich wortlos davon.

Mein Masseur war im Gegensatz dazu unermüdlich. Nach ein paar Stunden Schlaf am Nachmittag wollte er schon wieder los, um weiterzufeiern. Ich konnte mich nicht aufraffen und beschloss, in seinem Zimmer zu bleiben, das hoch oben in den Hügeln Santa Teresas lag. Ich war heilfroh um ein leeres Bett. Außerdem bot sich mir die einmalige Gelegenheit, dem Carioca-Funk aus der Favela nebenan zuzuhören. Ausgestattet mit Synthesizern, bombastischen Lautsprechern und Mikros, die von den örtlichen kriminellen Bandenchefs zur Verfügung gestellt werden, rappen die *Funkeiros* über den sozialen Alltag in den Favelas. Es ist eine ganz eigene Spielart des Hip-Hop, die nur dort gespielt und gesungen wird – auch wenn sie in weniger schriller Form inzwischen auch die Partys des wohlhabenden brasilianischen Bürgertums erobert hat. Das Konzert, das ich vom Bett aus live hören konnte, war aber das Original und wirklich ein einmaliges Erlebnis. Denn niemals würde ich eine dieser nächtlichen Favela-Funk-Partys besuchen können. Schon allein, weil ich viel zu blond bin …

Als sich der Masseur am frühen Morgen, völlig erschöpft vom Feiern, auf das Bett fallen ließ und sofort einschlief, kramte ich meine Sachen zusammen und machte mich auf den Weg nach Hause zu Guggi. Glücklich darüber, zu Fuß unterwegs sein zu können, anstatt mir ein Taxi rufen zu müssen. Es war eine ziemliche Strecke, aber so konnte ich endlich in Ruhe mehrere Viertel der Stadt durchstreifen, die ich sonst nur vom Auto aus sah.

Das alles lag nun gut zwei Jahre zurück. Statt Party zu machen (die Karnevalswoche war eh vorbei), rührte ich diesmal jeden Morgen in der winzigen Küchenzeile meiner angemieteten Wohnung meine Pulvermischungen an. Ich war über die Jahre um einiges konsequenter geworden, was meine Ernährung und das Einnehmen der diversen Hilfsmittel anging. Achtete darauf, dass ich auch auf meinen Reisen das Wichtigste dabei hatte von dem, was sich auf meinem Regalbrett in Berlin angesammelt hatte. Außerdem hatte ich mir vorgenommen, in Rio eine kleine

Entschlackungskur zu machen. Ich begann mit frisch gepresstem Limettensaft in lauwarmem Wasser, um den Toilettengang zu beschleunigen, danach rührte ich einen Esslöffel meines Pulvergemischs in einen ebenfalls frisch gepressten Orangensaft. Dazu schluckte ich zehn bis fünfzehn Presslinge der asiatischen Chlorella-Alge, die der Zellentgiftung dienten, und natürlich Vitamin B12, das wichtigste Nahrungsergänzungsmittel für Personen mit Nervenleiden. Außerdem Vitamin D3 und Eisen. Eine Woche lang machte ich zusätzlich eine Oreganoöl-Kur, um den Magen-Darm-Trakt zu reinigen. Ich hatte den Verdacht, dass ein Zuviel eines bestimmten Magenbakteriums verantwortlich war für mein Unwohlsein und meinen schwefligen Mundgeruch. Dieses Problem hatte ich immer wieder in den letzten Jahren gehabt und ich wollte den Verursacher ein für alle Mal ausmerzen. Das Oreganoöl war allerdings irre scharf und ich konnte es nur mit etwas Kokosnussöl gemischt problemlos runterbringen. Anschließend spülte ich in Wasser aufgequollene Flohsamen hinterher, die helfen sollten, den Abfall im Darmtrakt noch besser hinauszuschleusen. Puh, was für ein Frühstück …

Diese ganze Entschlackerei nervte natürlich und ich verlor ziemlich an Gewicht, weil ich überhaupt keinen Hunger mehr besaß und das Essen total vergaß. Jedes Mal, wenn ich aufstand, wurde mir schwindelig. Und trotzdem hatte ich das Gefühl, dem Körper etwas Gutes zu tun. Ich schiss wortwörtlich den angestauten Müll aus meinem Körper. Was Parkinson angeht, sprechen nämlich immer mehr wissenschaftliche Indizien dafür, dass krankhaft veränderte Proteine aus dem Magen-Darm-Trakt über den Vagusnerv, eine Nervenbahn, die an der Regulation fast aller Organe beteiligt ist, ins Gehirn gelangen. Dort setzen sich diese Eiweißmoleküle dann fest und lassen die Nervenzellen absterben. So weit die einfachste Version der Theorie. Tja, ich hätte schon viel früher auf meinen Magen hören sollen …

Abends vor dem Einschlafen träufelte ich mir noch etwas von dem CBD-Öl auf die Zunge, das aus der Cannabispflanze gewonnen wird. Diesem Allheilmittel wird Zellprotektion nachgesagt und ich wollte es endlich ausprobieren. Ich stellte fest, dass ich damit wesentlich besser schlafen konnte. Denn fast alle Parkis leiden unter Schlaflosigkeit oder zumindest unter zu leichtem Schlaf.

Genau darüber unterhielt ich mich eines Morgens mit einem Nachbarn in meinem Appartementhaus, der ebenfalls unter Parkinson litt. In Brasilien war die Verwendung von CBD-Produkten vor Kurzem zwar genehmigt worden, aber sie waren teuer und die Kosten wurden von der Krankenkasse nicht übernommen. Mein Nachbar zitterte ziemlich, während wir unsere Erfahrungen austauschten. Er erzählte mir, dass er nachts immer schlechter schlafen würde wegen der sehr realistischen Träume und der Zuckungen, die ihn regelmäßig aus dem Bett warfen. Seine Frau hatte deshalb schon vor einiger Zeit in ein eigenes Bett umziehen müssen. Ich merkte, wie dankbar ich sein konnte, dass ich bis dato nur unter dem zunehmenden Steifwerden litt, und nahm mir vor, ihm das nächste Mal ein Fläschchen CBD-Öl aus Berlin mitzubringen. Gegen Ende unseres Gesprächs schenkte er mir ein Buch über seine Erfahrungen mit Parkinson, das er einige Jahre zuvor geschrieben hatte. Obwohl ich eigent-

lich wirklich keinen Bedarf mehr hatte an Lektüre über Mister P,
freute ich mich darüber, weil ich so gezwungen war, portugiesisch zu lesen. Ich hatte es mir diesmal verkniffen, Bücher mit-
zunehmen, um nicht vom Schreiben abgelenkt zu werden, aber
nun lag ich am Strand und las über das Leben mit Parkinson in
Brasilien …

Schließlich kam der Lockdown. Alles wurde geschlossen, es begann die Zeit des unfreiwilligen Innehaltens. Und ich war froh,
mich nicht mehr so viel mit Mister P auseinandersetzen zu müssen, denn es gab nun Wichtigeres. Wir schotteten uns ab. Gingen nur noch auf die Straße, um frische Lebensmittel einzukau-
fen oder hin und wieder an der leer gefegten Strandpromenade
entlangzuspazieren. Es war ein surrealer Anblick: Die berühmten Strände, an denen noch Tage zuvor das ganz normale Leben
getobt hatte: abgesperrt und menschenleer. Die wenigen Surfer,
die es immer noch aufs Meer zog, wurden von der Polizei abge-
fangen und mussten manchmal sogar eine Geldstrafe bezahlen.
Sonst verbrachten wir, wie die meisten, den Tag zu Hause. Mit
den Kindern. Die kleinen Jungs halfen dabei, nicht in Panik zu
verfallen, obwohl wir uns fast stündlich einen Überblick über
die weltweite Nachrichtenlage verschafften. Denn sie wollten
unterhalten werden. Spielen und Spaß haben.

Und wir hatten tatsächlich jede Menge Spaß. Selbst den
allabendlichen Demonstrationen der Menschen, die an ihren
Fenstern standen, gegen Kochtöpfe schlugen und »Fora Bolso!«
riefen, »Weg mit Bolsonaro«, dem trumpesken Präsidenten
des Landes, der auf unverantwortliche Art das Virus herunter-
spielte, konnten wir etwas abgewinnen. Wir riefen und schrien
vom Balkon aus einfach mit, zusammen mit den kleinen Jungs,
die gerade erst vor wenigen Monaten so richtig mit dem Sprechen begonnen hatten.

Sie waren auch der Grund, dass wir trotz Lockdowns einen einigermaßen geregelten Tagesablauf beibehielten. Ich bin

mir sicher, allein in der Bude, ohne straffe Zeiteinteilung, hätte ich mich total gehen lassen. Klar, ich konnte fleißig schreiben, es gab keine Ablenkungen, aber ich konnte meinen täglichen körperlichen Aktivitäten nicht mehr nachgehen. Die paar Yogaübungen allein vor meinem Bett halfen nicht, um meinen Körper beweglich zu halten. Dabei war das so enorm wichtig für mich. Ich wusste inzwischen, dass ich mein Leben lang sportlich aktiv bleiben muss, will ich den Degenerationsprozess ein wenig verlangsamen und so lang wie möglich eine gewisse Lebensqualität aufrechterhalten.

Also trieb Guggi uns alle immer wieder vor den Fernseher, wo wir unter Anleitung von kalifornischen Fitnessköniginnen diverse Übungen absolvierten. Homefitnessstudio. Familiensport. Auch das machte Spaß – obwohl ich ziemlich schnell aus der Puste geriet, wenn die Jungs auf uns herumsprangen und das ganze Gehampel noch erschwerten. Gut, dass ich mit der Oreganoöl-Entschlackungskur aufgehört hatte, sonst wäre ich wohl jedes Mal ohnmächtig geworden. Immerhin musste ich nicht mehr meine guten Klamotten tragen, die ich Guggi zuliebe mitgenommen hatte, sondern durfte wieder in meinen geliebten schlabberigen und verwaschenen T-Shirts und Shorts herumrennen. Wenigstens etwas Gutes hatte der ganze Scheiß!

Wenn ich abends, nachdem wir die Kinder ins Bett gebracht hatten, nach Hause lief, war ich fast allein auf den Straßen. Und das war leider gefährlicher als sonst. Denn nun trieben sich nicht nur die Kriminellen herum und suchten nach Opfern, die sie überfallen konnten, sondern auch Menschen, die einfach nur arm und normalerweise als Straßenverkäufer unterwegs waren. Da diese Einnahmequelle nicht mehr vorhanden war, blieb vielen nichts anderes übrig, als zu betteln – oder eben zu stehlen.

In Brasilien war es üblich, mit Karte zu bezahlen, selbst den Kokosnussverkäufer am Strand oder den Honigverkäufer an der Ampel. Jetzt unter diesen besonderen Bedingungen war es allerdings höchst ratsam, Geldscheine bei sich zu führen, um sie im Notfall verteilen zu können. Denn nur dann wurde man in Ruhe gelassen. Einmal kam ein Mann auf mich zu, blieb aber zum Schutz vor dem Virus in der obligatorischen Entfernung stehen und bat mich, die Geldscheine auf den Boden zu legen, anstatt sie ihm zu überreichen. Er verabschiedete sich mit dem üblichen Gruß »vai com deus – geh mit Gott«. Das war mein bis dahin höflichster Überfall gewesen.

Ein anderes Mal wurde es allerdings unangenehmer. Eine Crackabhängige mit zerzausten Haaren und weit aufgerissenen Augen lief hinter mir her. Ich hatte an dem Abend blöderweise meinen Geldgürtel bei Guggi liegen lassen und musste ihr klarmachen, dass ich kein Geld dabeihatte. Als die dürre Frau daraufhin begann, schrill ihren Freund herbeizurufen, suchte ich panisch nach irgendetwas Wertvollem in den schlabberigen Shorts-Hosentaschen. Glücklicherweise fand ich immerhin einen *Real*, den ich ihr in die Hand drückte, umgerechnet keine zwanzig Cent. Glück gehabt.

Mein Rückflug Ende März war storniert worden. Ich hatte eigentlich sowieso vorgehabt, auf unbestimmte Zeit in Rio bei meiner Schwester und den Kindern zu bleiben. Ich machte mir Sorgen um sie, wollte ihnen zur Seite stehen, die Sache mit ihnen gemeinsam durchstehen. Andererseits: Wie lange würde »die Sache« dauern?

Anfang April bekam ich dann eine E-Mail vom Auswärtigen Amt mit der Bitte, das Land zu verlassen und nach Deutschland zurückzukehren. Man solle sich keinen unnötigen Risiken aussetzen in einem Land, das ein wesentlich schlechteres Gesundheitssystem hatte als Deutschland. Und die Krankenhäuser den Brasilianern überlassen. Völlig verständlich, dass das Auswärtige Amt aus nachvollziehbaren Gründen keine Lust hatte, sich mit gestrandeten Deutschen auseinanderzusetzen, dachte ich.

Ich war hin- und hergerissen. Schließlich kaufte ich mir ein neues Rückflugticket, weil ich nicht wusste, ob es so klug war, nach Ablauf des Touristenvisums auf unbestimmte Zeit ohne Möglichkeit zur Ausreise bleiben zu müssen. Denn die von der Regierung zur Verfügung gestellten Lufthansamaschinen für Rückholaktionen wollte ich auf keinen Fall in Anspruch nehmen. Ich war schließlich kein Notfall.

Ich musste mich also von Guggi und den Zwillingen verabschieden, was mir angesichts der Situation ziemlich schwerfiel. Nach endlosen Umarmungen und Schmatzern lief ich mit meinem Rollkoffer zum Aufzug. »Tschuss Tante Pame! Bussi! Tschuss«, riefen mir meine Neffen in ihrer lispelnden Kindersprache hinterher. Tränen gab's keine. Schließlich hatten wir ja die Aussicht auf ein baldiges Wiedersehen im Sommer, zum dreijährigen Geburtstag der Jungs – dachten wir damals zumindest. Aber es sollte ja alles anders kommen …

Der internationale Flughafen in Rio war fast menschenleer. Nur mein Air-France-Abendflug war an der Anzeigetafel zu sehen. Ich trug mein Sonnenkäppi und ein Schutzschild aus Klarsichtfolie und Gaffer Tape vor dem Gesicht, das mir Guggi noch schnell gebastelt hatte. Zwar war das Sichtfeld dadurch extrem eingeschränkt, aber es gab eh nichts zu sehen außer den wenigen Mitarbeitern des Sicherheitschecks und den paar Fluggästen, die sich zum Schlafen auf die vielen leeren Sitze in der Maschine verteilen würden.

Die Umsteigeterminals in Paris und Frankfurt waren ebenfalls gespenstisch leer. Und die Stimmung total surreal, weil niemand sprach und jeder den größtmöglichen Abstand zueinander hielt. Wir waren alle mit den eigenen Gedanken beschäftigt, beobachteten die Reinigungskräfte beim Abwischen der Türklinken an den Toiletten oder beim Nachfüllen des Desinfektionsgels an den Spendern. In Rios Flughafen gab es diese im Übrigen schon vor Corona, soweit ich mich erinnere, und auch an den Aufzügen in Geschäfts- und Wohneinheiten waren sie gang und gäbe. Schon allein wegen der Hitze legte man in Brasilien sehr viel Wert auf Hygiene.

Auf meiner Rückreise geriet jedenfalls jeder Toilettengang zu einem kleinen Hindernislauf, weil ich versuchte, so wenig wie möglich Oberflächen zu berühren, das Gel ständig zur Hand. Damals wusste man ja noch nicht so viel über die Übertragungswege und dachte, das COVID-19-Virus würde sich so wie Grippeviren besonders über Schmierinfektionen verbreiten. Es war jedenfalls, als würde ich versuchen, die Welt durch eine Art Virenerkennungslinse zu sehen. Wie damals Anfang zwanzig, als ich auf einem LSD-Trip die Welt in Atomen sah, die sich konstant und schnell bewegten. Plötzlich gab's keine feste Materie mehr und mein Verständnis für die Naturwissenschaften war geboren. Auf diese hoffte nun die gesamte Welt, nämlich so schnell wie möglich einen Impfstoff zu erfinden. Außer natürlich Trump und Bolsonaro …

Am Gründonnerstag landete ich schließlich in Berlin. Mitten in der Nacht. Trotz der Sorgen um meine Schwester und Neffen war ich froh, wieder zu Hause zu sein, und freute mich darauf, unabhängig von den Reisebeschränkungen, für einen längeren Zeitraum zu bleiben. Als ich am Karfreitag aufwachte, strahlte die Sonne. Alle Menschen strömten in die Parks. Ich auch.

Dass einige Wochen später schon eine nicht ganz kleine Anzahl von Deutschen gegen die Regierung und die Corona-Maßnahmen demonstrierte, Verschwörungstheoretiker im Netz ihre absurden Ansichten verbreiteten, war mir absolut unerklärlich. Das in einem Land, das bis dahin bei Weitem die besten Resultate und Bedingungen zur Bekämpfung der Pandemie aufweisen konnte. Hatten diese Unruhestifter und Idioten überhaupt keine Ahnung, wie gut es ihnen in Deutschland ging? Anscheinend nicht. Ich selbst war – gerade nach den Erlebnissen in Brasilien und der Sorge um meine Familie – so dankbar dafür, dass ich in einem alles in allem so guten Land lebte. Und ja: Auch mir fiel es schwer, meinen eigenen Aktionsradius so radikal zu verkleinern. Gerade mir, die ja eigentlich fast immer irgendwie auf Achse war, könnte ich fast behaupten. Musste ich mich halt mit ganz anderen Dingen beschäftigen. Und mir noch mal bewusst machen, wie wertvoll das Leben war und was für ein riesiges Glück ich doch hatte, dieses wunderbare Leben führen zu können. Corona zwang mich, mich mal wieder nicht mehr so wichtig zu nehmen mit meinem beschissenen Mr P. – auch ohne dass ich mich dafür in neue Abenteuer hätte stürzen müssen. Denn plötzlich ging es um so viele andere Menschen, die Erkrankten, die Sterbenden oder jene, die sich um diese Erkrankten und Sterbenden kümmerten. Es ging um die, die daran arbeiteten, dass der Alltag trotz der Risiken weitestgehend funktionierte. Mr P war in den Hintergrund verbannt worden. Ich war sehr froh darüber.

Böhmische Dörfer, Corona-Dates und eine Kommune im polnischen Wald

Tschechien und Polen

Ich befand mich auf einer Lichtung mitten im Wald und baute mein ultraleichtes Ein-Personen-Zelt auf einem ausgewiesenen Biwakplatz auf. Im Naturschutzgebiet der Sächsischen Schweiz war es nämlich verboten, wild zu campen. Auf der Lichtung stand nichts weiter als eine simple Holzhütte, die aber von einem Vater mit seinem Teenagersohn belegt war, und eine Biotoiletteneinrichtung. Sonst sah ich noch ein junges Pärchen, das ihr Zelt gerade hinter der Hütte aufbaute. Es war erst fünf Uhr nachmittags, aber ich war bereits ziemlich müde. Meine letzte mehrtägige Wanderung lag schon sieben Monate zurück und ich musste erst wieder in die Spur kommen. Außerdem hatte ich wie so viele auch sonst wenig Bewegung gehabt in den letzten Wochen. Homeoffice und die Reduzierung sozialer Kontakte hatten mich zur Couch-Potato werden lassen. Mein einstiger Waschbrettbauch hatte sich zu einer Wölbung geformt, die der Anmut einer Schwangeren im dritten Monat glich. Und das, obwohl es diesmal keinerlei Partys gegeben hatte – nur ein paar Abendessen in kleiner Runde mit Weißwein und Gin Tonic zum Abschluss. Also auch kein Katerjunkfood am nächsten Morgen.

Nach zwei recht ereignislosen Monaten in Berlin war ich jedenfalls heilfroh, dass ich Anfang Juni wieder eine Wanderung machen konnte. Die Ausreisebeschränkungen waren noch nicht aufgehoben – und so machte ich aus der Not eine Tugend und entschloss mich endlich mal für eine Wanderstrecke in Deutschland: in der Sächsischen Schweiz, nur zwei Zugstunden von Berlin entfernt. Endlich mal war ich keine totale Umweltsünderin beziehungsweise Kerosindreckschleuder! Corona sei Dank …

Ich hatte mich in den vergangenen Jahren, speziell seit der Diagnose, so daran gewöhnt umherzureisen, wann und wohin ich wollte – ohne dabei eine Sekunde an das Klima zu denken. Ehrlich gesagt hatte ich die Krankheit vor mir selbst sogar als Entschuldigung genutzt, um diesen Egoismus ohne schlechtes Gewissen voll und ganz auszuleben. Nun zwang mich das Virus, Alternativen zu suchen, bescheidener zu denken und anzuerkennen, dass nicht immer alles geht, was man will.

Wegen meines immer stärker werdenden Hangs zum Minimalismus hatte ich diesmal auch auf meine Wanderstiefel verzichtet und ganz auf meine altbewährten löcherigen Turnschuhe gesetzt. Was ich allerdings sofort bereute, als ich während der Zugfahrt die Streckenbeschreibung des sogenannten Wilden Forststeigs genauer las, der erst vor einigen Jahren eröffnet worden und der um einiges anspruchsvoller war als der alte Wanderweg. So hatte ich beschlossen, einen Zwischenhalt in Dresden zu machen, um mir in einem großen Sportgeschäft am Hauptbahnhof nagelneue Wanderstiefel zu kaufen. Und wenn schon neu, dann richtig: Kurz entschlossen stopfte ich meine heiß geliebten Turnschuhe in einen Mülleimer vor dem Geschäft. Diese Entschlusskraft würde ich noch bitter bereuen …

Mit der nächsten S-Bahn war es dann weitergegangen an die Elbe in der Nähe der Grenze zur Tschechoslowakei. Wohlgemut lief ich los in meinen neuen Wanderstiefeln, mit leicht bepacktem Rucksack durch den Wald des Naturparks Sächsische Schweiz, auf die Hochplateaus, die einem einen wunderbaren Rundumblick erlaubten, über kleine Pfade wieder hinab in den Mischwald, an romantischen Bächlein entlang, die an moosbewachsenen Felsen vorbeiflossen. Es war wunderschön — aber auch ziemlich anstrengend nach all den Couch-Potato-Wochen. Daher hatte ich tatsächlich schon am späten Nachmittag beschlossen, mich auf der Lichtung, der ersten offiziellen Übernachtungsmöglichkeit auf dem Weg, niederzulassen. Mich störte zwar, dass ich nicht allein war, wusste aber eh, dass ich in den folgenden Tagen versuchen würde, entgegen den Regeln, wild und einsam zu campen und mir meine eigenen Schlafplätze auszusuchen. Selbstverständlich ohne Spuren zu hinterlassen. Doch vorerst schlief ich hundemüde und froh darüber, die erste Etappe geschafft zu haben, in meinem Zelt ein und vergaß die Welt um mich herum.

248 Als ich am nächsten Morgen meine Wanderstiefel anzog, schwante mir Böses: Blasen! An beiden Füßen! Tja, das hatte ich nun davon, dass ich mich mit nicht eingelaufenen Schuhen auf den Weg gemacht – und zu allem Überfluss auch noch meine Turnschuhe entsorgt hatte.

Leise vor mich hin fluchend lief ich nach einem kleinen Frühstück trotzdem los. Als ich nach kurzer Zeit an die Grenzsteine zur Tschechoslowakei kam, ignorierte ich den neuen Wanderweg entlang dieser Grenzsteine und folgte einfach dem ursprünglichen Weg in das Nachbarland, trotz des Aus- beziehungsweise Einreiseverbots. Mich reizte es, etwas Verbotenes zu tun. Außerdem hatte ich keine Lust, durch ziemlich unwegsames Gelände entlang der Grenzsteine zu laufen, der markierte Originalweg sah eh viel schöner und vor allem einfacher aus. Denn die Blasen an meinen Füßen schmerzten bei jedem Schritt mehr. Bis es so unerträglich wurde, dass ich die Stiefel kurzerhand auszog und ohne sie weiterlief. Verdammt! Warum nur hatte ich blöde Kuh meine ausgelatschten Turnschuhe entsorgt, die mir auf unzähligen Reisen so treue Dienste erwiesen hatten?

So kam es, dass ich im Juni 2020 illegal und barfuß auf heißem Asphalt durch böhmische Dörfer lief. Ich muss einen komischen Anblick abgegeben haben. Aber niemand von den wenigen Menschen, die mir begegneten, verzog eine Miene. Recht bald verschwand ich sowieso wieder im Wald und sollte in den nächsten Tagen keinem einzigen Menschen mehr über den Weg laufen. Ich war wieder einmal allein, so wie ich es gewollt hatte. Herrlich!

Ich lief zwar langsamer als mit Schuhwerk an den Füßen, aber das machte mir nicht viel aus. Im Gegenteil: Irgendwann begann ich zu genießen, dass ich jeden einzelnen Schritt spürte. Vorsichtig überwand ich die Kieselsteinwüsten auf den Forstwegen, umging auf Waldwegen die Tannenzapfen, suchte Grasnarben zur Entlastung – und hin und wieder bekam ich die Mittagshitze des Asphalts zu spüren. Eine kostenlose, sehr effiziente Fußreflexzonenmassage.

Abends im Zelt begann das Ameisenkribbeln von den Sohlen bis hin zu den Schenkeln. Letztendlich war es ein Glücksfall, dass ich den dummen Anfängerfehler begangen hatte, mit nicht eingelaufenen neuen Stiefeln loszuziehen. Sonst hätte ich wohl nie erfahren, was es für einen Unterschied macht, ob man längere Strecken in Schuhen oder barfuß läuft. Auch wenn's hin und wieder wehtat –alles in allem war es ein großartiges Erlebnis. Sehr zu empfehlen! All meine Sinne waren plötzlich hellwach. Selbst mein Geruchssinn wurde neu geweckt und ich roch stellenweise tatsächlich den Duft des modrigen Waldbodens. Auch andere Gerüche kamen wie Geistesblitze aus meinem Gehirn, verschwanden zwar genauso schnell wieder, aber es reichte, um jede Menge Erinnerungen zu aktivieren. Ich dachte an all die Touren, die ich bereits gelaufen war, daran, wie fit ich mal gewesen war, wie viele Höhenmeter ich bereits überwunden und mit wie viel Anstrengung, aber auch mit welch unbeschreiblichem Glücksgefühl ich all die Gipfel erreicht hatte.

Mein Körper war für mich immer eine gut funktionierende, fein abgestimmte Maschinerie gewesen. Jetzt begann diese

Maschine, Macken aufzuweisen. Klar sind das auch ganz normale Alterserscheinungen, aber eben leider nicht nur. Und denen muss ich regelmäßig entgegenwirken, um keinen einseitigen Verschleiß hervorzurufen. Möglichst tagtäglich. Wenn ich in Berlin bin, gehe ich einmal die Woche zum Einzeltraining bei Frank, einem Training, das speziell auf meine Einschränkungen ausgelegt ist und das der Versteifung und Schwächung einiger Muskelgruppen entgegenarbeiten soll. Frank ist kein normaler Personal Trainer, sondern jemand, der sich mit Körperarbeit jeglicher Art beschäftigt. Er legt viel Wert auf ganzkörperliche Mobilität und vor allem auf Flexibilität. Vorbild sind die Kinder, wie sie sich beschwerdelos und mit angeborener Natürlichkeit bewegen. Oder er ahmt Bewegungen aus dem Tierreich nach und fordert einen auf, zum Beispiel wie ein Frosch zu hüpfen oder wie eine Echse über den Boden zu kriechen. Manchmal heule ich ihm vor, wie sehr ich das Joggen vermisse. Dann erklärt er mir mit Engelsgeduld, dass das in meinem Fall eh vergeudete Zeit wäre, dass Joggen nur der Kondition diene, mir aber nicht helfen würde. Er animiert mich stattdessen zu Übungen, die meinen stark angeschlagenen Gleichgewichtssinn herausfordern. Ich verzweifele hin und wieder daran und tue mir leid, aber er ist klug genug, überhaupt nicht darauf einzugehen, sondern einfach immer weiterzumachen. Wir arbeiten mit Medizinbällen, mit Ringen, an denen ich mich hochhieve, einem Sprungseil, mit Holzkeulen unterschiedlichen Gewichts, die ich mit links schwingen muss, um meinen steifen Arm so lang wie möglich zu strecken und zu stärken. Gegen Ende muss ich mich dann auf allen vieren auf die umgedrehten Handrücken stützen, um die Gelenke zu bearbeiten. Das tut höllisch weh, weil die Gelenkflüssigkeit auf die verkürzten und steifen Sehnen und Muskeln drückt. Aber Frank hat mir erklärt, dass ich die Gelenke auf diese Art geschmeidiger halten kann. Irgendwann sollte ich fähig sein, mit meinem Körpergewicht auf den umgekehrt und nach innen gewandten Handrücken Liegestützen zu machen. Bin allerdings ein bisschen skeptisch, ob ich das jemals schaffen werde …

Diese ständige Beschäftigung mit dem eigenen Körper ist mühselig. Auf jeden Schritt, jeden Handgriff, jede Beugung oder Körperdrehung muss ich achten. Das nervt manchmal sehr! Jede, wirklich jede Bewegung bewusst machen zu müssen – das ist alles andere als ein Spaß. Achtsamkeit, auch Achtsamkeit für die eigenen Bewegungen, ist ja eine feine Sache, aber nicht, wenn man es nicht auch mal sein lassen kann. Wenn der linke Arm sonst steif vom Körper absteht und roboterhafte Bewegungen vollzieht, statt beim Gehen mitzuschwingen. Wenn der linke Fuß sonst immer wieder an irgendetwas hängen bleibt, einem Grasbüschel, Steinen, Gehwegabstufungen oder einfach nur einem kleinen Hubbel, statt einen ordentlichen Schritt vorwärts zu machen.

Merkwürdigerweise schaffe ich es nur beim Wandern, diese bewusste Konzentration auf die richtige Ausführung der Bewegungsabläufe hin und wieder abzuschalten. Wenn ich den ganzen Tag, mit genügend Gewicht auf dem Rücken, in monotoner Schrittabfolge und gleichbleibendem Tempo vor mich hin träume, nachdenke, mit mir selbst spreche. Oder wenn ich der Musik aus der kleinen Box in der Rucksackdeckeltasche an meinem Hinterkopf lausche.

Wie jetzt gerade im Wald Böhmens. Als ich da so barfuß durch die Gegend lief, zwang ich mich ebenfalls, an irgendetwas zu denken, das meine Bewegungsabläufe automatisieren, aber in diesem Fall auch den zum Teil stechenden Schmerz an den Fußsohlen vergessen machen würde. Abgesehen davon, dass mir die Aussicht auf eine ordentliche Hornhaut große Freude bereitete, wollte ich diesen Schmerz überwinden. Ich erinnerte mich an die Erzählungen meiner bereits verstorbenen Tante, die im sogenannten Sudentenland aufgewachsen war und nach dem Zweiten Weltkrieg mit Anfang zwanzig zusammen mit meiner Oma und meiner Mutter als Neugeborenem in den Westen fliehen musste, um dort mit nichts als den Kleidern am Leib ein neues Leben zu beginnen. Meine Oma war für die damalige Zeit ziemlich mutig gewesen, mit über vierzig Jahren noch mal schwanger zu werden mit meiner Mutter, noch dazu als alleinstehende Witwe mit erwachsener Tochter. Sie hatten alles zurücklassen müssen, das Haus, den Hof und die Knopffabrik. Was sind dagegen ein paar Blasen und geschundene Fußsohlen!

Irgendwann kreuzte ein Mountainbikefahrer meinen Weg, ein Deutscher, der in der Nähe mit seinem Bus campierte. Er begleitete mich eine Weile und erzählte mir von seiner Leidenschaft fürs Motorradfahren, am liebsten offroad. Ich erzählte ihm, warum ich mein Vorhaben, Motorrad zu fahren, aufgeben musste. Er wiederum erzählte mir, dass er sich nach einem sehr schweren Unfall mit dem Motorrad körperlich nie wieder ganz erholt, darüber aber den Glauben an Gott gefunden habe. Ich merkte, wie wichtig es ihm war, mir dieses Ereignis nahezubringen, obwohl klar war, dass ich damit überhaupt nichts anfangen konnte. Aber ich hörte ihm zu. Und er hörte mir zu. Wir waren für eine kurze Zeit Weggefährten, die sich innerhalb von wenigen Minuten viel Persönliches erzählten und sich beim Abschied von Herzen gegenseitig alles Gute wünschten.

Solche besonderen Begegnungen sind wirklich immer wieder das Salz in der Suppe bei meinen Wanderungen. Und ich bin mir inzwischen sicher, sie finden vor allem statt, *weil* ich möglichst viel allein sein will in der Natur – nicht obwohl. Ich dachte noch eine Weile über den Mountainbiker nach, nachdem er mit seinem Rad abgebogen war: über seinen Glauben, seine abgetrennten Finger an der rechten Hand, seinen lädierten Unterschenkel und darüber, dass er trotzdem weiterhin mit dem Motorrad durchs Gelände fuhr und nicht aufgegeben hatte. Er hatte mir Mut gemacht, wofür ich ihm bis heute dankbar bin.

An diesem Abend, nachdem ich über zehn Stunden gelaufen war, zeltete ich am schönsten Übernachtungsplatz der gesamten Tour, kurz nach dem Grenzübergang zurück in Sachsen. Ich befand mich am Steilhang in einem kleinen Kiefern- und Birkenwäldchen und sah dem Sonnenuntergang im Tal zu. In den Felsen unter mir waren in einigen Abständen Ringe angebracht und ich stellte mir vor, was für ein Kletterparadies die Gegend wohl sein mochte. Es war völlig ruhig und windstill. Und ich war stolz darauf, dass auch ich mich wie der Mountainbiker bis jetzt immer wieder aufgerappelt und niemals die Hoffnung verloren hatte, mich wieder regenerieren zu können. Immer neu beginnen und einfach auf alles scheißen, wenn nötig. Und vor allem auf niemanden angewiesen sein. Noch nicht. Glücklich und zufrieden krabbelte ich ins Zelt und hörte den Tieren um mich herum zu, bis ich einschlief.

Ein paar Tage danach setzte ein Dauerregen ein. Also beschloss ich, vorzeitig zurück nach Berlin zu fahren, nicht ohne mich zuvor aller zwanzig Zecken zu entledigen, die sich an Beinen und Füßen festgebissen hatten.

Ich freute mich auf Berlin. Die radikale Reduzierung der sozialen Kontakte hatte dazu geführt, dass die üblichen Verpflichtungen à la »Wir müssen uns unbedingt wieder mal sehen und quatschen« wegfielen. Ich denke, nicht nur ich genoss es in den ersten Monaten der Pandemie, auch mal allein in der Stadt abzuhängen, neue Ecken in anderen Kiezen oder im Brandenburger Umland mit dem Rad zu entdecken, endlich mal wieder ein Buch zu Ende zu lesen, bekocht zu werden (ich selbst bin wie gesagt eine absolute Niete in der Küche), sich um den Balkon oder Garten zu kümmern, neues Selbstbefriedigungsspielzeug auszuprobieren, viel weniger Geld auszugeben und endlich mal die seit Langem vorgemerkten Filme online anzusehen. Oder sich auch einfach nur der Prokrastination hinzugeben ...

Aber irgendwann wurde es doch arg trist ohne neue Begegnungen und Erlebnisse. Zumal auch mein Mitbewohner und Kumpel Joseph im Laufe des Sommers wieder zunehmend unterwegs war. Also meldete ich mich auf mehreren neuen On-line-Dating-Plattformen an und textete irgendwelche Kerle an. Statt zum Beispiel weiter an meinem Buch zu arbeiten, gab ich mir Mühe, ein attraktives Profil zu erstellen, machte jede Menge Selfies vor meinem vor Gesundheit strotzenden und immer wei-terwachsenden Rosmarinbusch auf meinem Balkon. Aber die Willenskraft der Pflanze sprang einfach nicht auf mich über, ob-wohl ich ihr gut zuredete, sie hegte und pflegte. Sie blieb egois-tisch und stur.

Im Gegensatz zu den Kerlen. Die waren einfach zu überre-den, mit einer Flasche Weißwein vorbeizukommen und meinen Balkon zu bewundern. Selbstverständlich gab es vorher ein Te-lefonat, um zwischen den Sätzen herauszuhören, ob man sich mochte und die Chemie stimmte. Hin und wieder lud ich zum Schachspiel nebenan im Görlitzer Park ein. Wir spielten und aßen dabei frische Erdbeeren. Wenn es zwischenmenschlich dann doch nicht so passte wie angenommen, hatte man wenigs-tens eine gute Partie gespielt und konnte sich höflich ohne Pein-lichkeit voneinander verabschieden. Manche dieser Dates wur-den wiederholt und man freundete sich an, andere verpufften in der Unverbindlichkeit.

Seitdem ich Single war, hatte es einige dieser Treffen mit meist jüngeren Männern gegeben: manche abenteuerlich und intensiv, andere eher kumpelig und unverbindlich. Ich möchte kein einziges missen. Ich war die ideale ältere Freundin. Null eifersüchtig, extrem freiheitsliebend, viel unterwegs, mit einer tollen Wohnung und guten Geschichten auf Lager, entspannt, vertrauenswürdig und experimentierfreudig. Und da ich von Beginn an klargemacht hatte, dass ich keine Beziehung wolle, kam es gar nicht erst zu Missverständnissen. Einige von den Jungs sind richtig gute Freunde geworden und inzwischen ent-weder in losen oder festen Beziehungen, manche haben Kinder bekommen oder sind aus der Stadt weggezogen. Aber sie kom-men immer mal wieder zum Quatschen vorbei und manchmal, wenn ich auf Reisen bin, überlasse ich ihnen auch mein Zimmer, denn sie verstehen sich auch gut mit Joseph.

Inzwischen sehne ich mich aber nach mehr. Das merkte ich wieder während meiner »Pandemie-Dates«. Keine neue Partnerschaft mit allem Drum und Dran, kein Zusammenleben mit täglichem Aufeinanderhocken in einer gemeinsamen Wohnung. Nein. Auf keinen Fall. Aber ich würde gern mit jemandem meine Abenteuer und Gefühle teilen, lieben und geliebt werden, am besten von einer Person, die so lebt wie ich und genauso freiheitsliebend und unabhängig ist. Um sich hin und wieder zu treffen, egal an welchem Ort dieser Erde. Jemand, für den Mister Parkinson nicht wichtig ist beziehungsweise der mit meiner Situation umgehen kann so wie ich selbst.

Zugegeben: So jemand ist nicht leicht zu finden. Bis jetzt ist die Sehnsucht nach diesem Jemand jedenfalls unerfüllt geblieben. Aber wer weiß, vielleicht klappt's ja noch …

Während des Pandemiesommers merkte ich auch, wie wichtig mir mein Beruf war, wie viel ich auch dadurch erleben durfte und wie stolz ich darauf war, es geschafft zu haben – auch ohne Studium. Ja, Fotoredakteurin war mein Beruf. Und ich war stolz darauf, meinen Lebensunterhalt damit bestreiten zu können – und das nicht so schlecht. Mehr noch, ich konnte inzwischen sogar andere Menschen finanziell unterstützen.

Mir war Geld nie sonderlich wichtig gewesen. Niemals hätte ich auf meinen Freiheitsdrang für einen gut bezahlten Angestelltenjob verzichtet. Schon gar nicht jetzt, da mir nicht mehr so viel Zeit blieb, um all meine Wünsche und Träume auszuleben. Ich brauchte sowieso nicht besonders viel, um glücklich zu sein. Außer die Möglichkeit zu reisen. Aber weil ich langsam, aber sicher immer umwelt- beziehungsweise klimabewusster werde, werde ich demnächst auch fürs Reisen nicht mehr so viel Geld ausgeben müssen, da ich häufiger mit Bahn, Fernbus oder Rad unterwegs sein werde. Eine mehrwöchige Fahrrad-

tour innerhalb Europas mit Zelt und Schlafsack in den Sattel-
taschen, eine Bahnfahrt nach Gibraltar mit mehreren Zwischenstopps, eine Fährüberfahrt nach Marokko mit anschließender
Weiterfahrt auf dem afrikanischen Kontinent – all das kann ja so
viel spannender sein als ein Flug nach Madagaskar. Meine Sehnsucht nach dem Entferntesten, Unbekanntesten, Exotischsten
hat nachgelassen. Ich möchte zurück zum langsamen Reisen, so
wie ich es noch von früher kenne. Vor allem möchte ich endlich ein Projekt angehen, das ich seit vielen Jahren vor mir her-
schiebe: nämlich wandernd quer durch Europa reisen. Es gibt
so viele europäische Fernwanderwege und einer klingt spannender als der andere: zum Bespiel von Spanien nach Istanbul
oder von Sizilien zum Nordkap.

Ja, es liegen noch viele Abenteuer vor mir und ich freue
mich riesig darauf. Zumindest solange ich noch laufen kann.
Und wenn das nicht mehr gehen sollte, lerne ich halt doch noch
das Fliegen. Mache einen Gleitschirm-Pilotenschein und reise
mit leichtem Gepäck durch die Lüfte …

Aber noch war Pandemie. Und meine Wanderung in der Sächsischen Schweiz schon wieder über einen Monat her. Ich brauchte
einen Tapetenwechsel. Also beschloss ich, meine Schwester Deborah zu besuchen. Sie hatte fast den gesamten Lockdown auf
einem Seegrundstück in Polen, gleich hinter der deutschen
Grenze, verbracht. Zusammen mit etwa zwanzig Freunden, die
dort alljährlich im August dieses tolle Musikfestival veranstalteten, das ich kurz nach meiner Diagnose besucht hatte.

In diesem Jahr stand das riesige Gelände nur den Veranstal-
tern und engen Freunden zur Verfügung, da das Festival natürlich ausfiel. Sie hatten sich ein kleines Dorf im Wald zusammen-
gezimmert, um dort mitsamt Kindern, Ponys, einem Esel und
eigenem Obst- und Gemüsegarten die Lockdown-Zeit zu verbringen. Da die Grenzen inzwischen wieder offen waren, hatte
ich beschlossen, mich dieser Gemeinschaft für einige Zeit anzu-

schließen und in den wunderschönen, aufwendig ausgebauten Wohnwagen meiner Schwester mit großzügiger Terrasse zu ziehen. Einige der Leute kannte ich schon aus Berlin oder von meinem letzten Besuch. Andere stellte mir Deborah vor, ihre coole »Gang«, mit der sie schon seit über fünfzehn Jahren Zeit verbrachte. Ich genoss das Landleben sehr und schlief jeden Abend tief und fest mit der Genugtuung ein, geschrieben, morgens im See meine Runden geschwommen und später etwas Yoga mit den anderen Mädels gemacht zu haben. Ich sah den Kindern zu, wie sie über die frisch gemähten Felder liefen und sich in irgendwelchen Holzhäuschen versteckten, auf Ponys ritten und sich Schlafplätze bauten – nachts dann aber doch kleinlaut wegen der Dunkelheit wieder zurück ins kleine Dorf kamen, um von uns Erwachsenen in die Arme genommen zu werden.

Viel erinnerte mich daran, wie Deborah, Guggi und ich auf Formentera aufgewachsen waren. Auch diese gewisse Spiritualität in der Gemeinschaft, in der alles nach dem *Energyflow* ging. (Interessant, wie viele Anglizismen es in der Sprache des Spirituellen gibt …) Als Kind war ich an diese Lebensweise und auch an diese spezielle Sprache gewöhnt, aber als Erwachsene kam mir jedes Mal das kalte Grauen, wenn ich diesem meines Erachtens gefühlsduseligen Geschwafel zuhören musste. Im Laufe der Jahre hatte ich sogar eine regelrechte Aversion gegen eine bestimmte Art des Aussteigertums entwickelt. Zum einen weil ich diese Lebensart als eine extrem radikale Form der Abschottung wahrnahm, in der keine Ansicht außer der eigenen akzeptiert wurde. Zum anderen erschien mir dieser sogenannte Community Spirit oft ziemlich egoistisch und auch widersprüchlich. Ob die Berliner Hausbesetzerszene in den 1990ern oder manche Surf Community in Asien oder Lateinamerika: Für sie war Geld kapitalistisches Teufelszeug, individuelles Eigentum und Arbeit scheiße, die Politiker waren alle Lügner und Arschlöcher und die Reichen sollten die Kohle rausrücken, damit man selbst ordentlich leben konnte – in *Peace and Love*. Auf den Gedanken, dass es Spaß machen könnte, selbst das Geld für seinen Lebensunterhalt zu verdienen, kamen sie eher nicht. Viele »Aussteiger«, die ich im Laufe der Jahrzehnte kennengelernt hatte, waren im Gegenteil kleine Nassauer.

Ja, ich habe mich mein Leben lang immer wieder hingezogen gefühlt zu einem Lebensstil, der die Gemeinschaft hochhielt, mochte den Idealismus der Hippiekommunen, wie ich ihn auf Formentera kennengelernt hatte, dennoch war es schon lange keine Option mehr für mich, so zu leben. Dazu war ich viel zu individualistisch unterwegs und auf meine Freiheit bedacht. Meiner Schwester Deborah aber ist dem Modell unserer Kindheit immer treu geblieben, mit allen Ups und Downs, Fehlentscheidungen und Enttäuschungen. Jetzt endlich, auf diesem Gelände in Polen, habe sie gefunden, wonach sie immer gesucht habe, erklärte sie mir.

Nun war ich also in ihrer kleinen Gemeinschaft zu Besuch und hörte zu. Hier ging es darum, möglichst autark zu leben, wobei die Rücksichtnahme gegenüber dem anderen Individuum höchste Priorität hatte. Leben und leben lassen. Das ging aber nur, indem gewisse Regeln aufgestellt wurden. In den zweimal wöchentlich stattfindenden Plenumssitzungen wurden Schichtpläne aufgestellt: für den Küchendienst, Holzfällerdienst, Putzdienst und viele mehr. Meine Schwester war zum Beispiel unter anderem für die Saunaaufgüsse zuständig, die heiß begehrt waren. Außerdem besprach man alle wichtigen Themen, die das Miteinander angingen.

Und es funktionierte – wahrscheinlich vor allem, weil die Gruppe klein war. Kinder wurden erzogen und nicht komplett sich selbst überlassen. Die meisten hatten auch Berufe, die sie als waschechte Digitalnomaden ausüben konnten. Trotz der Abkapselung blieb so das Interesse an der Welt zwangsläufig erhalten. Viele von ihnen waren sowieso Globetrotter aufgrund ihrer Jobs und sehr vielseitig interessiert. Da war sie also, die zeitgenössische Version des Hippiedaseins: das Glam-Hippieleben mit Laptop, Internetanschluss und pünktlich eintreffenden Honorarzahlungen.

Ich selbst zahlte Geld in die Gruppenkasse für Kost und Logis. Das war der Deal. Gäste konnten entweder arbeiten oder zahlen. Der *Energyflow* lief jedenfalls wie geschmiert und ich fühlte mich pudelwohl. Ich konnte sogar die Spiritualität annehmen, ohne dass es mir die Fußnägel hochrollte, lernte, wie man selbst Brot backt, ließ mir zeigen, welche Pilze am besten geeignet waren für einen halluzinogenen Rausch und welche eher der Heilung des Körpers dienten. Dabei musste ich natürlich unweigerlich daran denken, wie ich vor knapp vier Jahren genau hier auf diesem Gelände auf einem Heuballen gesessen und versucht hatte, im Rausch der Magic Mushrooms meiner neuen Situation Herr zu werden, und kläglich gescheitert war. Im Nachhinein weiß ich: Ich habe mich damals gewissermaßen auslöschen wollen, nicht daran denken, nicht wahrhaben wollen, einfach nur feiern bis zum Abwinken, um mich selbst und meine Situation zu vergessen.

Vier Jahre Reisen mit Mr P sind seither vergangen. Vier Jahre sowohl körperlicher Degenerationsprozesse als auch seelischer Genesung. Es war nicht leicht, aber ich habe einigermaßen gelernt, mit Mr P glücklich zu sein und mich mit dem zufriedenzugeben, was ich habe. Ohne die Krankheit wäre ich heute wahrscheinlich immer noch erfolglos auf der Suche nach innerer Ruhe und Zufriedenheit, hätte mich durch übermäßiges Feiern mit Alkohol, Drogen und Schlafmangel körperlich ruiniert. Oder wäre schlichtweg der Arbeitswut verfallen, um wieder irgendein interessantes Projekt zu starten auf der Suche nach Anerkennung und Respekt.

Das alles brauche ich nun nicht mehr, denn meistens akzeptiere und liebe ich mich genauso, wie ich bin. Mit Mr P, meinem Begleiter, der mich nie mehr verlassen wird.

Ein Haus am Atlantik

Algarve

Der Anflug auf Faro war grandios. Wenn man von Norden kommt, fliegt man zunächst aufs offene Meer, kehrt in einem großen Bogen um und nimmt über der Ria Formosa, der großartigen Lagunenlandschaft und Naturschutzgebiet seit Ende der 1980er-Jahre, Kurs auf die südlichste Landebahn des europäischen Festlands.

Doch diesmal lag etwas in der Luft. Die abendlichen Sonnenstrahlen brachen nur mühsam durch die rauchgeschwängerte Luft an der Algarve. Der seit Tagen wütende Waldbrand in der Nähe von Faro war anscheinend immer noch nicht unter Kontrolle, weil er durch den starken Wind immer wieder neu angefacht wurde. Ein Freund von mir, dem ich mein Surfbrett geliehen hatte, hatte mir schon einige Tage zuvor Fotos von dem verbrannten Grundstück eines Glamping Camps geschickt, auf dem sein super schön ausgebautes Wohnmobil und sein Motorrad gestanden hatten und nun als verbrannte Skelette zurückgeblieben waren. Sämtliche Pick-ups, Baumhäuser, Tipizelte und vieles mehr waren auf dem Gelände vom Feuer verschluckt worden – und damit die Existenzgrundlage einer ganzen Familie, die von der Vermietung all dieser Dinge lebte. Da war mein verbranntes Surfbrett wirklich nicht relevant. Ich würde mir einfach ein neues kaufen.

Mit dem Mietwagen fuhr ich von Faro an die Südwestküste, wo meine Freundin Adriana bereits mit dem Abendessen auf mich wartete. Sie und ihr Freund Ibon waren vor sechs Jahren aus Bilbao hergezogen und hatten mir schon öfter ihr Gartenhäuschen vermietet. Und wenn es bereits belegt war, bekam ich das Gästezimmer im Haus.

Meine eigentlich geplante Trekkingtour in Lappland war wegen Corona und der damit verbundenen Reisebeschränkungen leider ausgefallen. Ich hatte schon vor ein paar Monaten einen Reiseveranstalter ausfindig gemacht, der Leute wie mich mit dem Fernbus ab Hamburg nach Lappland an die Grenze zwischen Schweden und Finnland fuhr und direkt am Beginn der Trekkingtour absetzte, um sie eine Woche später am Ende der Route weiter nördlich wieder abzuholen und zurück nach Ham-261 burg zu fahren. Absolut genial! Kein Flug, keine Weiterfahrt mit dem Zug, mit dem Bus oder Taxi, kein Zeitverlust beziehungsweise keine unnötigen Zwischenstopps im sauteuren Schweden. Aber es war halt der erste Corona-Sommer, die Grenzen waren zu und der Veranstalter hatte das Angebot zurückgezogen. Deshalb war ich wieder in Portugal gelandet. Bei Adriana und Ibon und meinem verbrannten Surfbrett. Surfen statt Wandern – auch schön!

Wir drei lebten in einer harmonischen Gemeinschaft. Jeder ging seinem eigenen Alltag nach und wir trafen uns meist erst abends zum Dinner. Wegen der morgendlichen Telefonkonferenz mit meinen Redaktionskollegen in Berlin stand ich recht früh auf. Die Internetverbindung in der Gegend war allerdings grottenschlecht. Naturschutzgebiet eben. In den ersten Tagen hatte ich mir erlaubt, meine Mittagspause für einen Surfgang zu nutzen. Als ich viel zu spät ins Strandrestaurant zurückkam und den Rechner wieder anschmiss, kollabierte das Netz, weil alle neu angekommenen Gäste unbedingt auf ihren Smartphones herumdaddeln mussten – anstatt das Essen und die herrliche Aussicht auf das Meer zu genießen. In Panik fuhr ich, immer noch im Neoprenanzug, in der Gegend herum, auf der Suche nach einer funktionierenden WLAN-Verbindung. Schließlich landete ich auf der Terrasse eines Bekannten, der ziemlich überrascht schaute, als er irgendwann nach Hause kam und mich höchst angespannt an seinem Tisch neben dem Pool antraf: Ich musste schließlich drei verlorene Arbeitsstunden aufholen.

Die Kolleginnen und Kollegen in Berlin hatten von meinem Stress glücklicherweise nicht viel mitbekommen. Es war noch mal gut gegangen. Puh! Ich hasse es nämlich, unzuverlässig zu sein! Trotz der vielen Reisen und spontanen Kurztrips bin ich eigentlich immer extrem organisiert und pflichtbewusst. Und deshalb beschloss ich nach diesem Desasternachmittag, mir einen Platz in einem Co-Working-Space mit Glasfaserkabelnetz im nahe gelegenen Kleinstädtchen zu mieten.

In dem Haus mit Pool meines Kumpels würde ich im Übrigen später sogar wohnen, denn wir freundeten uns richtig an im Laufe der Wochen. Wir stellten fest, dass wir gemeinsame Freunde aus Formentera hatten, und konnten sowieso gut über alles Mögliche quatschen. Mal abgesehen davon, dass er einen Pool und eine tolle Internetverbindung besaß …

Doch jetzt war ich erst einmal bei Adriana und Ibon. Und bei Ura, der jungen schwarzen Hündin der beiden, die mich jedes Mal stürmisch in Empfang nahm, kannte ich sie doch schon als Welpen. Eines Abends spazierte ich mit ihr und ihrer Mutter in der Gegend herum. Uras Mutter war eine braune Schäferhündin, die wiederum dem Restaurantbesitzer gehörte, bei dem ich oft frühmorgens frühstückte. Wir stiegen einen kleinen steinigen Pfad hinab in eine Fischerbucht und ich war erstaunt, wie fürsorglich die Schäferhündin neben mir blieb. Sie bemerkte wahrscheinlich meine Unsicherheit aufgrund der Gleichgewichtsstörungen und wich mir nicht von der Seite. Im Gegensatz zu ihrer Tochter Ura, die mich in ihrem jugendlichen Sturm und Drang fast über den Haufen rannte.

Irgendwie rührte mich die Fürsorge der älteren Hündin. Sie spürte wohl, was mit mir los war, und achtete darauf, dass ich nicht von den Klippen hinab in die Wellen rutschte, um dann mit jeder Welle an die Felswände geschmissen zu werden. Dann würde ich nämlich vermutlich enden wie die weibliche Leiche, die vor einem Monat hier gefunden worden war. Ura hatte sie aufgespürt. Bis heute weiß ich nicht, ob die tote Frau Selbstmord begangen hatte oder durch einen Unfall gestorben war.

Auf jeden Fall fühlte ich mich während dieses Abendspaziergangs mit den beiden Hündinnen ungemein wohl und beschützt. Vier Jahre war es inzwischen her, dass ich diesen Küstenpfad zum ersten Mal gegangen war – damals, ein paar Wochen nach meiner Diagnose, als ich auf meiner Wanderung beschlossen hatte, hierher zurückzukehren, weil mir die Gegend so gut gefiel. An dem nahe gelegenen Strand hatte ich den Surfern zugesehen und war so begeistert gewesen, dass ich diesen faszinierenden Sport unbedingt auch hatte lernen wollen. Mittlerweile habe ich nicht nur ein eigenes Surfbrett, sondern auch einen eigenen Neoprenanzug – plus Neoprenstiefelchen für die kalten Temperaturen im Winter. Auch traue ich mich schon allein oder mit nur einem Surf-Buddy in die Wellen.

Trotzdem nahm ich auch diesmal wieder in unregelmäßigen Abständen Unterricht bei den zwei hübschen Surflehrern, die mir während der vergangenen vier Jahre geholfen hatten, vom gestrandeten Walross zur paddelnden Schildkröte zu werden. »Never too cool for school«, würden sie sagen.

Ich hatte schlechte Tage, an denen meine entkräfteten Arme nicht mehr gegen die Wellen ankämpfen konnten und der linke zu zittern begann. Aber auch gute, an denen ich fast jede Welle erwischte und mit einem strahlenden Gesicht aus dem Wasser stieg. Jeder Surfgang war anders und immer konnte man noch etwas dazulernen. Jeder Surfgang machte mich glücklich. Selbst wenn ich durch die sogenannte Waschmaschine gewir-

belt wurde und, nach Luft schnappend, erst auftauchte, nachdem mich die wuchtige Welle mitgerissen hatte. Hin und wieder
bekam ich Angst und musste raus, um meine Kräfte zu sammeln
oder Selbstsicherheit zurückzugewinnen. Wie viel oder wie wenig man sich zutraut, ist nicht zuletzt eine Sache des Kopfes.

Das Tolle an diesem tollen Sport ist für mich aber vor allem, dass ich vollkommen frei und ungezwungen von Mister
Parkinson schalten und walten kann. Es ist fast so, als wenn
ich ihn – der sonst bei jedem Schritt an meiner Seite ist – am
Strand stehen lassen könnte. Denn die Bewegungsabläufe beim
Surfen – wenn man sie denn lang genug einstudiert hat – passieren unbewusst, müssen also von mir nicht kontrolliert werden
so wie beim Joggen, beim Tennis oder beim Tanzen. So ist jeder
Surfgang eine kleine Auszeit für mich, eine Auszeit von meinem
ständigen Begleiter Mister P., an den ich mich zwar inzwischen
gewöhnt hatte, der mir aber natürlich trotzdem hin und wieder
arg auf die Nerven ging.

Ibon, der inzwischen auch als Surflehrer arbeitete und im
Frühjahr eine erweiterte Lizenz für die Arbeit mit körperlich
beeinträchtigten Personen erworben hatte – Ibon und ich hatten bereits vor einiger Zeit einen Pakt geschlossen. Falls ich es
irgendwann nicht mehr schaffen sollte, allein hinauszupaddeln,
würde er mich an seiner Surfleine hinausziehen und mir auf die
Welle helfen. Und zwar so lange, bis wirklich gar nichts mehr
geht! Was für eine beruhigende Aussicht. Wie froh konnte ich
sein, einen solch guten Freund gefunden zu haben.

Wie seine Freundin Adriana. Und wie Uli, mein Kumpel mit
der Villa mit Pool und gutem Internet. Er war ein Tüftler, seine
Garage voller Werkzeug, Ersatzteile, Fahrräder, Surfboards –
eine Spielwiese für Menschen mit handwerklichem Geschick.
Eines Morgens beschlossen wir spontan, einen kurzen Ausflug
zu machen, hievten uns auf seine super tollen Mountainbikes
und fuhren los in Richtung Berge – mit nichts als einer Visakarte im Gepäck. Aber nix mit kurzem Ausflug: Wir hatten die

Länge der Strecke und vor allem die Steigungen total unterschätzt. Nach stundenlangem Bergaufstrampeln kam der Durst, ehrlich gesagt: Wir waren total dehydriert. Es war schließlich bullenheiß und die Sonne knallte auf unsere Schädel.

Als wir endlich den höchsten Punkt erreicht hatten, entdeckten wir einen Bauern in seinem Ziegenstall, der uns Wasser gab. Er war erstaunt und auch belustigt, dass wir so verrückt waren, einfach so, ohne Proviant und Wasser, unterwegs zu sein, nicht vorher geprüft zu haben, wie das Terrain und vor allem wie weit die Strecke tatsächlich war. Tja, spontan zu sein hat halt seine Schattenseiten …

Und die Abfahrt auf der Rückseite der Berge war auch alles andere als easy. Es begann nämlich plötzlich zu regnen und der Asphalt wurde glatt wie Schmierseife. Man musste sich sehr konzentrieren, nicht auszurutschen.

Als wir endlich wieder in der Gegend des Hauses angelangt waren, waren wir total erschöpft und mussten die letzten Kilometer auf der stark befahrenen Hauptstraße bergauf schieben, bis der Abzweig zum Haus auftauchte. Die Lkw donnerten an uns vorbei und hinterließen ihre Spritzspuren. Vollkommen durchnässt, dreckig und erschöpft kamen wir schließlich nach Hause und wechselten kein Wort mehr miteinander. Außer einem »high five« war nichts mehr aus uns herauszuholen.

Glücklich waren wir trotzdem. Ich fuhr mit dem Auto heim, wechselte schnell meine Klamotten und kuschelte mich mit Ura, der jungen Hündin, auf dem Sofa ein. Selbst zum Duschen war ich zu müde …

Fast alle meine Parki-Buddies fahren Rennrad. Sie schwören auf die Monotonie der Bewegungen und den gleichmäßigen Rhythmus auf gleichbleibender Strecke. Sie haben natürlich recht, das ist ein großer Vorteil, aber so recht kann ich mich bis heute nicht damit anfreunden. Wahrscheinlich ist's mir einfach zu langweilig.

Wenn ich nicht wandern kann, fahre ich lieber mit einem robusten Mountainbike herum, in der Stadt, im Berliner Umland. Oder eben im Hinterland der Algarve. Denn dieses stundenlange Verweilen in derselben Körperposition auf einem Rennrad ist nichts für mich. Aus dem Grund fällt mir auch das lange Sitzen am Laptop schwer. Aber das ist nun einmal mit meinem Job verbunden, der mir so sehr Spaß machte.

Nach einiger Zeit im Co-Working-Space hatte ich einen richtigen Alltag und fühlte mich überhaupt nicht mehr als Touristin. Mein Portugiesisch wurde auch immer besser. Viele Leute dachten inzwischen, ich lebe in der Gegend – ein gutes Gefühl.

Und dann kam Joseph zu Besuch, mein Mitbewohner aus Berlin und Wahlbruder. Ich war überglücklich, dass er da war,

weil ich mit ihm sehr viel Zeit verbringen konnte, ohne dass wir uns dabei auf die Nerven gingen. So zog ich mit ihm zu Uli, der in seinem Haus sehr viel mehr Platz hatte als Adriana und Ibon. Und der Pool war natürlich auch nicht zu verachten …

Joseph war kreidebleich direkt aus dem verregneten Berlin gekommen, aber gleich am nächsten Tag begann er mit dem Surfen und wechselte damit vom Berliner Nachtmodus in den portugiesischen Tagesmodus. Surfen, chillen, schreiben, quatschen, fangfrischen Fisch grillen. Strandspaziergänge mit Ura. Und nicht zuletzt: ausgiebige Erkundungen des Hinterlands.

Es spukte nämlich schon seit einiger Zeit eine Idee in unseren Köpfen herum: Wie wäre es, wenn wir uns gemeinsam ein Haus in der Gegend kaufen würden? Auch Joseph fühlte sich mittlerweile sehr wohl hier. Wir kannten schon viele tolle Leute, Expats und Locals, die hier nicht nebeneinander her lebten, sondern oft befreundet waren. Wir wurden zu ihnen nach Hause eingeladen, trafen uns am Strand, immer machte jemand ein BBQ, viele nahmen an, wir seien hier zu Hause. Die Community war echt cool und es machte viel Spaß, Zeit mit den Leuten zu verbringen. Außerdem tat dieses Leben in Strandnähe sowohl Josephs als auch meiner Gesundheit wirklich gut. Sollten wir unsere Idee also in die Tat umsetzen?

Man hatte uns bereits ein sehr gutes Angebot in der Altstadt einer nahe gelegenen Ortschaft gemacht. Daher mieteten wir uns dort ein kleines Häuschen, um ein Gefühl für den Ort zu bekommen und um gemeinsam zu überlegen, ob es wirklich das war, was wir wollten. Sollten wir es tatsächlich wagen und ein schönes, aber ziemlich heruntergekommenes Häuschen in den Altstadtgässchen kaufen, es sanieren und darin ein paar Monate im Jahr wohnen? Wollten wir – zumindest für einen Teil des Jahres – tatsächlich sesshaft werden? Was bedeutete das Wort »sesshaft« überhaupt für mich? War mein Zuhause da, wo die Klamotten im Kleiderschrank hingen, die Bücher im Regal standen und die paar Briefe im Jahr im Postkasten landeten? Heutzutage wurde doch eh alles digital versandt und ich persönlich kam klar mit Klamotten und Dingen, die in einen Handkoffer passten.

Nein, mein Zuhause war immer da, wo ich mich gerade für einen längeren Zeitraum befand. Und wenn ich mich irgendwo nicht wohl, eben nicht zu Hause fühlte, zog ich halt weiter. Warum also neben der Berliner Wohnung noch ein portugiesisches Haus?

Fragen über Fragen. Ich fuhr zum Strand mit den Möwen, den ich damals vor vier Jahren stundenlang auf und ab gejoggt war, von rechts nach links, von links nach rechts, und über meine neue Situation mit Mister Parkinson nachgedacht hatte. Nur bei Ebbe konnte man in die nächste Bucht laufen, die Bucht, die ich so sehr liebte und jedes Mal besuchte. Es gab am Ende des langen Strandes zwar ein am Felsen befestigtes Seil zum Hinaufklettern, aber ich sah keine Möglichkeit, um ganz nach oben zu gelangen, also probierte ich es nie aus. Einmal, als ich den Strand mit dem Rücken zu dieser Felsseite entlangjoggte, kamen mir drei Surfer mit ihren Brettern unterm Arm entgegen. Ich drehte mich kurz um und sah, wie sie an diesem Seil den Aufstieg begannen. Als ich mich erneut umdrehte, waren sie verschwunden. Nirgends zu sehen, in Luft aufgelöst. Wäre ich doch mal stehen geblieben damals, um zu beobachten, wie sie es nach oben schaffen würden, denn bis heute ist mir dieser Zugang ein Rätsel.

Jedenfalls spazierte ich jetzt den langen Strand entlang und dachte in Ruhe über die Möglichkeit eines gemeinsamen Hauskaufs mit Joseph nach. Ich merkte, wie zufrieden ich war mit dem, wie sich alles entwickelt hatte. Nie und nimmer hätte ich vor vier Jahren gedacht, ich könnte mich hier teilweise niederlassen. Es ging aber nicht nur um den Kauf an sich, sondern auch darum zu überlegen, ob es richtig war, mich mit Joseph auf etwas einzulassen, das eventuell Schwierigkeiten mit sich bringen könnte. Finanziell, aber auch emotional. Ich wollte auf gar keinen Fall meinen Wahlbruder über eventuelle Streitereien übers Geld verlieren. Also ging ich alle möglichen Varianten der Investition durch. Wollte Risiken minimieren.

Nachdem mich die Möwen zum dritten Mal hatten passieren lassen, hatte ich die beste Lösung für uns gefunden. Und es rechnete sich gut.

Als ich vom Strand nach Hause kam, setzten Joseph und ich uns auf die Dachterrasse des angemieteten Häuschens auf dem Hügel mit Blick auf die Stadt, begrüßten eine uralte Frau von nebenan, die über unsere Terrasse lief, während die Kirchenglocken läuteten und eine weiße Katze uns auf dem Mäuerchen entgegenstolzierte, und kamen schließlich zu dem Schluss, dass es klappen würde. Es fühlte sich ein wenig so an, als hätten wir beschlossen zu heiraten. Nach all den Jahren des Zusammenlebens in Berlin waren wir sicher, dass wir das perfekte Paar waren – nur ohne Sex. Der hätte sich wie Inzest angefühlt – mal abgesehen davon, dass sowieso alle dachten, Joseph sei homosexuell. Sei's drum – wir fühlten uns wie das perfekte Geschwisterpaar. Unsere Freundschaft war so innig und wir waren inzwischen so perfekt aufeinander abgestimmt, dass wir dem Projekt Hauskauf begeistert entgegensehen konnten.

Die nächsten Tage verbrachten wir mit Behördengängen, Notarterminen, Besprechungen mit Bankern. Die Zeit war knapp, da wir beide bald zurück nach Berlin mussten. Architekt, Statiker und Bauarbeiter sollten später für die Besprechung der Umbaumaßnahmen hinzukommen. Denn es handelte sich schließlich um ein hundert Jahre altes Häuschen an einem felsigen Hang.

Irgendwie machte es mich glücklich, plötzlich eine portugiesische Steuernummer und ein Bankkonto vor Ort zu haben. Mein Portugiesisch zu nutzen, um mich mit allen möglichen Leuten zu besprechen, mit denen ich als Touristin nichts zu tun gehabt hatte.

Am vorletzten Abend hatte ich Lust auf einen ausgiebigen Spaziergang und lief spätnachmittags einfach den Wanderweg entlang, den ich so gut kannte und schon zig Mal gelaufen war. Nach zwei Stunden kam ich an den See, der im nächsten Dorf lag und den ich früher immer joggend umrundete, als ich das noch konnte. Es war schon spät, gegen sieben Uhr abends und etwas kühl, ich sprang trotzdem kopfüber ins Wasser und schwamm ein paar Runden. Bis auf ein paar Leute, die ihre Hunde ausführten, war ich fast allein, denn zum Schwimmen kam hier kaum einer her, schließlich hatte man ja den Atlantik vor der Tür. Der Wind war auch nicht unbedingt wärmend, als ich aus dem See stieg, und so marschierte ich schnellen Schrittes zurück.

Als ich mit windgetrockneten Haaren nach zwei weiteren Stunden zurückkam, war es schon dunkel. Das war also der Ort, der mein neues Zuhause sein würde. Zumindest würde er es für die Zeit sein, die ich in Portugal verbringen würde. Der Anblick der erleuchteten Burgruine und der Kopfsteinpflastergassen unter dem Vollmond war so überwältigend, dass ich innehielt. Ich blickte umher, sah in der Entfernung den Strand hinter den Hügeln liegen, an dem ich vor exakt vier Jahren im September mit dem Surfen begonnen hatte. Sah, wie sich der Fluss durch das Tal schlängelte, um im Meer zu verschwinden, vorbei an den Pinien- und Eukalyptuswäldern, die ich mittlerweile so gut kannte.

Das ältere portugiesische Ehepaar, dessen seit Jahren unbewohntes Häuschen wir gekauft hatten und das in der selben Gasse lag wie das, was sie jetzt bewohnten, hatte uns zum Essen eingeladen. Sie grillten Seebrassen, bereiteten wahnsinnig leckeren Pulposalat zu, brieten Blutwurstscheiben und Bacalaopuffer in der Pfanne und backten sowohl Schokoladenkuchen als auch Flanpudding. Es war das reinste Festmahl. Eine Nachbarin, eine dreiundneunzigjährige Witwe, kam vorbei und setzte

sich zu uns. Hellwach im Geist und mit viel Humor erzählte sie uns von ihrem Alltag, der unter anderem darin bestand, jeden Abend vor dem Zähneputzen und Zubettgehen ihr Häuschen zu fegen und aufzuräumen, wollte sie doch auf keinen Fall Unordnung hinterlassen, falls sie über Nacht sterben sollte. Der Herrgott wollte ihr aber noch keinen Brief schicken und sie holen, wie alle am Tisch und auf der Gasse bestätigten. Sie war winzig, gerade mal 1,35 Meter groß, sah und hörte schlecht, hatte aber trotzdem eine unheimlich einnehmende, charmante Art. Nachdem sie eine Schüssel Erdbeeren mit uns gegessen hatte, lief sie in winzigen und langsamen Schritten nach Hause, also gleich nach nebenan.

Wir Verbliebenen setzten uns nach dem Festmahl gemeinsam auf die Gasse und ließen den Wein und den selbst gemachten Medronhoschnaps in Strömen fließen. Es kamen weitere Nachbarn hinzu, Alteingesessene und junge Italiener oder Spanier, die sich ebenfalls hier, wo man die Haustüren und Autos noch unverschlossen ließ, niedergelassen hatten. Es fühlte sich alles so richtig und so gut an. Ich war glücklich im Hier und Jetzt.

Aber vor allem ließ ich zum ersten Mal Gedanken über die

Zukunft zu, die ich seit Jahren immer so verbannt und nur Sinn für die Intensität des Moments hatte, ihn auskostete, auspresste wie eine Zitrone. Jetzt, endlich, freute ich mich auch auf alles, was noch kommen mochte.

Heimweh

Formentera

Ich nahm die Maske mit dem Schnorchel ab und stieg vorsichtig aus dem Wasser. In der kleinen Klippenbucht an Ibizas Südwestküste musste man höllisch darauf achten, nicht auf Seeigel oder sonstige Krusten- oder Schalentiere zu treten. Meine Schwester Deborah und Arthur, unser langjähriger Freund aus Münchner Zeiten und seit vielen Jahren ganz in der Nähe lebend, lagen in der Nachmittagssonne und dösten.

Ich setzte mich zu ihnen, trank den Rest der Flasche Wasser leer und freute mich wie eine Schneekönigin darauf, in ein paar Stunden mit meiner Schwester auf Formentera zu sein. Mir war ein bisschen mulmig und schwindelig. Ich schloss die Augen. Aber es half nichts. Als wir die Felsen hinaufkraxelten, um nach Hause zu laufen, wurde mir übel. Mein Herz raste und ich sah Sternchen vor den Augen. Die beiden schlugen vor, ich solle etwas essen, mein Kreislauf sei vielleicht nicht auf der Höhe. Also aß ich, als wir endlich zu Hause angekommen waren, die Reste des Mittagessens auf. Aber es wurde immer schlimmer!

Bis wir endlich darauf kamen, was mit mir los war: In dem Gemüse, das ich nun zum zweiten Mal in großen Portionen verspeist hatte, waren geringe Mengen THC-haltiges Cannabispulver. Arthur produzierte nämlich CBD-Öl für den Eigenbedarf und vermengte hin und wieder die Reste als Pulver ins Essen. Ich war nur das CBD-Öl ohne THC gewöhnt, das ich normalerweise in geringer Tröpfchenmenge für einen ruhigeren Schlaf nahm. Deborah und Arthur hatten von dem Pulver gar nichts gespürt, weil es nur wenig THC enthielt. Ich hingegen reagierte so sensibel darauf, dass ich inzwischen mega-ultra-super stoned war. So schlimm, dass Deborah mich sogar ins Krankenhaus fuhr, wo man mir – so hoffte ich zumindest – irgendeine Spritze setzen könnte, die dem Albtraum ein Ende bereiten würde.

Aber wir waren nun mal auf Ibiza, der Partyinsel mit dem wahrscheinlich größten Drogenkonsum im Mittelmeerraum. Der Arzt lachte mich nur aus, als ich zu ihm gekrochen kam mit meinen Balance-, Koordinations- und Artikulationsschwierigkeiten. Er glaubte mir natürlich nicht, dass es ein Versehen gewesen war, und erklärte, ich solle es aussitzen und den Rausch genießen. Er könne da nichts machen.

Wir fuhren also wieder nach Hause und verschoben die Überfahrt nach Formentera auf den nächsten Tag. Keine zehn Pferde hätten mich in diesem Zustand auf eine Bootsfähre gebracht. Den Abend verbrachte ich damit, zumindest zu versuchen, irgendwelche Nachrichten auf meinem Handy zu lesen. Immer und immer wieder musste ich neu ansetzen, bis ich endlich den Inhalt verstand und der Rausch sich abschwächte. Am nächsten Morgen war zum Glück alles wieder gut, aber seither bin ich nie wieder auch nur in die Nähe eines Joints oder einer Graspflanze gekommen …

Am späten Vormittag stiegen Deborah und ich in Formentera von der Fähre und umarmten uns erst mal innig. Wir waren überglücklich. Endlich waren wir daheim. Und würden jede Menge Zeit füreinander haben. Denn wir hatten beschlossen, die nächsten drei Monate bis kurz vor Weihnachten hier auf Formentera zu verbringen. Homeoffice auf einer Mittelmeerinsel – herrlich! Wir ließen uns mit dem Taxi in das süße kleine Häuschen mit zwei Schlafzimmern, Wohnzimmer und amerikanischer Küche fahren, das direkt am Meer lag und das wir für einen Freundschaftspreis hatten mieten können. Nach dem Auspacken legten wir uns sofort an den Strand. Es war derselbe, an dem wir vor dreißig Jahren die Ruhe suchenden Touristen genervt und ihnen die geklauten Weintrauben von Doña Marías Feld verkauft hatten. Jetzt lagen wir selbst nackig im Sand und wollten in Ruhe gelassen werden. Wir gingen im kristallblauen Wasser schwimmen und konnten kaum fassen, dass wir zurück im Paradies waren – sogar ganz ohne Touristen, einerseits weil die Saison zu Ende war, andererseits weil fast überall in Europa der zweite Lockdown begonnen hatte.

Später am Nachmittag liefen wir zu Sue und Bill, den Eltern meiner Freundin Tamsin, die ganz in der Nähe wohnten, und blieben zum Five o'Clock Tea. Tamsins Auto stand dort, das wir uns für die gesamte Zeit borgen durften. Sie selbst verbrachte die Zeit mit Homeoffice und Homeschooling in ihrem Landhaus außerhalb Barcelonas, nachdem sie bereits den Sommer mit Kind und Kegel auf Formentera gewesen war.

Deborah und ich hatten also ein Haus, ein Auto, zwei geliehene Fahrräder – und jede Menge alte und neue Freunde, die wir besuchen konnten. Unzählige Dinnerabende, Grillnachmittage, Strandpicknicks und, ja, auch Partys würden in den nächsten Monaten steigen. Ob in Kneipen, Restaurants oder auf Parkplätzen – Letzteres, wenn alles schon geschlossen hatte: Wir feierten ohne Ende, trotz Kontaktbeschränkungen und Ausgangssperren. Denn wir lebten wie auf einem anderen Stern, auf einer isolierten kleinen Insel mit sehr wenig COVID-19-Fällen und noch weniger Polizeikontrollen, denen wir gut ausweichen konnten. Ich weiß, wir verhielten uns egoistisch und unverantwortlich gegenüber dem Rest der Welt. Aber so war es nun mal: Uns hatte der jugendliche Leichtsinn übermannt.

Deborah hatte in Berlin ihre halbe Reisetasche vollgepackt

mit allen möglichen Gewürzen, exotischen Lebensmitteln, ihrem scharfen japanischen Messer und noch ein paar anderen Küchenutensilien, von denen ich Kochniete noch nicht einmal wusste, wozu man sie gebrauchte. Oft statteten wir unseren Freunden gegen Abend Besuche ab, brachten Einkäufe, Deborahs Gewürze und ihr Schneidemesser mit und sie bereitete alles frisch vor Ort zu. Unsere amerikanische Küchenzeile in dem Häuschen war nämlich nicht so doll ausgestattet mit nur zwei Gasherdplatten und ohne Backofen. Außerdem waren wir gern gesehene Gäste, denn meine Schwester kann wirklich verdammt gut kochen! Hin und wieder wichen wir auf unseren kleinen Grill aus und luden zum Fischessen ein, aber letztendlich hingen wir meist in den Küchen unserer Freunde ab. Ich kümmerte mich um die Musik oder wusch das Geschirr. Und da ein Besuch zum Abendessen meistens in einer kleinen Party endete, bekamen wir bald den Spitznamen »Double Trouble – The Spitz Sisters are back«.

Insbesondere unsere Freundin Zaadi aus London, mit der wir gemeinsam auf Formentera aufgewachsen waren und die für Deborah das war, was Tamsin für mich war, besuchten wir, sooft es ging. Ihr Vater, ein angesehener Maler aus Frankreich, war vor Kurzem gestorben und Zaadi musste sich um ihr großes Elternhaus und die Hinterlassenschaft ihres Vaters kümmern. Ihre Mutter Mary litt seit Jahren an Alzheimer, lebte zu Hause mit einer Vierundzwanzig-Stunden-Pflegebetreuung und bekam nicht mehr viel mit.

So kam es, dass wir eines Nachmittags, nachdem wir Deborahs leckeres Freilandhuhn mit Rosmarin-Zitronen-Gemüse verputzt hatten, die wunderbaren Gemälde von Zaadis Vaters Marcus aus den Holzrahmen nahmen und diese in Holzwurmschutzmittel einließen. Dabei konnten wir regelrecht spüren, wie er von oben zusah und sich über uns amüsierte, als wir zu lauter Sechzigerjahre-Rock-'n'-Roll-Musik seine Werke mit weißen Handschuhen vorsichtig auf der Terrasse auslegten und hinterher lagerfest verpackten. Es war ein fröhlicher Tag. Trotz der Trauertränen, die abends unweigerlich flossen, während wir stapelweise Fotos von Marcus und seiner heiß geliebten Mary anschauten. Fünfundvierzig Jahre wilder Ehe auf Formentera lagen vor uns ausgebreitet. Wir trauerten um den Verlust ihrer Eltern, aber auch um eine Generation, die nach und nach verschwand.

Selbstverständlich verbrachten Deborah und ich auch viel Zeit zu zweit. Außer einem einzigen Mal gab es keinen Streit, denn wir kannten uns ja in- und auswendig. Und ich hatte zum ersten Mal das Gefühl, die Rolle der großen Schwester ein wenig an den Nagel hängen zu können, weil sich Deborah rührend um mich kümmerte. Sie betüdelte mich, wie sie nur konnte. Bekochte mich, brachte mir abends heißen Tee ans Bett, presste in der Früh frischen Orangesaft und hielt das Häuschen blitzeblank in Schuss. Sie sah halt, wie meine Reaktionsfähigkeit nachgelassen hatte, wie ich morgens Mühe hatte, in die Gänge zu kommen, und mein stocksteifer Körper in der Gegend herumstolperte.

Meine Aufgaben bestanden daher eher im organisatorischen Teil: Handwerker für kleine Reparaturen im Häuschen anrufen, die Autoreparaturen für den bevorstehenden TÜV unseres geborgten Autos organisieren, dafür sorgen, dass der Tank immer gefüllt war, den ein oder anderen Strafzettel bezahlen, irgendwelchen Papierkram mit den örtlichen Behörden erledigen – und, vor allem, Bootsausflüge oder andere interessante Vorhaben klarmachen. Es gab schließlich jede Menge Segler, Motorbootbesitzer und Fischer unter unseren Freunden, von denen manche sogar das ganze Jahr über auf ihren Piratensegelschiffen lebten. Es war eine Mordsgaudi, mit ihnen unterwegs zu sein, die Insel vom Meer aus zu erkunden, ins Wasser zu springen und mit Tauchmaske an die Felsenküste zu schwimmen. Wir fühlten uns zurückversetzt in die Zeit der wilden kleinen Mädchen von damals und jauchzten vor Glück. Der von Deborah üppig gefüllte Picknickkorb und mein Zuschuss für den Schiffsdiesel waren selbstverständliche Mitbringsel – schließlich mussten wir den Motor bei Flaute und beim Ein- und Auslaufen im Hafen anwerfen – und jeder war happy und hatte enormen Spaß. Es war wirklich das Paradies! An den Verlust meiner Balance hatten sich mittlerweile alle gewöhnt und ich musste mich nicht mehr groß erklären, wenn ich bei Schräglage des Boots lieber krabbelte, anstatt aufrecht und leichtfüßig die Reling entlangzulaufen wie alle anderen, inklusive meiner langbeinigen wunderschönen Schwester.

Ansonsten planten Deborah und ich unsere Tage aber nicht allzu sehr im Voraus, sondern warteten ab, was der Tag so bringen und wie sich der Abend entwickeln würde. Außer ich musste arbeiten. Dann fuhr ich vormittags in irgendein Café in Sant Francesc und loggte mich für einige Stunden in das Redaktionssystem ein. Ich saß in genau den Cafés, in denen Deborah und ich vor zwanzig Jahren gekellnert und uns damit den Sommer finanziert hatten. Guggi war damals noch ein Teenager in den Schulferien und musste nicht arbeiten, sondern wurde von uns mitversorgt.

Was hatten wir damals für eine Energie, für einen Lebenshunger! Hundert Prozent von allem war nie genug, wir wollten immer mehr, hundertfünfzig Prozent mindestens! Komischerweise kam es mir jetzt wieder ein wenig so vor. Trotz unseres Alters, trotz Corona-Einschränkungen, ja, sogar trotz meines Mr P lebten wir ein kleines Revival unserer wilden Zeit. Außer dass es Herbst war und nicht Sommer, alle anderen auch älter geworden waren und wir definitiv mehr Geld und mehr Gelassenheit hatten als damals.

Und natürlich mehr auf unsere Gesundheit achteten. Dreimal in der Woche nahmen wir mit einer kleinen Gruppe am Yogaunterricht teil, schwammen viel, ich im Speziellen fuhr auch Mountainbike. Insbesondere die Kontinuität beim Yoga war eine gute Sache. Deborah war noch nie sehr gelenkig gewesen und stellte mit Begeisterung fest, wie sie Fortschritte machte und Kraftübungen, Dehnungen immer besser hinbekam. Und es war bemerkenswert, wie gut auch mir die regelmäßigen Dehnübungen taten. Nach jeder Unterrichtsstunde fühlte sich mein Körper an wie ein ausgewrungenes Handtuch. Der Rücken, das Becken, der Nacken, die Beine – alles war lockerer. Ich lief danach sogar etwas besser. Klar, ich hatte bei den Kraftübungen Schwierigkeiten mit dem linken Arm und linken Bein. Sie begannen zu zittern, wenn ich lange in einer Position ausharrte. Aber da musste ich nun einmal durch, wollte ich beide Körperhälften gleichmäßig beanspruchen. Und das wollte ich! Durch die einseitige Belastung im Alltag hatte sich mein linkes Bein nämlich bereits etwas verkürzt, wie mir der örtliche Physio Jordi bestätigte – mit dem Tamsin und ich im Übrigen in dieselbe Schulklasse gegangen waren. Ich wusste, ich musste mich anstrengen, wenn ich weiterhin einigermaßen beweglich und gelenkig bleiben wollte. Und trotzdem passierte es immer mal wieder, dass Deborah und ich eine Stunde ausfallen lassen mussten, weil die Nacht zuvor etwas ausgeartet war – Double-Trouble-Style eben …

Wir genossen unsere gemeinsame Schwesternzeit wirklich sehr. Es gab jede Menge zu erzählen und wir waren auch total ehrlich zueinander, was gegenseitige Kritikpunkte anging. Wir konnten uns einfach alles sagen, ohne dass die andere beleidigt oder verärgert sein würde. Also hielten wir uns einigermaßen schonungslos gegenseitig den Spiegel vor. Wir waren schließlich beide Singlefrauen mittleren Alters, die sich von fast niemandem mehr etwas sagen ließen. Das war einerseits toll, andererseits wollten wir auf keinen Fall verschrobene ältere Frauen werden, die alles besser zu wissen glauben und sich selbst nicht mehr infrage stellen. Also »therapierten« wir uns ein bisschen gegenseitig, wenn uns danach war. Sonst verbrachten wir ja eh die meiste Zeit damit, dem puren Hedonismus zu frönen.

Es war ungewöhnlich warm für die Jahreszeit. Selbst im Dezember konnten wir noch am Strand liegen, wenn die Sonne schien, und ich ging sogar noch schwimmen. All die Orte, die im Sommer normalerweise nicht begehbar waren wegen der Horden von Touristen, waren nun leer. Wunderschöne Strände, die wir seit Ewigkeiten nicht mehr aufgesucht hatten, weil wir in den letzten Jahren kaum außerhalb der Saison auf der Insel gewesen waren, lagen uns nun zu Füßen. Es war zum Teil wirklich wie damals vor dreißig Jahren. Mit dem Mountainbike fuhr ich in den Pinienwäldern oder auf den Feldwegen herum, die ich so gut kannte, und besuchte hin und wieder jemanden oder wollte einfach nur allein sein. Es war so unfassbar schön!

Nur nachts wurde es schon ziemlich kalt, vor allem feucht. Das erinnerte uns ebenfalls an damals, als wir jeden Abend mit Wärmflasche in die klammen Betten steigen mussten und morgens der Tau auf der Terrasse und dem Méhari-Motor lag. Da wollte man echt nicht aufstehen. Kein Wunder, dass unsere Mutter das damals tatsächlich oft nicht getan hatte …

Inzwischen waren wir so alt wie sie, als sie beschlossen hatte, mit uns nach Formentera zu ziehen. Und heute weiß ich, dass es die beste Entscheidung ever war. Ja, es hatte durchaus eine Zeit gegeben, in der ich mir wünschte, anders aufgewachsen zu sein. Behüteter. In einem Zuhause mit täglichem Mittagessen auf dem Tisch. Mit guten Schulen und Ausbildungsmöglichkeiten in der Nähe. Aber mein Unmut ist lange her. Inzwischen bin ich auf immer und ewig dankbar dafür, dass ich den größten Teil meiner Jugend hier auf Formentera und so unkonventionell und wild verbringen durfte.

Über all das dachte ich nach, als ich am Strand war und kaum fassen konnte, dass ich Anfang Dezember noch in der Sonne lag. War das denn damals auch so gewesen in dieser Jahreszeit? Oder lag das schon an der globalen Erwärmung? Ich erinnere mich nicht mehr daran. Dafür aber an vieles andere, das immer präsenter wurde. Und ich spürte den Wunsch, dieses Lebensgefühlt von damals wiederzubeleben – nur eben diesmal als Erwachsene. Auf eine gewisse Weise vermisste ich plötzlich diese verrückte und so spezielle Zeit. Nicht, dass ich wieder so jung sein wollte, auf keinen Fall. Nein, ich wollte dieses ungezwungene Leben von damals wieder. Das Vertraute meiner einzigen wirklichen Heimat genießen.

Meine Sehnsucht wurde so groß, dass ich in diesem Moment kurzerhand beschloss, meine Basis von Berlin nach Formentera zu verlegen. Die Sache umdrehen: das zwar geliebte, aber doch anstrengende Stadtleben in Berlin hinter sich lassen, stattdessen Leben am Meer – und hin und wieder Urlaub machen in Berlin, das war's doch. Und das Haus in Portugal als zweite Basis nutzen.

Ich rannte ins kristallblaue Wasser, tauchte ab, schwamm über kleine Poseidonia-Algeninseln, drehte mich zum Strand um und bestätigte mir lauthals meinen Entschluss, als ich zurück ans Ufer schwamm: Schluss mit Berlin. Auf nach Formentera!

Kurz vor den Weihnachtsfeiertagen flogen Deborah und ich zurück nach Berlin, um die Zeit mit Mama zu verbringen. Vor allem aber nutzte ich die knapp zwei Wochen, um mich meiner restlichen Habseligkeiten zu entledigen. Die Dinge, die ich behalten wollte, packte ich in ein paar Umzugskartons und brachte sie in ein Mietlager. Joseph machte mein Zimmer zu seinem neuen Schlafzimmer und breitete sich aus. Für ihn und mich war es zum Glück kein großer Abschied. Schließlich hatten wir uns ja gemeinsam das kleine Häuschen in Portugal gekauft und würden uns dort wahrscheinlich eh häufiger sehen als in Berlin.

An einem sehr kalten 2. Januar verabschiedete mich Mirjam, meine gute Freundin und Weggefährtin in Galizien, am endlich eröffneten Flughafen Berlin-Brandenburg. Und ich flog mit nur einer Tasche und einem Laptoprucksack als Gepäck auf unbestimmte Zeit in den Süden davon. Jetzt hatte tatsächlich das richtige Nomadenleben begonnen, worüber ich seit Pandemiebeginn schon öfters nachgedacht hatte. Von nun an besaß ich keine feste Bleibe mehr, denn das Haus an der Algarve war ja eher als Ferienhaus gedacht. Außerdem musste es eh erst noch renoviert werden, bevor Joseph und ich einziehen konnten.

Daher flog ich zunächst an die Algarve, organisierte vor Ort ein Treffen mit unserem portugiesischen Architekten, erledigte ein paar Angelegenheiten und unterschrieb die nötigen Unterlagen. Im Februar durchquerte ich dann die Iberische Halbinsel mit dem Bus und setzte über nach Formentera in den dritten Lockdown. Ich konnte heilfroh sein, mich schon im November in weiser Voraussicht bei einer Freundin angemeldet zu haben. Denn nur wegen meiner Registrierung beim Einwohnermelde- amt von Formentera ließ man mich überhaupt auf die Balearen einreisen.

Als ich mit der Fähre wieder am Hafen ankam, war es so eindeutig wie noch nie: Ich war überglücklich, zu meinen Wurzeln zurückzukommen. Eine Pause von der ständigen Reiserei einlegen und den Frühling und Frühsommer bis zum Beginn der Bauarbeiten in Portugal hier verbringen zu können. Deborah war mittlerweile in Rio bei Guggi und den Zwillingen angekommen, deren Einschulung in die Vorschule sie mitbekommen und Guggi, die immer noch im Homeoffice arbeitete, unterstützen wollte.

Ich bezog ein kleines Haus am Strand. Falls Buchungsanfragen von zahlungskräftigeren Touristen kämen, würde ich ausziehen müssen, aber das sollte noch ein wenig auf sich warten lassen. Ich war nicht mehr im Partymodus wie noch im Herbst mit Deborah. Stattdessen nutzte ich meine Zeit zum Schreiben – und zum täglichen Baden im eiskalten Meer, was mir zwar meine Eingeweide zusammenzog, aber mein Immunsystem stärkte. Ich fühlte mich wieder wie Siegfried, der aus dem

Drachenblut stieg, wenn ich aus dem Wasser kam. Unantastbar, stark und irre glücklich. Ich nahm den Yogaunterricht wieder auf und fuhr die Insel mit einem geborgten Mountainbike ab. Surfen konnte ich zwar nicht, weil es im Mittelmeer keine entsprechenden Wellen gibt. Aber genügend Wind zum Kite- oder Windsurfen. Beides hatte ich noch nie ausprobiert. Nachdem ich stundenlang den Kitern dabei zugesehen hatte, wie sie im Trapez lagen, das sie mit dem Kite über sich verband, und mithilfe des Windes auf dem Brett elegant über das Wasser glitten, beschloss ich, Unterricht zu nehmen, es zumindest mal auszuprobieren. Warum nicht? Ich habe doch nichts zu verlieren, dachte ich.

282   Es sei körperlich nicht so anstrengend wie das Wellenreiten beziehungsweise das Hinauspaddeln, sondern bedürfe eher Geschicklichkeit und guten Know-hows, was Thermik und Eolik anging, erklärte mir Jonas, mein neuer Lehrer. Jonas war der Sohn meiner ehemaligen Französischlehrerin. Vor dreißig Jahren war ich mal seine Babysitterin gewesen und hatte ihm die Windeln gewechselt. Nun stand er hinter mir im seichten Wasser und hielt mich fest, damit ich mit dem Kite nicht nach Ibiza wegflog!

Ich bin manchmal selbst über mich erstaunt. Erstaunt, dass der Hunger und die Neugierde nach dem Unbekannten immer noch nicht nachgelassen haben. Dass ich mich meistens immer noch nicht unterkriegen lasse von meinen fortschreitenden körperlichen Beeinträchtigungen. Es gibt weiterhin so viel anderes zu lernen und zu entdecken, wenn etwas wegfallen muss wie zum Beispiel mein Joggen und höchstwahrscheinlich bald auch das Wandern oder Surfen.

    Und auf jeden Fall befinde ich mich am richtigen Ort, den ich auf gewisse Weise mein Zuhause nennen kann. Im absoluten Paradies. Zumindest für mich. Ich kann mir hier, aber auch überall sonst auf der Welt für einen frei wählbaren Zeitraum

Unterkünfte mieten, ohne einen langfristigen Mietvertrag abschließen zu müssen. Ich kann kommen und gehen, wann ich will. Mit nichts als einem Koffer, der alles Nötige enthält. Die absolute Freiheit. Nach Berlin würde ich nur noch reisen, um meine Mutter zu besuchen und die Winterklamotten gegen die sommerliche Kleidung zu tauschen, die sich in den Kartons im Lagerraum befanden. Oder um hin und wieder einen Blick in die Redaktion zu werfen, mit Freunden einen Spaziergang durch den Görlitzer Park oder auf dem Tempelhofer Feld zu machen.

Und wer weiß, was die Zukunft für uns Parkis noch mit sich bringen mag. Wer weiß, ob die Forschung nicht doch noch etwas für uns findet. Bis dahin also, lasst uns Spaß haben und jeden Tag genießen, als ob es der letzte sei.

Geiles Leben!

Achtzehn Monate, fünfzig Länder, sechs Kontinente und neunzigtausend Kilometer Abenteuer

Eine berührende Geschichte vom Fallen und Wiederaufstehen, von Mut und Gelassenheit, Glaube an sich selbst und andere, Empathie, Hoffnung und Entschlossenheit. Von einer, die auszog – die aber nicht das Fürchten lernte, sondern auf ihrem eigenen steinigen Weg Abenteuer, Freundschaft und die Liebe fand.

Kiepenheuer & Witsch

Per Anhalter über den Atlantik!

Timo Peters hat kein Boot, so gut wie keine Segelerfahrung und kaum Geld – aber den Traum, auf einem Segelboot den Atlantik zu überqueren: Mit leichtem Gepäck macht er sich auf die Suche nach einem Kapitän, bei dem er anheuern kann. In mehreren Etappen und auf verschiedenen Schiffen geht es über den Ozean – unterwegs erwarten ihn überraschende Herausforderungen, Grenzerfahrungen und wunderliche Begegnungen.

Leseproben und mehr unter www.kiwi-verlag.de

KiWi